Ingo Raven

Das eigene Musikstudio

Ingo Raven

Das eigene Musikstudio

(:wizoo:)

Herausgeber Peter Gorges

Autor Ingo Raven
Cover-Gestaltung M0type
Gestaltung und Satz Uwe Senkler

ISBN 3-934903-33-9

Willkommen

Der Begriff Homerecording entstand in den Siebzigern, als Mehrspur-Aufzeichnungsgeräte erstmals auch für private Anwender einigermaßen erschwinglich wurden. Zu dieser Zeit – ich ging noch zur Schule – lag jedoch selbst die legendäre TEAC-Bandmaschine 3440, die mit sage und schreibe vier Bandspuren lockte, außerhalb meiner finanziellen Möglichkeiten.

Ende der Siebziger stellte TEAC dann das erste Portastudio vor. Erstmals hatte ein Hersteller es damit geschafft, ein Vierspur-Aufnahmegerät nebst Mischpult auf die Größe eines Aktenkoffers zu komprimieren, und das zu einem Preis von nur etwas über 2000 Mark. Jetzt konnte endlich auch ich auf den Homerecording-Zug aufspringen. Leider musste ich bald feststellen, dass meine Aufnahmen ohne zusätzliches Hallgerät nicht viel hermachten, und die vier Spuren waren auch schon immer belegt, bevor es wirklich interessant wurde. Da hieß es dann: weiter investieren.

Heute sieht die Situation ganz anders aus. Die rasante Entwicklung der Digital- und Computertechnik hat uns eine Fülle von Hard- und Software beschert, die für wenig Geld alles an Studiotechnik integriert, was noch vor wenigen Jahren selbst manch ›professionelles‹ Tonstudio nicht zu bieten hatte – denken Sie allein an die Möglichkeiten von Computerprogrammen wie Cubase oder Logic.

Doch auch – ja vielleicht gerade – angesichts dieser nahezu schlaraffenlandähnlichen Bedingungen sieht sich der Homerecordler mit Problemen konfrontiert:

- Wo Hersteller alle paar Monate ihre Geräte durch verbesserte Nachfolger mit immer neuen Möglichkeiten und Features ersetzen, weiß man schnell nicht mehr, was bei einer Kaufentscheidung wichtig ist und was nicht.
- Trotz hervorragender technischer Voraussetzungen klingen die eigenen Aufnahmen oft viel schlechter, als man es von seinen Lieblings-CDs her kennt. Selbst ›historische‹ Aufnahmen, die mit Equipment erstellt wurden, das man heute nicht einmal mehr auf dem Dachboden stehen haben möchte, stellen die eigenen Elaborate oft klanglich ins Abseits.

Dieses Buch soll Ihnen bei der Lösung solcher Probleme Hilfestellung geben. Am Anfang des Buches werde ich Ihnen zunächst einen Überblick über die wichtigsten Komponenten eines Heimstudios geben und dabei selbstverständlich auch interessante aktuelle Produkte mit ihren Vorzügen und Schwächen beim Namen nennen. Erwarten Sie dabei aber bitte keine konkreten Kaufempfehlungen für bestimmte Produkte, da solche Ratschläge allzu schnell durch die rasante Entwicklung überholt sind. Vielmehr möchte ich Ihren Blick für Dinge schärfen, auf die Sie grundsätzlich achten sollten: Hilfe zur Selbsthilfe ist immer besser als sture Anweisungen, und Prinzipien, die man einmal durchschaut hat, bleiben länger gültig als Produktnamen.

Der größte Teil des Buches wird sich dann damit beschäftigen, wie Sie unabhängig vom verwendeten Equipment zu guten Ergebnissen bei Ihren Aufnahmen kommen. Und das ist einfacher, als Sie vielleicht denken, denn auch die Profis arbeiten nicht mit schwarzer Magie, sondern kochen meist schlicht mit Wasser.

Ich hoffe, dass Sie durch die Lektüre dieses Buches nicht nur viele Tricks erfahren, sondern auch immer zum Entdecken, Ausprobieren und Experimentieren ermuntert werden und – vor allem – viel Spaß haben.

Ingo Raven

Inhalt

1

Das professionelle Studio

Es ist seit jeher der Traum eines jeden Heimstudio-Besitzers, die Möglichkeiten eines großen, professionellen Studios in die eigenen vier Wände zu holen. Heute findet man zum Glück erschwingliche Aufzeichnungsgeräte mit so vielen Spuren, Bearbeitungsmöglichkeiten und einer so guten Klangqualität, dass dieses Unterfangen nicht von vornherein zum Scheitern verurteilt ist.

Da Sie in diesem Buch immer wieder Verweise auf die Arbeitsmethoden der Profis finden werden, erscheint es mir naheliegend, zunächst einmal mit Ihnen gemeinsam einen Blick auf den Aufbau und die Ausstattung eines ›richtigen‹ Studios zu werfen. Gern folgen wir daher der freundlichen Einladung von Andreas Burghardt, uns durch sein TBS-Studio in Schwerte zu führen.

Das Studio liegt in einem Gewerbegebiet und ist in einem freistehenden, flachen Gebäude untergebracht, das ein wenig an eine Tennishalle erinnert. Auf mein Klingeln öffnet mir Andreas, gefolgt von Hund Sally: ›Bitte nicht anfassen‹, ich schaue skeptisch auf den brav dreinblickenden Mischling, ›der Hund haart derzeit so schrecklich‹. Ach so!

Um Ihnen eine Vorstellung der im Folgenden beschriebenen Räumlichkeiten und ihrer Lage zueinander zu erleichtern, habe ich eine Skizze angefertigt. Falls Sie sich im Laufe der Beschreibung einmal ›verlaufen‹ sollten, wissen Sie nach einem Blick darauf gleich wieder, wo Sie sich gerade befinden:

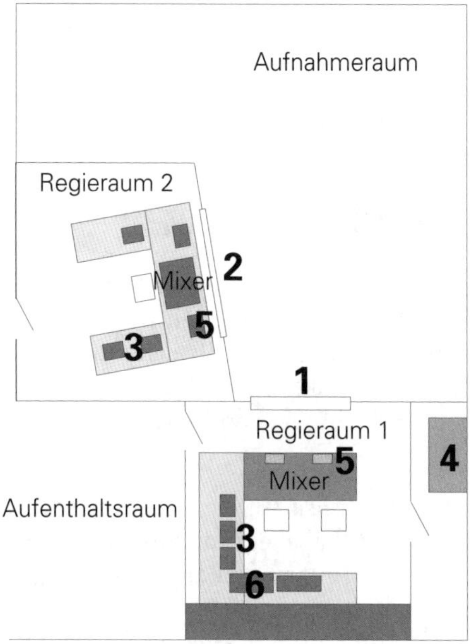

1: schallisolierte Glastür
2: schallisolierte Scheibe
3: Computer-Monitore
4: analoge 24-Spur-Bandmaschine
5: Monitor-Boxen
6: Rack

›Hier geht es lang‹, sagt Andreas, und nach wenigen Schritten stehen wir im Regieraum 1. Wie man es von einem großen Studio erwartet, gibt es hier Technik pur, wobei das mehrere Meter breite Mischpult natürlich auf den ersten Blick am meisten fasziniert. Mit 40 Kanalzügen, also dank Inline-Technik satten 80 Kanälen im Mixdown, kommt es hier wohl nicht so schnell zu Engpässen.

Drei schwarze ›Chefsessel‹ und die bei Mischpulten dieser Größe übliche Frontkante aus Leder versprechen auch bei stundenlanger Arbeit einen gewissen Komfort.

Direkt auf der Meterbridge des Mischpults liegen zwei preiswerte Nahfeld-Monitorboxen vom Typ Yamaha NS-10. Will man die Abmischung darüber hinaus auch mit richtig Dampf und satten Bässen hören, so kann man auf die rechts und links vom Mischpult in die Wand eingelassenen großen Studiomonitore von JBL umschalten.

Regieraum 1 mit Blick zum Aufnahmeraum.

Auch an Computer-Technik fehlt es nicht. Links vom Pult schaut man direkt in drei Computer-Monitore. Zwei davon sind mit einem Macintosh verbunden, auf dem ein Pro-Tools-System von Digidesign läuft. Dieses Harddisk-Recording-System gilt im Profilager als so etwas wie Standard. Der dritte Monitor gehört zu einem weiteren Macintosh, der zum Betrieb eines MIDI-Sequenzers dient. Dabei stehen mit Logic und Cubase die beiden hier zu Lande populärsten Programme zur Wahl.

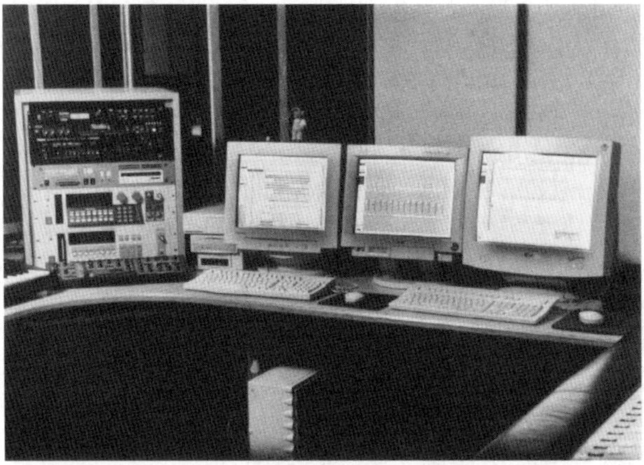

Computer für Sequenzer und Hard-Disk-Recording.

Kundenwünsche nach dem typischen Sound analoger Aufzeichnungsgeräte befriedigt eine 24-Spur-Bandmaschine, untergebracht im benachbarten Maschinenraum, um störende Bandlaufgeräusche im Regieraum zu vermeiden. Bedienen kann man das Ganze dennoch bequem vom Mischpult aus: Eine Fernbedienung macht es möglich.

Die Effekte sind im TBS nicht in meterhohen Racks untergebracht, sondern links neben dem Mischpult liegend platziert, so dass ihre Bedienungselemente auf einer Höhe mit denen des Mischpultes liegen. Ein näherer Blick auf die Effekte offenbart viele illustre Namen, etwa Equalizer von Klark Technik und Kompressoren von dbx, aber mit dem Midiverb von Alesis auch ein typisches Gerät aus dem Homerecording-Bereich. Für höhere Ansprüche an die Qualität eines Halls gibt es selbstredend ein Lexicon 480 – wenn schon, denn schon.

Hinter dem zentralen Arbeitsplatz am Mischpult steht ein Rack mit MIDI-Klangerzeugern, das unter anderem zwei Akai-Sampler – S1000 und S1100 – und ein D4-Drum-Modul von Alesis beherbergt. Neben dem Rack haben ein Access-Virus-Synthesizer und eine Tastatur zur Ansteuerung der MIDI-Geräte ihren Platz gefunden.

Zur Verbesserung der Akustik des Regieraums ist dieser mit einer holzvertäfelten Rückwand versehen, die ca. einen Meter von der Gebäudewand entfernt liegt. Der Zwischenraum ist mit Glaswolle gefüllt.

Direkt vor dem Mischpult befindet sich eine Schallschleuse aus zwei Glastüren, über die man in den großen Aufnahmeraum gelangt. Glas wurde hier deshalb verwendet, um den direkten Blickkontakt zwischen Musikern im Aufnahmeraum und dem Toningenieur am Mischpult zu gewährleisten. Bevor wir uns jedoch den Aufnahmeraum näher betrachten, werfen wir zunächst noch einen kurzen Blick auf den Regieraum 2.

Auf dem Weg zu Regieraum 2 durchqueren wir den Aufenthaltsbereich, in dem Musiker auf ihren Einsatz warten oder auch einfach eine Erfrischungspause einlegen können. Dementsprechend gibt es hier eine Sitzecke, einen kleinen Tresen und natürlich einen Kühlschrank zum Frischhalten fester und flüssiger Verpflegung.

Regieraum 2 ist nicht nur von seinen Abmessungen her kleiner als Regieraum 1, sondern auch etwas schlichter hinsichtlich der technischen Ausstattung. Das beginnt schon beim Mischpult, einem Yamaha 02R Digitalpult, das um einiges kompakter ist als die große analoge Konsole im Raum 1. Auch fest installierte Studio-Monitore sucht man hier vergebens. Statt dessen gibt es kleinere Dynaudio-Monitore, die rechts und links vom Mischpult auf Racks liegen. Diese Racks beherbergen diverse Effekte – auch hier begegnen wir wieder dem Lexicon 480 – und DAT-Recorder. An Mehrspur-Aufzeichnungsgeräten findet man zwei Alesis ADATs und ein PC-basiertes Hard-Disk-Recording-System von SADIE.

Regieraum 2 ist eher für Masteringzwecke konzipiert, wenngleich auch komplette Mehrspur-Produktionen grundsätzlich möglich sind. Jedenfalls gibt es auch hier die schallisolierende Glasscheibe, die den Blick in den Aufnahmeraum ermöglicht.

Regieraum 2 mit Blick zum Aufnahmeraum

Und damit nun endlich in den Aufnahmeraum, den man aufgrund seiner Abmessungen eher schon als Aufnahme-Saal bezeichnen möchte. Anders als bei Studios, die bereits vorhandene Räumlichkeiten nutzen, ist dieser Raum von vornherein speziell für den Zweck angelegt worden. Das erkennt man beispielsweise an der schrägen Decke, deren Höhe am einen Ende vier, am anderen acht Meter beträgt.

Durch die Vermeidung paralleler Flächen bei Wänden und Decken lassen sich nämlich unerwünschte Raumresonanzen reduzieren. Einen weiteren Beitrag dazu leistet die durch die Anordnung von Regieraum 2 entstehende diagonale Seitenwand. Damit der Raum nicht ›tot‹ klingt, ist der Boden mit reflektierendem Holzparkett ausgelegt. Andere Flächen – etwa Teile der Decke – verringern durch eine Beschichtung mit Schaumstoffnoppen Mehrfachreflektionen. Man muss hier nur einmal in die Hände klatschen, um die Wirksamkeit dieser verschiedenen Maßnahmen zu hören: Die unangenehmen ›Shatter-Echos‹, wie man sie etwa von unmöblierten Wohnräumen her kennt, treten hier einfach nicht auf.

Andreas hat gerade ein Kammerorchester aufgenommen, wie man am Stuhlhalbkreis in der Raummitte und einem Wald aus Mikrofonstativen unterschiedlicher Höhe – allesamt bestückt mit teuren Neumann-Mikrofonen – erkennen kann. Die ›Neumänner‹ würden im übrigen sicher auch eine gute Figur bei der Abnahme des zum festen Inventar gehörenden Flügels machen.

Überall entdeckt man in diesem Raum Kopfhörer nebst kleiner Kopfhörer-Mixer, jede Menge Stühle und rollbare Trennwände für die akustische Trennung mehrerer Instrumentalisten oder Sänger. Kabelwirrwarr am Boden, wie man es aus fast allen Proberäumen kennt, sucht man hier übrigens vergebens. So entsteht in Zusammenhang mit der indirekten Beleuchtung eine stets ›aufgeräumte‹ und damit angenehme Arbeitsumgebung.

Nach diesen Impressionen aus einem Profistudio wenden wir uns einmal dem typischen Homerecording-Studio zu und untersuchen Unterschiede und Gemeinsamkeiten.

Der Aufnahmeraum mit Blick zu den Regieräumen 1 und 2

2

Das Homerecording-Studio

Ein professionelles Studio verfügt selbstredend unter vielen Aspekten über ganz andere Voraussetzungen als ein Homerecording-Studio, dennoch gibt es, wie wir sehen werden, viele Gemeinsamkeiten.

Ein großer Unterschied liegt in der technischen Ausstattung. So haben die Profis oft mehr Aufzeichnungsgeräte und dementsprechend mehr Spuren, größere und bessere Mischpulte, große Namen nebst entsprechender Qualität im Effekt-Rack, und man sitzt nicht auf einem ausrangierten Küchenstuhl, sondern im bequemen Leder-Drehsessel.

Ein weiterer, vielleicht wesentlicherer Unterschied ist das Platzangebot im Aufnahme- und im Regieraum. Schließlich legt bereits der Begriff ›Homerecording‹ nahe, dass das eigene Heim der Ort des Geschehens ist, und da haben nur die wenigsten von uns Platz im Überfluss.

Kommen wir zu den Gemeinsamkeiten:

- Fast alle Gerätegattungen des professionellen Studios sind auch im Homerecording-Studio in der ein oder anderen Form vertreten: Aufzeichnungsgeräte, Mischpult, Effekte, Boxen, Mikrofone, Kabel oder Instrumente zum Beispiel.
- Die Anwendungen dieser Geräte sind praktisch dieselben. Genau wie im professionellen Studio wird auch bei der Heimlösung zunächst aufgenommen, das Material dann weiter bearbeitet, schließlich abgemischt und mit verschiedenen Effekten versehen, eventuell noch einmal nachbearbeitet und auf CD gebrannt.

Um die Welt der großen Studios auf unser Studio in den eigenen vier Wänden zu übertragen, will ich Ihnen im Folgenden die wichtigsten Geräte des Homerecording-Studios vorstellen. Je nachdem, ob Sie bereits ein Homerecording-Studio besitzen oder noch vor der Anschaffung stehen, werden unterschiedliche Themen Sie dabei mehr oder weniger ansprechen. Lesen Sie einfach das, was Sie im Moment interessiert, und überschlagen Sie das, was Sie nicht interessiert. Sie können schließlich jederzeit – etwa vor weiteren geplanten Anschaffungen – auf einzelne Abschnitte zurückkommen.

Klangerzeuger

Akustische Instrumente

Noch vor wenigen Jahrzehnten wurde Musik fast ausnahmslos mit ›echten‹ Musikinstrumenten wie etwa Gitarre, Bass, Schlagzeug, Blasinstrumenten oder der menschlichen Stimme erzeugt. Diese ›natürlichen‹ Klangerzeuger spielen in vielen Musikrichtungen nach wie vor eine zentrale Rolle.

Da ihr Einsatz oft mit einer Mikrofonabnahme gekoppelt ist, möchte ich ihre Behandlung an dieser Stelle nicht vertiefen, sondern Sie vielmehr auf das Kapitel ›Aufnahme unterschiedlicher Instrumente‹ ab Seite 105 verweisen, wo Sie konkrete Tipps zur Aufnahme der am häufigsten eingesetzten Instrumente finden.

Sample-Player

Neben den erwähnten ›echten‹ Musikinstrumenten sind gerade beim Homerecording Geräte wichtig, die die Klänge echter Instrumente konserviert haben und auf Abruf wiedergeben können. Denn stellen Sie sich einmal vor, Sie müssten in Ihrem Wohnzimmer beispielsweise ein Schlagzeug aufnehmen. Da klopft dann der Nachbar wahrscheinlich lauter als der Drummer.

Hier bietet sich der Einsatz eines Sample-Players an. Sample-Player beherbergen in ihrem Speicher digitalisierte Klänge und können diese – meist über MIDI-Befehle gesteuert – zum gewünschten Zeitpunkt in der richtigen Tonhöhe abspielen. Je nach imitiertem Instrument muss man oft seine Ohren schon aufs Äußerste spitzen, um den Unterschied zwischen einem Originalinstrument und der digitalen Variante herauszuhören.

Sample-Player gibt es in den unterschiedlichsten Spielarten, angefangen bei Geräten, die das ganze Füllhorn instrumentaler Vielfalt auszuschütten vermögen, bis hin zu Spezialisten wie etwa Drumcomputern oder Piano-Modulen, die sich auf eine Instrumentengattung beschränken.

Die Vorteile solcher Geräte liegen auf der Hand:

- der Platzbedarf ist deutlich geringer als der eines Arsenals echter Instrumente,
- alle Klänge lassen sich über eine Tastatur spielen, so dass man nicht sämtliche Instrumente erst erlernen muss,
- die Sounds liegen meist bereits in optimaler Aufnahmequalität vor, wodurch nicht nur großer Abnahmeaufwand entfällt, sondern auch die Lärmbelästigung der mehr oder weniger geliebten Wohnungs- und Hausgenossen.

Sampler

Anders als ein Sample-Player kann ein Sampler nicht nur fest gespeicherte Sounds wiedergeben. Vielmehr kann man hier selbst Sounds aufzeichnen und diese anschließend über eine Tastatur spielen.

Dabei müssen Sie nicht jeden einzelnen Ton aufnehmen. Der Sampler vermag vielmehr die unterschiedlichen Tonhöhen zu erzeugen, indem er den Originalsound mit entsprechend höherer oder tieferer Auslesefrequenz abspielt.

Je nach Klangmaterial wirkt das Ergebnis dieser Methode manchmal allerdings wenig überzeugend. So klingt ein schneller abgespielter Klavierton zwar entsprechend höher, aber doch völlig anders als der echte Klavierton der entsprechenden Tonhöhe. Daher werden bei komplexen Instrumenten zumindest mehrere Töne unterschiedlicher Tonhöhe aufgenommen. Dadurch vermeidet man allzu starke Klangveränderungen durch extremes Transponieren.

Da der Arbeitsspeicher eines Samplers in seiner Kapazität begrenzt ist, gilt es stets einen Kompromiss zwischen Klangqualität und Speicherbedarf zu finden. Zum Glück haben heutige Geräte durch den Preisverfall von Computerkomponenten sehr viel mehr Arbeitsspeicher an Bord als vor noch wenigen Jahren. Dauerhaft gespeichert werden die Sounds übrigens meist auf eingebauten oder externen Festplatten, so dass einmal gesampeltes Material immer wieder zur Verfügung steht.

Eine Alternative zum Sampeln ist die Verwendung so genannter Soundbibliotheken, die heute meist auf CD-ROMs angeboten werden. Hier finden Sie bereits fertig bearbeitete Sounds und sparen sich so viel Arbeitsaufwand.

CD-Track 1 – Sampling stereo und mono: Für diese Klavierfigur wurde zunächst ein Stereo-Samplingprogramm verwendet, bei dem also jeder einzelne Ton bereits stereo aufgenommen wurde. Sind die einzelnen Töne nur mono (b, 0:21), so lassen sie sich dennoch im Stereopanorama unterschiedlich anordnen, wodurch letztlich wieder ein Stereobild entsteht. Allerdings ist dann der Klang unnatürlicher als bei der Verwendung von Stereo-Samples. Anschließend wurden mit beiden Piano-Programmen (Stereo-Samples bei 0:43, Mono-Samples bei 0:57) tiefe bis hohe Töne im Oktavabstand gespielt. Die Verteilung der Töne im Stereobild lässt sich mit dem Mono-Programm imitieren, dennoch fällt auch hier der Unterschied besonders über Kopfhörer deutlich auf.

Mit einem Sampler lassen sich nicht nur einzelne Töne aufzeichnen und abspielen, sondern auch ganze Phrasen. Sie können beispielsweise einen kompletten ein- oder mehrtaktigen Schlagzeug-Groove endlos wiederholt ablaufen lassen – eine so genannte Drumloop. Ebenso können Sie komplette Bläsersätze, Gitarren-Licks, Bassfiguren oder Gesangsphrasen zum gewünschten Zeitpunkt abrufen. Damit ist es möglich, im Extremfall eine vollständige Produktion aus Fertigbausteinen zusammenzubasteln.

Das Angebot an Hardware-Samplern ist durch die starke Konkurrenz der Computer-basierten Software-Sampler mittlerweile rapide zurückgegangen. Die früher führenden Hersteller wie Akai, E-mu, Yamaha, Ensoniq oder Roland sind jetzt praktisch nur noch auf dem Gebrauchtmarkt vertreten. Weiterhin bieten einige Hersteller, erwähnt seien Korg und Kurzweil, so genannte Sampling-Options an, mit denen sich bestimmte Instrumente nachträglich mit Sampling-Fähigkeiten ausrüsten lassen.

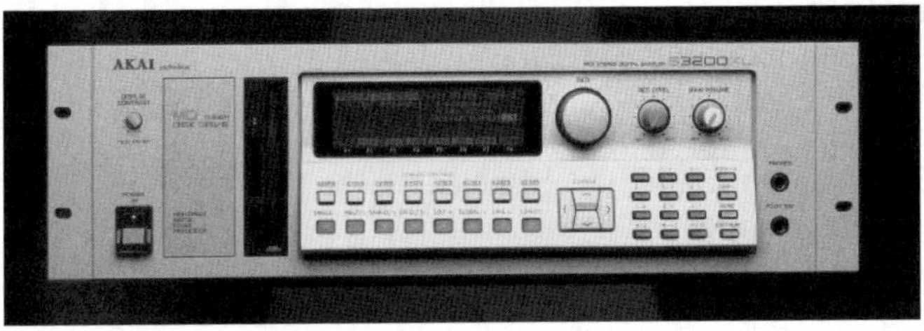

Sampler Akai S3200XL aus Akais legendärer S-Serie.

Die heute den Sampler-Markt dominierenden Software-Sampler sind nichts anderes als Computerprogramme, die die Hardware des Computers zum Sampler machen. Die meisten Software-Sampler können Samples nicht nur aus dem RAM, sondern auch direkt von Festplatte abspielen. Dadurch entfallen die bei den Hardware-Samplern erwähnten Beschränkungen durch die Größe des Arbeitsspeichers völlig, wobei Computer heute ohnehin deutlich mehr Arbeitsspeicher haben, als es bei Hardware-Samplern üblich war und ist.

CD-Track 2 – Demo-Song des Software-Samplers Emagic EXS 24.

Soundkarten

Computer-Soundkarten mit so genannten Wavetable-Modulen entsprechen zunächst einmal prinzipiell den oben erwähnten Sample-Playern. Auch hier sind viele Sounds im ROM der Karte gespeichert, wobei die Sounds meist gemäß dem General-MIDI-Standard (GM) organisiert sind. General MIDI ist eine Festlegung von 128 Sounds auf festen Programmnummern, die garantiert, dass ein MIDI-Song (MIDI-File) auch bei unterschiedlichen Geräten stets mehr oder minder gleich klingt. Da die ROM-Größe bei Soundkarten meist nur einige Megabyte beträgt, sind Abstriche in der Qualität der einzelnen Sounds unvermeidlich.

CD-Track 3 – Demo-Song einer typischen Soundkarte.

Mit vielen Soundkarten können Sie allerdings sogar selber sampeln. Während ältere Modelle zur Speicherung der Samples auf eigene RAM-Module angewiesen waren, die auf die Karte aufgesteckt wurden, können moderne Karten auch auf den Speicher des Computers zugreifen. Die meisten dieser Soundkarten können sich mit den teuren Studiosamplern nicht messen, stellen in Anbetracht des günstigen Preises aber dennoch für viele Anwender eine Alternative dar. Die Bearbeitung der Sounds am Computer ist zudem komfortabler und bietet mehr Möglichkeiten als ein Sampler.

Aufzeichnungsgeräte

Ohne Aufzeichnungsgeräte keine Aufnahme. Wenigstens einen Vertreter dieser Gattung muss Ihr Studio also aufweisen, um ein Studio zu sein. Im Folgenden möchte ich Ihnen verschiedene Möglichkeiten vorstellen, wie Sie Ihre Musik konservieren können.

MIDI-Sequenzer

Arbeiten Sie nur mit MIDI-Klangerzeugern, so ist es nicht unbedingt nötig, die von diesen Instrumenten erzeugten Klänge aufzunehmen. Vielmehr reicht es, wenn man nur die MIDI-Befehle aufzeichnet, von denen diese Klangerzeuger gesteuert werden. Dies ist die Aufgabe eines MIDI-Sequenzers.

Spielen Sie auf Ihrem Keyboard nun einen Klavierpart, so wird nicht das aufgezeichnet, was Sie hören, sondern lediglich die von Ihrer Tastatur erzeugten Steuerbefehle. Diese beinhalten unter anderem die Information, welche Note wie stark angeschlagen und wie lange gehalten wird.

Der Sequenzer zeichnet diese Informationen in einer zeitbezogenen Liste auf. Drücken Sie anschließend den Wiedergabeknopf des Sequenzers, so werden die aufgezeichneten MIDI-Befehle entsprechend an Ihren Klangerzeuger übermittelt. Da es für diesen unerheblich ist, ob er Steuerbefehle direkt von der Tastatur oder vom Sequenzer erhält, ertönt nun aus den Lautsprechern die von Ihnen gespielte Musik.

Der Vorteil gegenüber einer Audio-Aufnahme besteht darin, dass Sie jederzeit sämtliche Parameter ändern können:

- Wenn Sie statt des Klaviersounds doch lieber einen E-Piano-Sound haben wollen, wählen Sie einfach das entsprechende Programm am Klangerzeuger.
- Entspricht das Tempo nicht Ihren Vorstellungen, ändern Sie es einfach, und der Sequenzer gibt die Steuerbefehle schneller oder langsamer aus. Anders als bei einer Audio-Aufnahme bleibt dabei selbstredend die Tonhöhe erhalten.
- Haben Sie sich bei der Aufnahme verspielt, so können Sie die falschen Noten im Sequenzer problemlos korrigieren.
- Ist Ihre Aufnahme etwas holperig geraten, so können Sie den Sequenzer anweisen, die Startpunkte aller Noten einem musikalischen Raster entsprechend auf den nächstgelegenen richtigen Zeitpunkt zu korrigieren (Quantisierung).

Im Sequenzer können Sie nacheinander mehrere Spuren einspielen oder auch Note für Note eingeben, und das sogar, ohne eine Klaviatur anzurühren.

Da nur Befehle aufgezeichnet werden, ist die anfallende Datenmenge relativ niedrig. Auf einer einzelnen Diskette können Sie daher oft Dutzende von Mehrspur-Songs unterbringen.

MIDI-Sequenzer gibt es in Form spezieller Geräte, integriert in Keyboards und Workstations oder als Software für den Computer. Die Anforderungen eines MIDI-Sequenzers an den Computer sind übrigens recht bescheiden, so dass auch ein älteres Modell hier oft völlig ausreicht.

Solange Sie nur mit Sounds Ihres Keyboards oder Drumcomputers auskommen, ist der MIDI-Sequenzer also durchaus das Mittel der Wahl. Sobald aber Gesang, Gitarren oder Bläser ins Spiel kommen, benötigen Sie ein Gerät, das Audiosignale aufzeichnen kann.

Analoge Audioaufzeichnungsgeräte

Bandmaschinen

Bis Mitte der Neunziger waren Bandmaschinen die bevorzugten professionellen Mehrspur-Aufnahmegeräte.

Auf einem Tonband können mehrere getrennte Audiospuren gleichzeitig oder nacheinander eingespielt werden. Jede Audiospur wird dabei auf einem eigenen schmalen Streifen des Bandes aufgezeichnet. Gängige Spurenzahlen sind 4, 8, 16 und 24, wobei mit zunehmender Spurenzahl ein immer breiteres Tonband verwendet wird. Benötigt man mehr Spuren, so lassen sich auch zwei oder mehr Geräte im Verbund betreiben.

Analoge Bandmaschine Studer A 827.

Durch die aufwendige Mechanik sind Bandmaschinen relativ teuer, so dass mit dem Aufkommen leistungsstarker, dabei aber preiswerterer digitaler Alternativen die Nachfrage und damit auch das Angebot an analogen Bandmaschinen stark zurückging. Wegen ihrer speziellen Klangeigenschaften werden analoge Bandmaschinen aber auch heute noch in vielen Studios eingesetzt. Viele Musiker ziehen den Klang analoger Aufnahmen sogar dem digitaler Aufnahmen vor.

Mehrspur-Cassettenrecorder

Als im Jahre 1979 die Firma Tascam das erste Portastudio vorstellte, kam das einer Sensation gleich. Für etwas mehr als 2000 DM ließen sich mit einem Gerät von der Größe eines Aktenkoffers vier Spuren auf eine handelsübliche Audiocassette aufzeichnen und mit dem integrierten Mischpult abmischen. Zur Verbesserung der Klangqualität lief die Cassette doppelt so schnell wie in einem normalen Tapedeck, zusätzlich war ein DBX-Rauschunterdrückungssystem eingebaut. Damit standen die Möglichkeiten der Mehrspurtechnik erstmals auch dem finanzschwachen Amateur zur Verfügung – der Siegeszug des Homerecording nahm seinen Anfang.

Auch heute noch findet sich dieses Konzept in fast unveränderter Form bei vielen Modellen verschiedener Hersteller, wobei durch technische Verfeinerungen mittlerweile immerhin bis zu acht Spuren auf einer Cassette untergebracht werden können. Mit zunehmender Konkurrenz der digitalen Geräte wurden die analogen Mehrspur-Recorder jedoch in den unteren Preisbereich zurückgedrängt.

4-Spur-Portastudio mit 6-Kanal-Mischpult: Das Tascam 424MKIII.

Digitale Audioaufzeichnung

Der Siegeszug der Digitaltechnik hat dem Homerecording einen Qualitätsschub in Bezug auf die technischen Möglichkeiten beschert, der die Grenzen zu so genanntem ›Profi-Equipment‹ zunehmend verschwinden lässt. Um die Vorteile, aber auch praxisrelevante Phänomene und Probleme, die mit der heute dominierenden Digitaltechnik einhergehen, besser zu verstehen, sollten Sie zumindest die wichtigsten theoretischen Aspekte der digitalen Klangaufzeichnung kennen. Im Folgenden daher ein wenig Theorie im Schnelldurchgang.

Was heißt digital?

Wird ein Klang über ein Mikrofon aufgenommen, so erzeugt das Mikrofon aus der Schallschwingung ein elektrisches Signal in Form einer analogen Wechselspannung, die in ihrem Verlauf der Schallschwingung entspricht.

Dieses Signal wird zunächst verstärkt und dann aufgezeichnet. Bei analogen Aufzeichnungsgeräten – dazu zählen Tonbandmaschinen und Cassettenrecorder, aber auch die mit Wachsrollen betriebenen Grammofone vergangener Tage – wird dabei das Aufnahmemedium verändert: Bei einem Tonband verändert der Tonkopf das Magnetfeld der aufgeschichteten Eisenoxid-Moleküle, beim Grammofon ritzt eine schwingende Nadel eine Rille in die sich drehende Wachsrolle.

Bei der Wiedergabe wird das Prinzip der Aufnahme einfach umgedreht. So erzeugt das sich verändernde Magnetfeld eines Tonbandes im Tonkopf wieder eine Wechselspannung, die im Idealfall genau der Wechselspannung der Aufnahme entspricht.

Ganz anders sieht es bei digitalen Aufzeichnungsverfahren aus. Hier wird die vom Mikrofon erzeugte Wechselspannung dergestalt in Zahlen zerlegt, dass ein Schaltkreis der Wechselspannung zu bestimmten Zeitpunkten Proben, so genannte Samples, entnimmt und jeden ermittelten Wert als Zahl ablegt. Die Zahlen werden dann aufgezeichnet.

Welche Rolle spielt die Sampling-Frequenz?

Da sich die Wechselspannung sehr schnell ändert, sollten die Abstände zwischen den Samplevorgängen natürlich so klein wie möglich sein, damit die erzeugten Zahlenfolgen das Signal möglichst genau repräsentieren.

Die Häufigkeit der Messungen wird als Sampling-Frequenz oder Sample-Rate bezeichnet.

Sample ist das englische Wort für Probe.

Bei CD-Qualität beträgt die Sampling-Frequenz 44,1 kHz (Kilohertz). Das heißt: Das Signal wird 44.100 Mal pro Sekunde abgetastet. Die technische Schaltung, welche die eingehende analoge Spannung dann in eine Zahlenreihe wandelt, bezeichnet man als Wandler oder Konverter, oder genauer als Analog-Digital-Wandler (engl. Abkürzung: ›ADC‹ für ›Analog Digital Converter‹).

Welche Rolle spielt die Auflösung?

Neben der Sampling-Frequenz, also der Häufigkeit der Messungen, ist auch die Genauigkeit jeder einzelnen Messung entscheidend. Dabei wird man nun mit der Tatsache konfrontiert, dass die Menge unterschiedlicher Zahlenwerte bei einer digitalen Schaltung endlich ist. Es entsteht also ein mehr oder weniger grobes Raster, in das die aus der Spannung ermittelten Messwerte eingeordnet werden müssen. Je mehr Werte das Raster hat, desto geringer ist die mögliche Abweichung des Zahlenwertes vom tatsächlichen analogen Wert.

CD-Track 4 – Zunächst wurde ein optimal ausgesteuertes Ride-Becken mit unterschiedlicher Auflösung (Bit-Anzahl) aufgenommen. Nach jeweils zwei Schlägen wurde die Auflösung um ein Bit verringert (16 Bit, 15 Bit, … , 8 Bit). Der Klang wird nur geringfügig schlechter, aber ab 12 Bit steigt das Quantisierungsrauschen deutlich an.
Im zweiten Durchgang (0:36) wurde das Ride-Becken nur mit einem Pegel von –30 dB aufgenommen und erst danach auf normale Lautstärke gebracht, um den Einfluss der Auflösung auf leise Klänge zu demonstrieren. Diesmal ist bereits ab 15 Bit eine Zunahme des Rauschens hörbar, und auch der Klang wird zunehmend schlechter.

Bei einem 8-Bit-Wandler beträgt die mögliche Anzahl unterschiedlicher Werte 256 ($=2^8$). Das dadurch entstehende Raster ist also sehr grob, wenn man es in Relation zu der unendlichen Anzahl unterschiedlicher Werte setzt, die eine analoge Spannung annehmen kann. Dementsprechend wird man hier einen deutlichen klanglichen Unterschied zwischen Original und digitaler Aufzeichnung feststellen. Technisch bezeichnet man diesen Unterschied als ›Quantisierungsfehler‹.

›Quantisieren‹ heißt so viel wie ›in ein Raster einordnen‹.

Besser sieht es da bei einem 16-Bit-Wandler aus. Dieser erzeugt ein Raster aus 65.536 ($=2^{16}$) verschiedenen Werten, wodurch sich die Quantisierungsfehler logischerweise drastisch verringern und man zu hörbar besseren Klangergebnissen kommt. Wandler mit noch höherer Auflösung – in letzter Zeit findet man vermehrt 20- und 24-Bit-Wandler – führen zu noch besseren Klangergebnissen, wobei der Unterschied zwischen 16 Bit und 20 Bit übrigens deutlicher hörbar ist als der zwischen 20 Bit und 24 Bit. Heutzutage werden praktisch nur noch Wandler mit einer Auflösung von 16 Bit oder mehr benutzt.

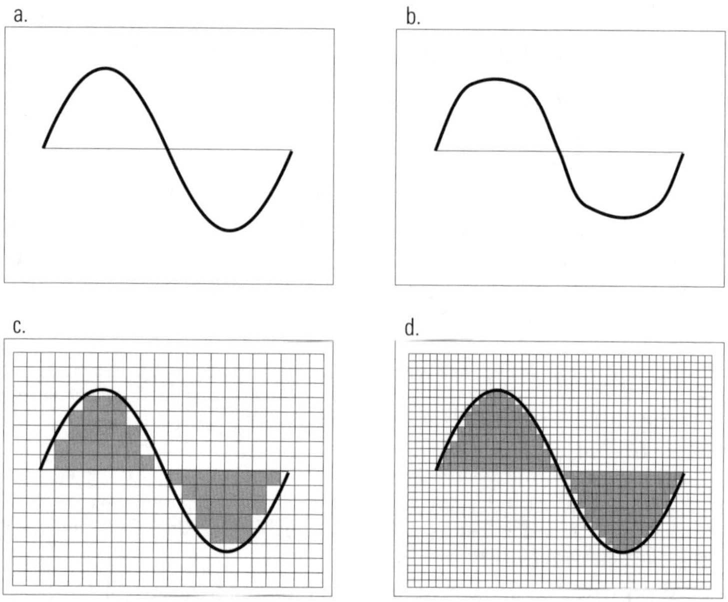

e.

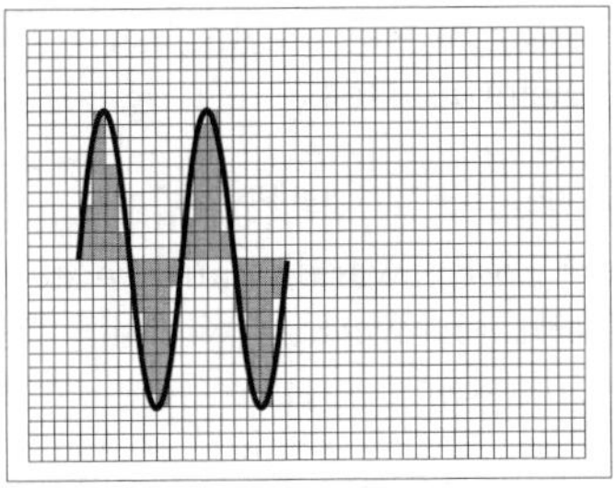

Die obigen Diagramme verdeutlichen noch einmal die Rasterung einer Sinusschwingung mit unterschiedlicher Sampling-Frequenz und mit unterschiedlicher Auflösung:

a. Sinusschwingung.

b. Auch bei analoger Aufnahme kann es – etwa durch so genannte Bandsättigung – zu Veränderungen der Wellenform kommen. Gerät das Band in den Bereich der Sättigung (das heißt, alle Magnetpartikel an der Bandposition sind bereits vollständig ausgerichtet, eine zusätzliche Ausrichtung ist somit nicht möglich), so können noch höhere Pegel nicht mehr korrekt aufgezeichnet werden. Die Kurve erscheint daher hier abgeflacht.

c. Die Sinusschwingung wird mit einer groben zeitlichen Auflösung (Sampling-Frequenz, x-Achse) und einer groben Auflösung der Lautstärke (Bit-Rate, y-Achse) aufgezeichnet. Der Verlauf erscheint treppenförmig.

d. Dieselbe Sinusschwingung mit höherer Bit-Rate und Sampling-Frequenz. Noch immer erscheint der Verlauf treppenförmig, doch die Form entspricht deutlich mehr der ursprünglichen.

e. Nimmt man mit gleicher Samplingfrequenz und Bit-Rate wie zuvor eine Sinusschwingung höherer Frequenz auf, so wird deutlich, dass für jede einzelne Schwingung nur wenige Messpunkte bereit stehen. Daher ist eine hohe Sampling-Frequenz speziell zur Aufzeichnung hoher Frequenzen wichtig.

Welche Vorteile bietet digitale Audioaufzeichnung?

Die vom Wandler gemessenen Werte werden als Folge von Nullen und Einsen kodiert (binäre Kodierung). Da bei der digitalen Aufzeichnung auf dem Speichermedium selbst also nur zwei verschiedene Werte geschrieben werden, eine Null oder eine Eins, ist das Auslesen des Mediums auch unter ungünstigen Bedingungen meist möglich – etwa bei verschmutztem Lesekopf oder bei einem abgenutzten Medium. Zur Verdeutlichung ein kurzes Beispiel.

Über eine schlechte Telefonleitung soll ein Text übertragen werden. Der analogen Übertragung entspricht es, dass der Text in das Telefon gesprochen wird. Dabei kann es passieren, dass beim Empfänger am anderen Ende der Leitung einzelne Laute, Silben oder ganze Wörter untergehen und daher der Text falsch verstanden wird.

Als Bild für die digitale Variante stellen wir uns nun vor, dass derselbe Text gemorst wird, also die einzelnen Buchstaben nach dem Morsealphabet in eine Folge von langen oder kurzen ›Piepslauten‹ übersetzt werden. Der Empfänger muss nun lediglich entscheiden, ob er ein kurzes oder langes Geräusch hört, und hat so eine deutlich höhere Chance, den Text rekonstruieren zu können. Damit es zu einem Fehler kommt, muss schon eine wirklich massive Störung der Übertragung auftreten.

Die praktische Bedeutung dieser Tatsache ist, dass eine digitale Aufzeichnung immer gleich klingt, wobei es beispielsweise weitestgehend unerheblich ist,

- wann der Lesekopf zuletzt gereinigt wurde,
- wie alt und damit verschlissen er ist,
- wie alt und wie abgenutzt das Speichermedium ist,
- ob das Medium auf einem anderen Gerät aufgezeichnet wurde,
- wie oft die Aufzeichnung kopiert wurde.

Digitale Audioaufzeichnungsgeräte

Digitale Aufzeichnungsgeräte unterscheiden sich zunächst durch das Medium, auf das aufgezeichnet wird. Einige der verbreitesten Formen möchte ich Ihnen im Folgenden kurz vorstellen.

Digitale Bandrecorder

Digitale Bandrecorder wie etwa digitale Bandmaschinen, DAT-Recorder, DDC-Recorder, ADAT oder Tascam DA88 nutzen Bandmaterial als Aufzeichnungsmedium.

Auf dieses Band wird aber nicht wie bei analogen Geräten der Verlauf der elektrischen Spannung durch eine entsprechende Magnetisierung der Bandpartikel aufgezeichnet, sondern die von den Wandlern gemessenen Zahlen in binärer Form. Durch die Verwendung des Bandes ergibt sich – genau wie bei analogen Bandgeräten – die Notwendigkeit des Spulens. Will man eine andere Stelle der Aufnahme hören, muss das Band erst zu der entsprechenden Position gespult werden. Dadurch entstehen Wartezeiten, die sich im Laufe eines Recording-Projektes enorm summieren.

Für das Homerecording-Studio sind einerseits DAT-Recorder interessant, die allerdings aufgrund der Tatsache, dass sie nur zwei Aufzeichnungsspuren besitzen, hauptsächlich für die Aufzeichnung der fertigen Abmischung verwendet werden. Hier sind sie neben CD-Recordern noch immer Standard in vielen Studios.

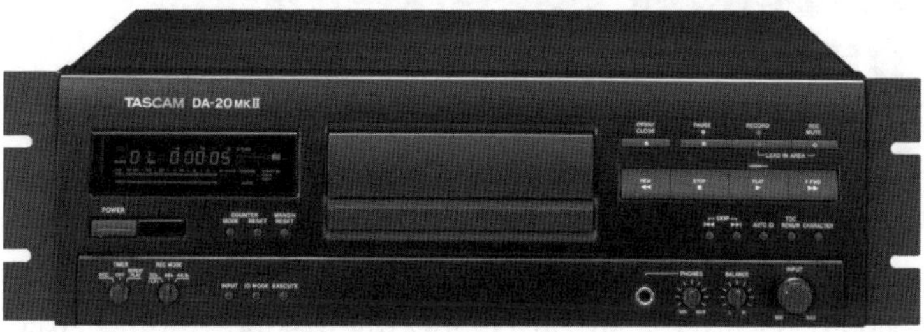

DAT-Rekorder DA-20MKII von Tascam.

Die für Mehrspuraufnahmen im Homerecording-Studio interessante Gattung sind digitale Recorder, die auf Videocassetten aufnehmen. Der Urahn dieser Geräte ist der ADAT von Alesis. Als er 1992 vorgestellt wurde, leitete das eine Revolution ein, da hier erstmals digitale Aufzeichnungstechnik auch für Amateure erschwinglich wurde. Da der ADAT auf handelsübliche S-VHS-Videocassetten aufnimmt, ist er einfach in der Handhabung und preisgünstig im Betrieb.

Durch die Möglichkeit, zwei oder mehr ADATs im Verbund zu betreiben, fand das Gerät auch seinen Weg in viele professionelle Studios. Ebenso wie die kurze Zeit später vorgestellten Konkurrenzprodukte von Fostex und Tascam (DA88/DA38) die Hi8-Videocassetten als Aufzeichnungsmedien verwenden, wurde der ADAT in Details ständig weiterentwickelt und ist somit auch heute noch absolut up to date.

Mit dem ADAT wurde im übrigen eine digitale Schnittstelle eingeführt, bei der acht Audiosignale über Lichtleiterkabel digital übertragen werden. Diese Schnittstelle ist mittlerweile auch an vielen Digitalmischpulten und PC-Karten anzutreffen.

Der ADAT XT20 von Alesis.

MD-Multitracker

Die im Hi-Fi-Bereich von Sony eingeführte MiniDisk (MD) wurde später auch als Medium für die Mehrspuraufzeichnung entdeckt. Geräte wie die Modelle MD4 oder MD8 von Yamaha können vier bzw. acht Audiospuren auf diesem Medium unterbringen. Ähnlich wie die analogen Mehrspur-Cassettenrecorder sind sie mit einem integrierten Mischpult ausgestattet.

Die MiniDisk ist eine rotierende, magnetisch beschichtete Scheibe, ähnlich einer Diskette. Mit einem Preis von nur wenigen Mark ist sie vergleichsweise günstig.

Damit die bei der Audioaufzeichnung anfallenden großen Datenmengen auf einem so kleinen Tonträger untergebracht werden können, setzen MiniDisk-Recorder einen speziellen Algorithmus zur Datenreduktion ein, den so genannten ARTRAC. Dieser rechnet aus dem Audiomaterial alle ›unwichtigen‹ Informationen heraus und reduziert die Datenmenge so um insgesamt rund 80 %. Was hierbei als ›unwichtig‹ betrachtet wird, basiert auf neuesten Erkenntnissen der Psychoakustik. So nimmt das menschliche Gehör etwa leise Töne nicht wahr, wenn sie durch einen lauteren mit ähnlicher Frequenz überdeckt werden. Genauso gelten Töne unterhalb einer gewissen Lautstärkegrenze als verzichtbar.

Dass dabei tatsächlich ein brauchbares Klangbild herauskommen kann, musste schon mancher Skeptiker im direkten AB-Vergleich mit dem ›Original‹ zugeben. Allerdings können sich Klangeinbußen beim mehrfachen Kopieren einzelner Tracks addieren, da der Reduktionsalgorithmus jedesmal wirksam wird.

Bei MD-Multitrackern entfallen Umspulzeiten, da der Lesekopf jeden Sektor der MiniDisk direkt anfahren kann. Die Bedienung erfolgt oft mit Menüs an einem Display, so dass sich beispielsweise Abschnitte der Aufnahme auf den Sekundenbruchteil genau an andere Positionen kopieren lassen.

Harddisk-Recorder

Harddisk-Recorder nutzen Festplatten (engl. Hard Disk oder kurz HD) als Aufzeichnungsmedium. Eine Festplatte ist – wie die MD – eine sich drehende Scheibe mit magnetisierbarer Beschichtung, über der in sehr geringem Abstand ein oder mehrere Leseköpfe schweben. Durch ihre höhere Rotationsgeschwindigkeit kann eine Festplatte jedoch schneller beschrieben und ausgelesen werden als eine MD. Zudem ist die Speicherkapazität wesentlich größer, so dass eine Datenreduktion nicht unbedingt erforderlich ist.

Die Aufzeichnung auf eine Scheibe – egal ob MD oder HD – statt auf ein Tonband bietet deutliche Vorteile: Möchte man eine beliebige Passage wiedergeben, so muss nicht erst ein Band umgespult werden, sondern die Maschine muss lediglich den Lesekopf über dem entsprechenden Sektor der Scheibe positionieren.

Daraus folgt nicht nur, dass Wartezeiten entfallen, sondern auch, dass es mehr oder weniger unerheblich ist, an welcher physikalischen Stelle des Tonträgers eine Information aufgezeichnet wird. So muss der letzte Titel nicht auch auf der Scheibe hinter allen anderen liegen. Er kann sich ebensogut im Anfangsbereich der Platte oder irgendwo in der Mitte befinden. Der Grund dafür ist, dass alle Audiodaten entsprechend einer Liste (Playlist, Cuelist) abgespielt werden. Diese Liste führt auf, wann und wie oft welcher Abschnitt gespielt werden soll. Dadurch ergeben sich einige Vorteile:

- Wollen Sie beispielsweise jeden Refrain eines Songs durch einen Background-Chor unterstützen, so reicht es aus, den Background-Chor nur ein einziges Mal aufzunehmen und dieselbe Aufnahme bei allen anderen Refrains abzuspielen. Sie müssen dazu lediglich den Background-Chor als Abschnitt definieren und die weiteren Startpunkte dieses Abschnittes angeben. Das spart nicht nur Aufnahmekapazität, sondern auch Zeit bei der Aufnahme, denn es reicht ja, wenn der Chor einmal richtig gesungen wurde.
- Ebenso können Sie Spuren aus verschiedenen ›Bausteinen‹ jeweils für Strophen, Refrains oder Intro zusammenbasteln. Die Pausen zwischen den verschiedenen Bausteinen auf einer Spur benötigen dabei keine Speicherkapazität, wodurch Sie mit deutlich weniger Speicherplatz auskommen.
- Da Sie nur die Liste mit den Abspielvorschriften bearbeiten und so die Daten der eigentlichen Audioaufnahme unverändert erhalten bleiben, können Sie Änderungen jederzeit rückgängig machen. Man spricht hier von non-destruktiver Bearbeitung.

Im Gegensatz zu Bandmaschinen, wo aufgrund der physikalischen Gegebenheiten des Aufzeichnungsmediums (Magnetband) die Spurenanzahl stets begrenzt ist, ist bei Harddisk-Recording-Systemen die Anzahl der möglichen Spuren prinzipiell unbegrenzt. Solange die Speicherkapazität nicht erschöpft ist, kann man weiteres Audiomaterial aufzeichnen.

Will man allerdings mehrere Spuren gleichzeitig aufnehmen oder Spuren getrennt ausgeben, muss das System über eine entsprechende Anzahl von Wandlern verfügen. Daher unterscheidet man bei HDR-Systemen zwischen virtuellen und physikalischen Spuren.

Virtuelle Spuren sind dabei alle Spuren, die gespeichert und verwaltet werden können, egal ob sie gleichzeitig abgespielt und abgemischt werden können oder nicht.

Die Zahl der physikalischen Spuren wird durch die Zahl der Eingangs- und/oder Ausgangswandler bzw. die Anzahl der integrierten Mischpultkanäle bestimmt. Da man häufig weniger Spuren gleichzeitig aufnehmen als abspielen kann, ist es zudem sinnvoll, bei physikalischen Spuren zwischen Aufnahmespuren und Wiedergabespuren zu unterscheiden.

So klein kann ein Studio sein: Der Roland VS-2000CD mit integriertem Mischpult, Effekten und CD-Brenner-Unterstützung.

Oft sind einer physikalischen Wiedergabespur mehrere virtuelle Spuren zugeordnet, von denen jeweils eine abgespielt werden kann. So kann etwa der Roland VS-2000CD acht physikalische Spuren gleichzeitig aufnehmen und achtzehn physikalische Spuren plus zwei Master-Spuren gleichzeitig wiedergeben. Jeder der somit zwanzig physikalischen Wiedergabespuren sind aber sechzehn virtuelle Spuren zugeordnet, woraus sich eine Anzahl von 320 virtuellen Spuren ergibt.

Der Vorteil der virtuellen Spuren besteht unter anderem darin, dass man mehrere Varianten eines Parts – zum Beispiel mehrere unterschiedliche Einspielungen eines Gitarrensolos – aufnehmen kann. Welche man dann verwendet, kann man später entscheiden. Außerdem können Sie ohne weiteres den Anfang des Solos von der virtuellen Spur 3 nehmen, den Mittelteil von Spur 5 und das Ende der Solopassage von Spur 8. Es gibt nur die Einschränkung, dass von den virtuellen Spuren, die einer physikalischen Spur zugeordnet sind, nicht zwei oder mehr gleichzeitig abgespielt werden können.

Angesichts der zahlreichen Möglichkeiten zur Bearbeitung des Audiomaterials, die solche Geräte bieten, mag Ihnen die Bedienung über das oft kleine Display umständlich und mühsam erscheinen. Ein großer Monitor wäre da eine deutliche Erleichterung.

Festplatte, Monitor ... was wäre naheliegender, als gleich einen Computer einzusetzen?

Hard-Disk-Recording mit dem Computer

Emotionslos betrachtet ist ein Computer ein Universalwerkzeug zur Speicherung und Veränderung von Daten. Dabei ist es unerheblich, ob diese Daten Buchstaben eines Textes, Zahlen einer Tabelle, Punkte eines Bildes oder digitalisierte Daten einer Audioaufnahme sind. So verwundert es nicht, dass der Computer mit zunehmender Leistungssteigerung auch in sehr datenintensiven Bereichen wie Musikaufnahme oder Videoschnitt seinen Siegeszug ständig fortsetzt.

Da der Computer nicht nur als Aufzeichnungsgerät dienen kann, sondern beinahe alle Arbeiten in Ihrem Homerecording-Studio zu erledigen vermag, finden Sie weiter unten ein gesondertes Kapitel, das auf die vielfältigen Verwendungsmöglichkeiten detaillierter eingeht. Hier möchte ich deshalb nur auf prinzipielle Unterschiede zu den vorher beschriebenen Geräten eingehen.

Die benötigte technische Ausrüstung – bei der Audioanwendung speziell die erforderlichen Steckbuchsen und die Eingangs- und Ausgangswandler – können Sie in Form von Erweiterungskarten einfach in den Computer einstecken. Derartige Karten gibt es von der einfachen Soundkarte, die meist schon Bestandteil des Motherboards ist oder für wenige Euros nachgerüstet werden kann, bis zur professionellen Audiokarte mit einer großen Zahl von Ein- und Ausgängen.

Bei einem Computersystem können Sie sich sehr einfach Ihr Wunschstudio modular zusammenstellen, indem Sie die Computerkomponenten wie auch die Audiokarte und die Software für Audioaufnahme und Sequencing oder für Effekte aus einer Fülle von Produkten Ihren Anforderungen entsprechend auswählen. Dies ist bei einem Stand-alone-Gerät mit integriertem Mischpult und Effektprozessor nicht der Fall.

Ferner können Sie viele Bearbeitungsschritte durch die übersichtliche Darstellung auf dem Monitor und durch die unkomplizierte Eingabe mit der Maus erheblich komfortabler, einfacher und genauer durchführen. Im Vergleich dazu mag man das Durchsteppen von Parametern in einem verschachtelten Menü auf einem winzigen Display bei einem Stand-alone-Gerät geradezu als Zumutung empfinden. Anderseits ist die Bedienung virtueller Regler mit der Maus auch nicht Jedermanns Sache, zumal Sie an echten Reglern auch schon mal mit beiden Händen gleichzeitig zupacken können.

Auch bei einem computerbasierten Harddisk-Recording-System gilt die Unterscheidung zwischen virtuellen und physikalischen Spuren. Da aber meist sämtliche Spuren auch innerhalb der Software auf einen oder mehrere physikalische Ausgänge zusammengemischt werden können und die

Anzahl der virtuellen Mischpultkanäle anders als bei externen Lösungen nicht prinzipiell beschränkt ist, ist die Zahl der gleichzeitig abspielbaren Spuren oft nur durch die Geschwindigkeit des Systems begrenzt. Moderne Systeme schaffen dabei oft locker mehrere Dutzend Spuren.

Ein weiterer Vorteil der Computerlösung besteht darin, dass Sie den Computer nebenbei noch für eine Vielzahl anderer Dinge verwenden können, wodurch sich die höheren Anschaffungskosten relativieren.

Spezialisierte Harddisk-Recording-Systeme haben dafür meist eine deutlich höhere Betriebssicherheit, denn dort, wo wie im Computer eine große Menge unterschiedlicher Hard- und Software-Komponenten verschiedener Hersteller im Verbund arbeiten, sind Fehlfunktionen und Abstürze kaum ganz zu vermeiden.

Auch wenn die Vorteile des Computersystems also insgesamt überwiegen, so gibt es doch gute Argumente für Stand-alone-Geräte, die ihre Daseinsberechtigung somit auch in Zukunft behalten werden.

Das Mischpult

Das Mischpult ist der Mittelpunkt eines jeden Studios, die ›Zentrale‹, in der alle Fäden zusammenlaufen. Obwohl bei vielen Geräten – am extremsten bei einem Computersystem – das Mischpult ein integrierter Bestandteil ist, ist es für das Verständnis einfacher, zunächst von einem separaten Mischpult auszugehen.

Wozu dient das Mischpult?

An das Mischpult werden die Mikrofone und Klangerzeuger, das Mehrspur-Aufzeichnungsgerät, die Effektgeräte, die Master-Maschine und die Abhöranlage angeschlossen, und über das Mischpult wird der gesamte Signalfluss zwischen diesen Geräten geregelt. Egal mit welchem Arbeitschritt Sie gerade beschäftigt sind, dem Mischpult kommen im Grunde stets zwei Aufgaben zu: Die richtigen Eingangssignale an die gewünschten Ausgänge zu führen (Routing) und dabei die einzelnen Signale in ihrer Lautstärke und im Klang zu regeln.

Analoges 16-Kanal-Mischpult von Soundcraft.

Um diese Aufgaben in den unterschiedlichsten Situationen (Aufnahme, Overdubbing, Endabmischung) flexibel erfüllen zu können, sind etliche Schalter und Regler erforderlich. Aber keine Angst. Auch wenn allein die Anzahl der Knöpfe Erinnerungen an das Cockpit eines Jumbo-Jets weckt, so erleichtert eine Tatsache das Verständnis aller Elemente: Die meisten Regler sind in jedem Kanal die gleichen; verstehen Sie einen Kanal, verstehen Sie damit alle.

Aufbau eines Mischpultes

Eingangskanäle

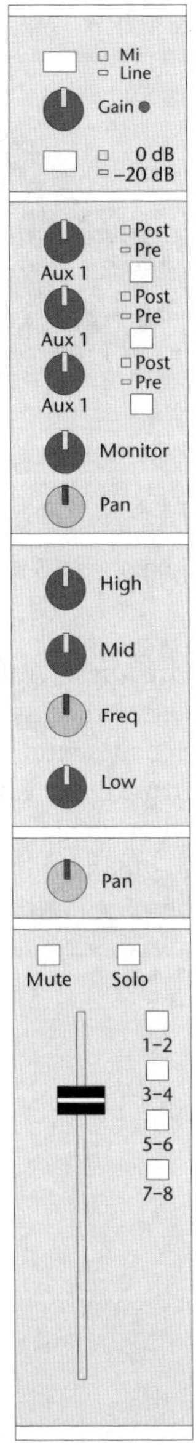

Der Aufbau des Mischpultes ergibt sich aus seiner Aufgabe, stets eine bestimmte Anzahl von Klangquellen auf irgendwelche Ausgänge zu verteilen. Für die Klangquellen gibt es eine Anzahl von Eingangskanälen, die alle jeweils unterschiedliche Regelmöglichkeiten für Lautstärke (Empfindlichkeitsschalter, Gain, Volume-Fader), Klang (Equalizer mit meist zwei bis vier Bändern, evtl. parametrisch), Stereoposition (Panorama) und Einbindung von Effektgeräten (Aux-Send, Inserts) bieten. Diesen Kanälen können Sie sowohl die Signale von Instrumenten oder Mikrofonen als auch die Signale bereits aufgenommener Audiospuren zuführen.

Ein einfaches Mischpult könnte dann etwa acht oder sechzehn Eingangskanäle und einen Stereo-Masterkanal haben, auf dem die Summe der Eingangskanäle liegt.

Schauen wir uns einmal einen Eingangskanal genauer an:

Am oberen Ende eines Kanals liegt meist ein Schalter zur Auswahl des Eingangs (Line, Tape, Mikro). Außerdem finden Sie hier oft einen Schalter zur Abschwächung lauter Signale (Pad), zur Invertierung der Phase des Kanals und einen Gain-Regler, mit dem die Signallautstärke angepasst werden sollte, damit die nachfolgenden Stufen optimal angesteuert werden.

Darunter folgen üblicherweise die Regler für die Effektwege (Aux) und die Monitorwege. Teilweise lassen sich die Abgriffe dieser Wege umschalten zwischen ›Pre‹ (vor der Klangregelung und dem Fader) und ›Post‹ (hinter der Klangregelung und dem Fader). Mehr hierzu im Kapitel zum Anschluss von Effekten und zum Monitoring.

Die Klangregelung besteht aus Reglern zur Einstellung verschiedener Frequenzbereiche: Zum sinnvollen Arbeiten benötigt man dabei mindestens einen Höhenregler, einen Mittenregler und einen Bassregler, wobei die Mitten parametrisch arbeiten sollten, also einstellbar in der Frequenz und der Bandbreite.

Mit dem Panoramaregler wird dem Kanal ein Platz im Stereobild zugewiesen.

Im unteren Bereich liegt der Fader zur Einstellung der Lautstärke des Kanalzugs. Mit dem Mute-Schalter lässt sich der Kanal stummschalten, mit Solo hört man ihn alleine. Außerdem lässt sich das Signal auf unterschiedliche Summenkanäle oder Subgruppen legen.

Subgruppen

Häufig ist es praktisch, mehrere Eingangskanäle auf so genannte Subgruppen (oder Busse) zusammenzufassen, bevor sie den Masterkanal erreichen. Während dies bei Live-Auftritten dazu genutzt wird, beispielsweise alle Schlagzeug-, Keyboard- oder Gesangskanäle mit einem einzelnen Regler (oder zwei Reglern bei Stereo-Betrieb) im Griff zu haben, können für Aufnahmezwecke die einzelnen Eingangskanäle auf die Subgruppen verteilt werden, um über diese die einzelnen Spuren eines Aufzeichnungsgerätes anzusteuern.

Optimal ist es folglich, wenn die Anzahl der Subgruppen der Anzahl der gleichzeitigen Aufnahmespuren entspricht. Die Summe der Subgruppen kann weiterhin auf dem Stereo-Masterkanal zusammengefasst werden, damit Sie alles über Ihre Abhöranlage hören können.

Subgruppenkanäle liegen meist rechts neben den Eingangskanälen. Sie besitzen ebenfalls einen Fader zur Lautstärkeeinstellung, Mute- und Solo-Schalter und einen Panoramaregler.

Gemäß der unterschiedlichen Anzahl an Eingangskanälen und Subgruppen werden Mischpulte meist mit Zahlenkombinationen wie 16/4/2 (sechzehn Eingangskanäle, vier Subgruppen, zwei Masterkanäle) oder 32/8/2 beschrieben.

Ein Beispiel: Den sechzehn Eingangskanälen eines 16/8/2-Pultes werden acht Live-Signale (Mikrofone/Klangerzeuger) und die Signale von acht bereits aufgenommenen Audiospuren zugewiesen. Die acht Live-Signale lassen sich auf die acht Subgruppen verteilen, von wo aus sie den einzelnen Aufnahmespuren des Aufzeichnungsgerätes zugeführt werden.

Master-Sektion

In der Master-Sektion sind die Fader für die Stereosumme und alle ›globalen‹ Regler des Mischpultes untergebracht, die Regler also, deren Funktion nicht nur auf einzelne Kanäle oder Subgruppen wirkt. Hierzu gehören:

- Control (Room) Out: Lautstärke der Monitorboxen im Regieraum.
- Mix Out: Lautstärke des Stereomixes (anders als bei Control Out liegt hier wirklich immer der Stereomix an, auch wenn man im Regieraum einen Kanal solo abhört).
- Monitor Out: Lautstärke des Monitormixes.
- Aux Send: Geamtlautstärke der einzelnen Aux-Abgriffe.
- Aux Return: Lautstärke des Effektsignals von den Aux-Effekten.
- Headphones: Lautstärke des Kopfhörerausgangs.
- Talkback: Lautstärke des Mikrofons, mit dem der Toningenieur mit den Musikern im Aufnahmeraum kommuniziert.

Wie viele Kanäle brauchen Sie?

Auf diese Frage gibt es grundsätzlich eine einfache Antwort: So viele, wie Sie sich nur leisten können. Um etwa acht Mono- oder vier Stereo-Signale zu einem Playback von acht bereits aufgenommenen Spuren aufzunehmen, ist schon ein Mischpult mit mindestens sechzehn Eingangskanälen nötig. Möchten Sie nun noch einen CD-Player oder Effekt-Geräte anschließen, benötigen Sie weitere Kanäle.

Allerdings steigt mit zunehmender Kanalzahl nicht nur der Platzbedarf des Pultes, sondern auch dessen Preis. Und irgendwie ist es auch nicht einsehbar, dass viele Kanäle nur für den ›schlimmsten Fall‹ zur Verfügung stehen, die meiste Zeit aber gar nicht genutzt werden. Vielleicht kann ein Inline-Pult Sie hier aus dem Dilemma retten.

Inline-Mischpulte

Oft müssen Sie viele Signale gleichzeitig verwalten, und das bedeutet: Sie benötigen viele Mischpultkanäle. Anderseits sind in vielen Situationen die meisten Regelmöglichkeiten der Kanäle gar nicht gefragt. So müssen etwa bei einer Aufnahme die bereits aufgezeichneten Spuren für den Monitormix nicht mit Effekten oder aufwendiger Klangregelung bearbeitet werden. Oder Sie wollen einen DAT- oder einen CD-Player anschließen, wofür Sie nun wirklich keinen vollen Kanalzug mit Effektreglern und aufwendigem EQ benötigen.

Hier setzen Inline-Pulte an, deren Idee darin besteht, neben den voll ausgerüsteten Eingangskanälen abgespeckte Kanäle mit nur den wichtigsten Reglern zu bieten. Das ist aber noch nicht alles. Um Platz zu sparen, befinden sich diese Kanäle direkt inmitten der normalen Eingangskanalzüge. Stellen Sie sich also vor, dass beispielsweise zwischen der Eingangssektion und den Effektreglern des Eingangskanals eine Sektion mit den Reglern des zusätzlichen Kanals sitzt, etwa ein Monitorregler, eine einfache Zweiband-Klangregelung und ein Panoramaregler. So kann ein 24-Kanal-Mischpult mit einem Platzbedarf von nur zwölf Kanalzügen aufgebaut werden.

Der Clou dabei ist, dass Sie blitzschnell umschalten können, ob nun die Bandspur oder das Line- bzw. Mikrofonsignal über den vollen Kanal oder über den abgespeckten Kanal laufen. So können Sie bei der Aufnahme die bereits aufgenommenen Spuren für das Monitoring über ›kleine‹ Kanäle laufen lassen, die daher oft auch den Namen ›Tape-Monitor‹ tragen und die ›großen‹ Kanäle für die aufzunehmenden Signale nutzen.

Bei der Abmischung machen Sie es umgekehrt: Die Spuren des Recorders werden mit allen Möglichkeiten der vollen Kanäle bearbeitet, während die Tape-Monitor-Kanäle nun dazu dienen, beispielsweise MIDI-Klangerzeuger, die keine aufwendige Klangbearbeitung erfordern, in die Mischung zu integrieren.

Digitale Mischpulte

Da der Trend immer mehr zu digitaler Klangaufzeichnung geht, sind digitale Mischpulte die logische Konsequenz, da so in vielen Fällen unnötige Wandlungen zwischen digital und analog (und eventuell wieder zurück) entfallen.

Die Funktionalität eines digitalen Mischpultes ist dieselbe wie bei einem analogen, jedoch unterscheidet sich die Bedienung der meisten aktuellen digitalen Pulte mehr oder weniger deutlich von der ihrer analogen Pendants. Dies liegt nicht zuletzt darin begründet, dass aus Platz- und Kostengründen nicht für alle Bereiche eines Digitalpults eigene Regler vorhanden sind. Vielmehr wählt man einen Kanal an und regelt dessen Parameter – oft mit Unterstützung eines großen Displays – mit einigen wenigen Drehreglern, deren momentane Funktionalität je nach angewählten Modus unterschiedlich ist. Daher kommen manche Digitalpulte mit sehr wenigen Reglern aus.

Als Nachteil dieser Lösung ist die Bedienung etwas umständlicher, da Sie zunächst mit einigen Tastern den gewünschten Kanal und dann die gewünschte Funktion – etwa den Equalizer – aktivieren müssen. Außerdem können Sie nicht mehr alle aktuellen Einstellungen der unterschiedlichen Kanäle mit einem Blick an der Stellung der entsprechenden Regler ablesen.

Dafür bieten Digitalpulte eine Reihe von Vorteilen: Fast immer lassen sich Einstellungen abspeichern und jederzeit wieder abrufen (Snapshot-Automation). Das kann eine enorme Zeitersparnis bedeuten, müssten Sie doch bei einem analogen Pult beim Wechsel zwischen zwei Songs während der Abmischung alle Einstellungen des einen Songs aufschreiben und dann die zuvor aufgeschriebenen Einstellungen des anderen Songs per Hand wiederherstellen. Oft ist sogar eine dynamische Automation möglich, bei der auch Regler-Bewegungen aufgezeichnet werden können.

Manche Digitalpulte beinhalten überdies einen oder mehrere integrierte Effektprozessoren, deren Einstellungen dann ebenfalls speicherbar sind, so dass sich eine komplette Mischung nebst allen Effekteinstellungen auf Knopfdruck wieder herstellen lässt.

Digitale Mischpulte wie das 02R von Yamaha unterscheiden sich in der Optik deutlich von ihren analogen Verwandten.

Effekte

In diesem Übersichtskapitel möchte ich zunächst nur verschiedene Realisierungen von Effekten vorstellen. Die verschiedenen Effektarten werde ich an späterer Stelle vorstellen.

Instrument-Effektgeräte

Hiermit sind Effekte gemeint, die der Musiker unmittelbar in Verbindung mit seinem Instrument benutzt, also etwa der Wah-Wah oder der Chorus des Gitarristen, der Kompressor des Bassisten oder eingebaute Effekte eines Keyboards. Viele Musiker ziehen es vor, ihr Instrument gleich mit einem bestimmten Effekt aufzunehmen, da sie diesen als festen Bestandteil ihres Sounds ansehen.

Ein Nachteil dieser Arbeitsweise ist, dass man bei der Endabmischung den betreffenden Effekt nicht mehr verändern kann. Ist etwa zuviel Chorus auf der Aufnahme, so muss man sich damit abfinden oder die Aufnahme wiederholen. Spezielle Recording-Effekte sind außerdem gemeinhin von besserer Qualität.

Dennoch sollte man beide Möglichkeiten abwägen und flexibel entscheiden. Oft gilt es auch, ganz pragmatische Gesichtspunkte zu berücksichtigen: Jeder Effekt, den Sie gleich mit aufnehmen, muss bei der Abmischung nicht als separates Gerät bereitstehen. Und wer hat beispielsweise schon sechzehn Kompressoren...

Integrierte Effekte

Einige Aufnahmegeräte besitzen neben Recorder und integriertem Mischpult auch integrierte Effekte. So bieten die Roland-VS-Geräte eingebaute Multieffekt-Prozessoren, aber auch in vielen Digitalmischpulten sind Effekte integriert oder können per Erweiterungskarte nachgerüstet werden.

Solange Sie mit der Qualität solcher eingebauten Effekte zufrieden sind, ist ihr Einsatz eine kostengünstige und komfortable Lösung – schließlich sind keinerlei Verkabelungen vorzunehmen, und Sie können alle Parameter direkt am Gerät einstellen. Erkauft wird der Komfort mit teilweise eingeschränkter Flexibilität: Zum einen sind manchmal nur bestimmte Verschaltungen möglich, zum anderen lassen sich oft nur bestimmte Effekte gleichzeitig nutzen.

Multieffekt-Geräte

Eine ebenfalls preisgünstige Lösung sind Multieffekt-Geräte. Wie ihr Name andeutet, können solche Geräte unterschiedliche Effekte produzieren, oft auch mehrere verschiedene gleichzeitig. Doch auch hier sind die Kombinationsmöglichkeiten in aller Regel beschränkt. Will man einen Effekt mit unterschiedlichen Einstellungen – verschiedene Hallräume – auf unterschiedliche Instrumente ›loslassen‹, so muss ein Multieffekt-Gerät oft passen.

Multieffektgeräte wie der Virtualizer Pro DSP2024P von Behringer bieten oft viel für wenig Geld. Allerdings muss man hinsichtlich der Qualität der einzelnen Effekte manchmal Abstriche in Kauf nehmen.

Spezialisierte Effektgeräte

Alle Effekte als einzelne, unabhängige Geräte einsetzen zu können ist natürlich der Idealfall. Sie haben zu jeder Zeit garantiert alle Kombinationsmöglichkeiten parat, und Sie können die Geräte in beliebiger Reihenfolge verkabeln. Für jeden Effekt steht der ›Spezialist‹ bereit: Der Hall von Lexicon, der Kompressor von dbx, der Röhrenequalizer von SPL oder was auch immer.

Allerdings kostet das alles eine Menge Geld. Jedes Gerät benötigt dezidierte Bauteile, ein eigenes Gehäuse, ein eigenes Netzteil, womit Kosten einher gehen, die bei einem Multieffekt-Gerät nur einmal anfallen. Die Vorteile sind also buchstäblich teuer erkauft.

Effekte als Plug-Ins

Arbeiten Sie mit einem Computer, so haben Sie gerade im Hinblick auf Effekte viele Vorteile. Zum einen sind in den meisten Audioprogrammen bereits Effekte enthalten, und fast immer lasssen sich weitere in Form so genannter Plug-Ins ergänzen. Ein Plug-In ist eine Software, die im Verbund mit Ihrer Recording-Software läuft und aus dieser heraus aufgerufen wird.

Plug-Ins lassen sich gemeinhin mehrfach aufrufen. Damit ist es dann problemlos möglich, einen Effekt mit unterschiedlichen Einstellungen auf unterschiedliche Spuren anzuwenden. Weiterhin sind Plug-Ins in aller Regel billiger als vergleichbare Hardware. Und schließlich muss ein Plug-

In nie repariert werden, denn es enthält ja keine Bauteile, die kaputt gehen können. Von den meisten Plug-Ins gibt es Demoversionen, die Sie in Ruhe zu Hause ausprobieren können, andere Plug-Ins sind sogar in der Vollversion ganz kostenlos (so genannte Freeware).

All diesen positiven Punkten steht allerdings ein großer Nachteil gegenüber: Jeder Plug-In-Effekt frisst Rechenleistung des Computer-Prozessors bzw. der DSPs Ihrer Audiokarte. Auch bei dieser Lösung werden Sie also immer mit Kompromissen leben müssen, besonders wenn Ihr Computer nicht der leistungsfähigste ist.

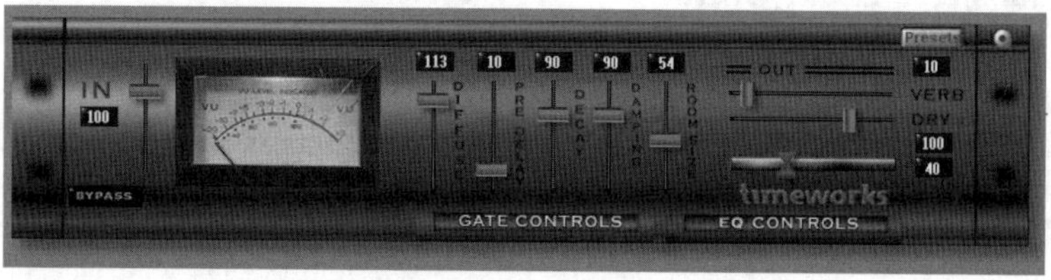

Software oder echt? Ein Hall-Plug-In von Sonic Timeworks für Creamware Scope.

Die Abhöranlage

An die Abhöranlage werden in einem Studio besondere Anforderungen gestellt, die weder Ihr Küchenradio erfüllt noch Ihre – möglicherweise sogar hochwertige – Stereoanlage. Stereoanlagen sind nämlich in aller Regel auf ein ›gutes‹ Klangbild hin optimiert. Im Studio ist aber im Gegensatz dazu ein neutrales, unverfälschtes Klangbild gefragt. Denn schließlich soll die Aufnahme später ja auf allen erdenklichen Anlagen gut klingen, egal ob Ghettoblaster, Nobel-Hi-Fi-Anlage, Autoradio, Club-PA oder Walkman, und dazu müssen Sie bei der Abmischung ein möglichst objektives Bild von der Frequenzverteilung Ihrer Aufnahme vorliegen haben.

Lässt Ihr Etat es zu, so sollten Sie also auf jeden Fall in hochwertige Studiomonitore nebst passender Endstufe investieren oder sogar in ein Paar – meist noch etwas teurere – Aktiv-Monitore, bei denen optimal angepasste Endstufen direkt in die Boxen integriert sind.

Da schon jeder Raum anders klingt und so den Klang verfälscht, benutzt man im Studio häufig relativ kleine Boxen, die in der Nähe des Mischpultes und somit in der Nähe der Ohren platziert sind, so genannte Nearfield- oder Nahfeld-Monitore. Auf diese Weise erreichen mehr Schallanteile direkt von den Boxen das Ohr, als von den Wänden reflektiert werden.

Nahfeld-Monitore, wie etwa die auch in Top-Studios verbreiteten Yamaha NS-10, sind relativ preiswert, erfüllen allerdings nicht das erklärte Ideal einer neutralen Wiedergabe über das gesamte Frequenzspektrum hinweg. Durch die geringe Größe solcher Boxen klingen diese meist recht dünn in den Bässen. Wenn Sie also vorwiegend über Nahfeld-Monitore mischen, sollten Sie den Bassanteil hier und da überprüfen. Dabei kann neben einem Paar größerer Monitore auch ein hochwertiger Kopfhörer gute Dienste tun, der zudem den Vorteil hat, relativ preiswert zu sein.

Verfallen Sie allerdings bitte nicht darauf, ausschließlich über Kopfhörer zu mischen. Ohne die damit einhergehende Problematik jetzt in allen Einzelheiten diskutieren zu wollen: Eine Abmischung über Kopfhörer wird im Ergebnis nie gut klingen.

Hilfreich ist es dagegen, die Mischung immer einmal wieder auf den unterschiedlichsten Anlagen zu kontrollieren, um sie dann gegebenenfalls so zu korrigieren, dass sie überall zumindest passabel klingt. So kann dann Ihre Stereoanlage doch noch einen guten Dienst tun, ebenso wie Ihr Walkman oder der Radiorecorder aus der Küche. Je mehr unterschiedliche Anlagen, desto besser.

Peripherie und Zubehör

Bei der finanziellen Planung Ihres Studios sollten Sie auf keinen Fall all das Drumherum vergessen, das für ein sinnvolles Arbeiten notwendig ist. Dazu gehören Kabel, von denen man nach ungeschriebenem Studiogesetz übrigens immer zu wenige hat, Adapter, Mikrofonstative, Racks und andere Möbelstücke, Disketten- und CD-Boxen, Kabelbinder, Mehrfachsteckdosen und, und, und.

Auch kostenlose, wenngleich zeitraubende ›Kleinigkeiten‹ wie die übersichtliche Beschriftung und das Zusammenfassen aller Kabel oder der ungehinderte Zugang zu allen Anschlüssen bestimmen die Effizienz Ihrer Arbeit: Mit einer Gitarre vor dem Bauch und aufgesetztem Kopfhörer werden Sie garantiert nicht in der Stimmung sein, unter dem Tisch herumzukriechen, um festzustellen, ob das Hallgerät korrekt verkabelt ist.

3

Das Studio im Computer

Im vorherigen Kapitel begegnete uns der Computer bereits als Werkzeug zur Aufzeichnung und Bearbeitung von Audiomaterial: Audiokarten dienen als Klangerzeuger und als Sampler, auf die Festplatte werden Audiodaten gespeichert, die Audiosoftware bietet Schnittmöglichkeiten, Mischpult und Echtzeiteffekte.

Damit ist der Computer sicher die gleichzeitig leistungsstärkste, flexibelste und kompakteste Lösung zur Realisierung eines Studios. Im Folgenden möchte ich daher auf einige wichtige Aspekte des ›Studios im Computer‹ detaillierter eingehen.

Bestandteile des Computers

Der klassische PC ist eine Art Baukastensystem, in dem sich Komponenten auch unterschiedlicher Hersteller zusammenstecken lassen.

Wenn in diesem Buch von ›Computer‹ gesprochen wird, sind in der Regel gleichermaßen Windows-PC *und* Macintosh gemeint.

Anders die Macintosh-Rechner von Apple: Zumindest der Basisrechner kommt hier von einem Hersteller. Wenn Sie den Macintosh jedoch als Musikcomputer einsetzen möchten, werden Sie auch dort nicht umhinkommen, Audiokarten, Festplatten und andere Komponenten von Drittanbietern zu kaufen.

Einen PC können Sie fertig zusammengestellt als Komplettgerät kaufen oder alle Komponenten individuell auswählen und zusammenbauen lassen – manche Händler bieten diesen Service sogar kostenlos an.

Heutige Rechner sind fast ausnahmslos schnell genug, um die bei der Audiobearbeitung anfallenden Datenmengen mühelos zu bewältigen. Doch immer schnellere Systeme erlauben immer aufwendigere Algorithmen und eine größere Anzahl an Effekten und Optionen, so dass Sie letztlich nach wie vor jedes System durch ein entsprechend komplexes Projekt an den Rand seines Leistungsvermögens bringen können. Daher ist auch heute noch ein individuell konfigurierter Rechner für musikalische Zwecke fast immer besser als ein vorkonfektionierter: Audioanwendungen stellen nun einmal andere Ansprüche an die Hardware als Büroanwendungen oder Spiele.

In den folgenden Abschnitten finden Sie eine Beschreibung der wesentlichen Komponenten eines Computers sowie Anmerkungen dazu, was Sie bei einem auf Audio abgestimmten System beachten sollten.

Da die weitaus meisten Musikcomputer hier zu Lande Windows-PCs sind, werden diese bei der Beschreibung bevorzugt berücksichtigt. Das meiste gilt jedoch auch für Macintosh-Rechner.

Motherboard

Das Motherboard, auch Mainboard genannt, beinhaltet Steckplätze für den Hauptprozessor, den Arbeitsspeicher (RAM), die Grafikkarte und andere Erweiterungskarten (Audiokarten, SCSI-Controller, ISDN-Karten). Oft sind Komponenten wie Sound-, Grafik- oder Netzwerkkarten auch schon integriert. Ein Satz von Mikroprozessoren – der Chip-Satz – steuert wichtige Funktionen des Zusammenspiels der einzelnen Komponenten.

Die Erfahrung zeigt, dass man mit den Boards von Markenherstellern immer besser beraten ist als mit No-Name-Produkten. Achten Sie beim Kauf darauf, dass der von Ihnen gewählte Prozessor unterstützt wird. Auch die Frage, welchen Prozessor Sie maximal einbauen können, ist wichtig, damit Sie eventuell später einen schnelleren Prozessor nachrüsten können.

Ein weiteres Kriterium ist die Anzahl der Steckplätze für RAM und Erweiterungskarten. Je mehr davon vorhanden sind, desto mehr Komponenten können später hinzugesteckt werden. Achten Sie auch darauf, dass die von Ihnen gewünschte Speicherkapazität (RAM) möglichst in Form eines großen Moduls statt mehrerer kleinerer eingebaut wird, damit ein etwaiger Speicherausbau einfacher ist.

Eine wichtige Komponente des Motherboards ist der Festplatten-Controller, der normalerweise im EIDE-Standard ausgeführt ist. Sämtliche aktuellen Boards unterstützen die Ultra-DMA-Variante von EIDE, was dem früher verwendeten PIO-Mode in jedem Fall vorzuziehen ist, da dieser den Prozessor beim Lesen von der Festplatte stark beansprucht. Ebendies ist bei einem Audiosystem aber unerwünscht, da hier ständig große Datenmengen gelesen werden müssen, der Prozessor aber beispielsweise für Effektberechnungen zur Verfügung stehen muss. Das früher bei hohen Anforderungen immer wieder empfohlene SCSI-System ist zunehmend in den Hintergrund getreten, da EIDE-Systeme immer schneller wurden und aufgrund ihrer größeren Verbreitung erheblich billiger sind.

Festplatten

Auf der Festplatte werden alle Daten Ihres Rechners gespeichert, also alle Programme, das Betriebssystem und auch die Audiodaten. Es ist grundsätzlich empfehlenswert, zwei oder mehr Festplatten zu verwenden, wobei Sie die schnellste ausschließlich für Audiodaten einsetzen sollten.

Die Anzahl der gleichzeitig abspielbaren Spuren hängt nämlich in hohem Maße von der Geschwindigkeit der Festplatte ab, genauer gesagt von ihrem Datendurchsatz, also der Menge an Bytes, die pro Sekunde gelesen werden kann. Die bei Festplatten meist angegebene Zugriffszeit ist dabei in unserem Zusammenhang weniger entscheidend.

Besonders schnell sind oft Festplatten, die mit hohen Drehzahlen arbeiten. Der Preis dafür ist allerdings eine manchmal erhöhte Wärmeentwicklung und ein höheres Laufgeräusch der Platte, im schlimmsten Falle in Form eines lästigen Pfeiftons.

Die Wärmeentwicklung macht oft einen zusätzlichen Lüfter für die Festplatte notwendig, was den Geräuschpegel noch einmal ansteigen lässt. Bei einem Ein-Raum-Studio können dann durchaus Probleme bei Aufnahmen leiser Passagen auftreten, da das Geräusch von Festplatte und Lüfter durch die Mikrofone mit aufgenommen wird.

Noch vor einiger Zeit wurden spezielle Festplatten für AV- (Audio/Video-) Anwendungen angeboten, bei denen garantiert wurde, dass der Datenstrom nicht durch die thermische Kalibration der Festplatte einbricht. Thermische Kalibration bedeutet, dass die Festplatte ihre Leseköpfe neu justiert, um die durch Wärme bedingte Ausdehnung der Mechanik auszugleichen. Dadurch kann der Datenstrom kurzzeitig beeinträchtigt werden. Moderne Festplatten kalibrieren sich aber derart schnell, dass hierdurch eigentlich nie Probleme entstehen.

Die Speicherkapazität gängiger moderner Festplatten ist so groß, dass Sie darauf eine enorme Menge Musik unterbringen können. Rechnen Sie für eine Minute in Mono bei 44,1 kHz und 16 Bit mit einem Platzbedarf von etwas über 5 MB. Damit können Sie auf 1 Gigabyte ungefähr 3 Stunden und 20 Minuten Audiomaterial speichern, was ungefähr 10 Minuten eines 20-Spur-Projektes entspricht, wenn alle Spuren wirklich durchgehend belegt sind. Bei einer erhöhten Auflösung von 24 Bit und 96 kHz ist der Platzbedarf zwar mehr als dreimal so hoch, doch selbst hierbei reichen die Speicherkapazitäten moderner Platten normalerweise für etliche Projekte aus.

Prozessor

Beim Prozessor lautet die schlichte Empfehlung: Je schneller, desto besser. Der Prozessor (auch CPU = Central Processing Unit genannt) mischt nämlich nicht nur alle Spuren zusammen, sondern berechnet auch alle Effekte, und davon kommen schnell etliche zusammen. Zwar erlauben alle Programme das feste Einrechnen von Effekten in das Audiomaterial, wodurch der Prozessor dann wieder für andere Aufgaben frei ist, doch leidet dadurch die Flexibilität.

Beachten Sie bitte, dass für Audioeffekte die Fließkommaleistung des Prozessors maßgeblich ist, und gerade da gibt es zwischen vermeintlich gleich schnellen Prozessoren deutliche Unterschiede.

Arbeitsspeicher (RAM)

In den Arbeitsspeicher oder RAM (für Random Access Memory) werden die gerade benötigten Daten – also sowohl Programme als auch Teile der Audiodaten – geladen, damit der Prozessor blitzschnell auf diese zugreifen kann.

Da die Programme immer umfangreicher werden und zudem Teile der Audiospuren bei der Wiedergabe im RAM gepuffert werden, sollten Sie den Arbeitsspeicher nicht zu knapp bemessen. Nehmen Sie ruhig das Doppelte oder Vierfache von dem, was momentan bei einem Einsteiger-Computer üblich ist. Achten Sie darauf, Speicher in möglichst großen Modulen zu kaufen, damit die Steckplätze für zukünftige Erweiterungen frei bleiben.

Grafikkarte

Vielleicht denken Sie, bei musikalischen Anwendungen spiele die Grafikkarte eine untergeordnete Rolle. Tatsächlich sind hier nicht unbedingt Höchstleistungen gefragt, aber die Grafikkarte ist ein häufiger Störenfried bei der Audiowiedergabe. Manche Grafikkarten haben nämlich die Angewohnheit, ihre Aufgabe schnellstmöglich erledigen zu wollen. Ist der Computer nun gerade mit dem Transfer von Audiodaten beschäftigt, so drängeln sich Grafikkarten gerne mal dazwischen, was zu Stottereffekten und Aussetzern der Musikwiedergabe führen kann. AGP-Grafikkarten verhalten sich in dieser Hinsicht meist friedlicher als als die früheren PCI-Karten, sind also in jedem Fall empfehlenswerter für einen Musikcomputer – das gilt auch für Macintosh-Anwender.

Interessant ist die Möglichkeit, zwei Grafikkarten zu verwenden, um zwei Monitore anzuschließen, oder eine Grafikkarte mit zwei Monitorausgängen einzusetzen. So kann man auf dem einen Monitor immer das Mischpult darstellen und den anderen für andere Arbeitschritte reservieren.

Monitor, CD-ROM, CD-Writer, DVD-Writer

Diese Komponenten sind für das Harddisk-Recording nicht unmittelbar entscheidend, so dass Sie bei deren Auswahl nach persönlichem Geschmack und Geldbeutel entscheiden sollten. Ein großer Monitor mit hoher Bildwiederholfrequenz schont Ihre Augen, ein schnellerer CD-Writer lässt Sie weniger lange auf Ihre fertige CD warten.

So optimieren Sie Ihren Computer für Audioanwendungen

Angesichts der Leistungsfähigkeit aktueller Computer ist die fachmännische Optimierung des Systems längst nicht mehr so entscheidend wie noch vor wenigen Jahren. Zudem sind viele der früher empfohlenen Tricks und Kniffe bei den derzeitigen Betriebssystemen, die gerade bei Echtzeit- und Multimediaanwendungen erheblich verbessert wurden, nicht sinnvoll, unnötig oder schlicht nicht möglich. Will man allerdings das letzte Quentchen an Leistung herausholen oder hat man es bereits mit Problemen wie ständig auftretenden Knacksern oder Instabilitäten zu tun, empfehlen sich nach wie vor einige grundlegende Vorsichtsmaßnahmen.

Die wichtigste Regel lautet: Nach Möglichkeit sollte der Audiocomputer auch wirklich nur für Audioanwendungen genutzt werden. Internet, Office-Anwendungen, Scanner, Spiele und dergleichen benötigen meist eigene Treiber, die die Stabilität des Systems negativ beeinflussen oder es langsamer machen. Optimal ist es daher, für derartige Anwendungen einen zweiten Computer einzusetzen.

Wie bereits erwähnt, sollten Sie Programm- und Betriebssystemdaten möglichst auf einem anderen Festplattenlaufwerk speichern als die Audiodaten. Dadurch müssen die Leseköpfe nicht immer zwischen den Audiodaten und den Programmdaten hin- und herspringen, was zu einer Steigerung der Performance führt.

Ferner empfiehlt es sich, die Festplatte für Audiodaten in mehrere Sektionen, so genannte Partitionen, zu unterteilen. Statt als ein Laufwerk mit beispielsweise 120 GB meldet sich die Festplatte dann als mehrere kleinere Laufwerke an, mit 2 × 50 und 1 × 20 GB. Wenn Sie nun die Audiodaten Ihres aktuellen Songs auf eine der Partitionen speichern, hat dies den Vorteil, dass die Daten näher beieinander liegen, wodurch die Leseköpfe weniger weite Strecken beim Auslesen zurücklegen müssen.

Die nachfolgenden BIOS-Tipps sind nur für Windows-PC-User relevant, Macintosh-Besitzer können sie überblättern.

Grundlegende Einstellungen des Computers werden beim PC im BIOS (Basic Instruction Operation System) vorgenommen. Hier sollten Sie die verschiedenen Optionen des Power-Managements deaktivieren. Sonst kann es nämlich passieren, dass der Computer eine Komponente, die angeblich momentan nicht genutzt wird, plötzlich abschaltet, um Strom zu sparen. Geschieht dies während einer Aufnahme oder während Sie eine CD brennen, so werden Sie darüber kaum lachen können.

Ferner sollten Sie im BIOS alle Geräte abschalten, die nicht unbedingt gebraucht werden. So gewinnen Sie freie Interrupts. Dies sind Adressen, unter denen Systemkomponenten wie Ihre Audiokarte vom Prozessor Rechenpower anfordern können. Da es nur begrenzt viele Interrupts gibt und davon nicht alle für beliebige Komponenten verfügbar sind, sind Interrupts gelegentlich Mangelware.

Am besten schalten Sie die automatische Verteilung der Interrupts ab und weisen die Interrupts den einzelnen Komponenten manuell zu. Damit stellen Sie sicher, dass die für Sie wichtigen Komponenten einen bevorzugten Interrupt bekommen und sich diesen nicht mit anderen Geräten teilen müssen. Ein wichtiger Rat noch: Da man im BIOS leicht entscheidende Dinge falsch machen kann, sollte man im Zweifelsfalle einen erfahrenen Kollegen zu Hilfe bitten oder einen Fachmann beauftragen.

Audiokarten

Das Angebot an Audiokarten ändert sich ständig. Von daher erscheinen mir konkrete Kaufempfehlungen wenig sinnvoll. Stattdessen möchte ich Sie mit den wichtigsten Ausstattungsmerkmalen bzw. den unterschiedlichen Konzepten von Audiokarten allgemein etwas näher vertraut machen, damit Sie wissen, worauf Sie achten sollten.

Macintosh-Anwender sollten beim Kauf der Karte unbedingt darauf achten, dass ein Macintosh-Treiber mitgeliefert wird. Jede Karte besitzt Windows-Treiber, aber nicht unbedingt auch einen für Mac OS.

Ein- und Ausgänge

Die Anzahl der Ein- und Ausgänge, im Fachjargon auch IOs genannt (als Abkürzung für Inputs/Outputs) entscheidet über die Einsatzmöglichkeiten der Karte. Wollen Sie eine bestimmte Zahl an Spuren gleichzeitig aufnehmen, so muss die Karte die entsprechende Zahl an Eingängen haben, andernfalls können Sie nur ein oder zwei Spuren gleichzeitig aufnehmen. Das kann natürlich völlig ausreichen, wenn Sie ohnehin vorwiegend alle Spuren nacheinander aufnehmen.

Wollen Sie Ihre Spuren über ein externes Mischpult abmischen, so muss die Karte eine entsprechende Anzahl an Ausgängen bieten.

Neben analogen IOs haben sehr viele Karten digitale IOs (im S/P-DIF- bzw. AES/EBU-Format oder als ADAT-Schnittstelle; mehr dazu im Anhang bei den Kabeltypen). Möchten Sie über die digitalen IOs analoge Klangquellen aufnehmen oder Signale zu einem analogen Gerät schicken, so benötigen Sie entsprechende Wandler. Dabei können Sie beispielsweise Ihren DAT-Rekorder zweckentfremden, indem Sie ihn in Aufnahmebereitschaft versetzen und das Signal durchschleifen, oder Sie schließen eine externe Wandlereinheit an, wie sie von unterschiedlichen Herstellern angeboten werden.

Eines sollten Sie bei der Anschaffung einer nur mit Digital-IOs ausgerüsteten Karte unbedingt bedenken: Sie bekommen zwar für ca. 500 Euro heutzutage schon satte 26 digitale Ein- und Ausgänge geliefert. Damit können Sie dann zwar Ihr Digitalmischpult direkt über die ADAT-Schnittstelle anschließen, benötigen aber zum Anschluss analoger Geräte zusätzliche Wandlereinheiten. Und deren Kosten übersteigen – wenn Sie alle IOs tatsächlich nutzen wollen – den Anschaffungspreis der Karte dann bei weitem.

Um Einstreuungen durch Störfelder im Inneren des Rechners zu vermeiden, sind bei vielen Karten die Wandler in einer externen Einheit untergebracht. Ich kenne zwar Karten, bei denen die Wandler auf der Karte selbst liegen und die dennoch absolut still sind. Es gibt jedoch auch böse Buben, bei denen man deutlich Pfeiftöne oder Zugriffe der Festplatte hört. Die Lösung mit Wandlern in externen Einheiten ist also auf jeden Fall vorzuziehen, da man hier auf der sicheren Seite ist.

Wandler

Das wichtigste Unterscheidungsmerkmal von Wandlern ist ihre maximale Bit-Auflösung. Die berühmte ›CD-Qualität‹ verlangt Wandler mit 16-Bit-Auflösung, die heute den Standard darstellt.

Wandler mit höherer Auflösung – 20 Bit, 24 Bit – können Details besser erfassen. Und selbst wenn das Endprodukt Ihrer Arbeit eine CD ist, die nun mal 16-Bit-Format hat, kann eine Aufnahme mit höherer Auflösung bessere Ergebnisse bringen.

Hüten Sie sich aber davor, eine Audiokarte einzig nach den technischen Daten der Wandler auszusuchen. Zum einen ›klingen‹ Wandler nämlich sehr verschieden. Ein 18-Bit-Wandler kann durchaus ein wesentlich detailreicheres Klangbild aufweisen und somit insgesamt ›besser‹ klingen als ein 24-Bit-Wandler. Hinzu kommt, dass speziell bei der AD-Wandlung praktisch kein zur Zeit erhältlicher Wandler mehr als 20 Bit sinnvoll auflösen kann, so dass die obersten vier Bits eines 24-Bit-Wandlers normalerweise nichts zu einem verbesserten Klang beitragen.

Treiber

Der Treiber einer Audiokarte ist eine Datei, die die Befehle des Audioprogramms in eine für die jeweilige Karte verständliche Form übersetzt. Standardtreiber für die Audio- und MIDI-Ports bieten praktisch alle Karten. Höherwertigen Karten vorbehalten sind spezielle ASIO-Treiber zum optimierten Betrieb mit Sequenzern oder Programmen, die diesen Standard unterstützen. Mittels ASIO-Treiber kann die Software die Karte direkter ansprechen. Daraus resultiert eine geringere Latenzzeit (Latency), sprich: Der Zeitversatz zwischen dem Auslösen eines Ereignisses (z. B. ›Play‹) in der Software und dem hörbaren Ergebnis ist kleiner.

Mittlerweile erlaubt auch die Windows-eigene Audio-Schnittstelle (WDM) genügend kleine Latenzwerte. Oft lässt sich die die Größe eines Daten-Blocks und damit die Latenz sowohl für ASIO-Treiber als auch WDM-Treiber einstellen. Hierbei gilt allerdings, dass kleinere Blockgrößen zwar kürzere Latenzzeiten bewirken, dafür aber den Rechner mehr beanspruchen. Achten Sie beim Kauf einer Audiokarte auf die Qualität der Treiber in dieser Hinsicht.

DSPs

Neben den reinen IO-Karten gibt es auch solche mit DSPs an Bord. Im einfachsten Falle mischt dabei ein DSP die Audioströme direkt auf der Karte zusammen, wodurch der Prozessor von dieser Aufgabe befreit wird (z. B. bei der RME Project Hammerfall).

Bei Karten wie den Scope-Systemen von Creamware oder der UAD-1 von Universal Audio übernehmen DSPs die Berechnung der mitgelieferten Effekte, Mixer oder Synthesizer, wobei – ein großer Vorteil solcher Lösungen – die Latenzzeiten vernachlässigbar kurz sind.

Audiosoftware

Audio-MIDI-Sequenzer

Die reinen MIDI-Sequenzer vergangener Tage boten bereits eine überwältigende Fülle von Möglichkeiten. So konnten sie MIDI-Events auf separate Spuren aufnehmen und jeden erdenklichen Parameter mit einigen Mausklicks verändern. Mit geeigneten Klangerzeugern ließen sich so komplette Arrangements aufnehmen und abspielen.

Die wesentliche Einschränkung dieses ›Studios im Computer‹ bestand darin, dass es nur mit MIDI-Daten umgehen konnte. Zwar ließen sich über Sampler viele Instrumente imitieren und vielleicht sogar mal das ein oder andere Gitarrenriff oder auch eine Gesangspassage ›einfliegen‹, aber eine echte Einbindung von Audiomaterial gab es nicht. Vielmehr war man auf externe Geräte zur Audioaufzeichnung angewiesen, die mit dem Sequenzer über spezielle Verfahren synchronisiert werden mussten.

Die meisten MIDI-Sequenzer ermöglichen heutzutage auch die Aufzeichnung, Bearbeitung und Wiedergabe von Audiomaterial. Mit solchen Programmen kommen sie dem Ziel des wirklich kompletten ›Studios im Computer‹ also schon sehr, sehr nahe. Die am weitesten verbreiteten Vertreter der Audio-MIDI-Sequenzer möchte ich Ihnen nun ein wenig näher vorstellen.

Steinberg Cubase VST

Steinberg gehört mit dem Programm Cubase schon seit Atari-Zeiten (ein früher für MIDI-Anwendungen sehr populärer Computer) zu den Marktführern bei Sequenzer-Software. Die spätere Version Cubase Audio ermöglichte es dann, Audiodateien wie MIDI-Dateien zu handhaben, also aufzunehmen, auf einzelnen Spuren abzulegen, dort zu zerschneiden und zu verschieben. Doch erst das im Jahre 1996 für den Macintosh und ein Jahr später für den Windows-PC vorgestellte Cubase VST (Virtual Studio Technology) begründete die Popularität der neuen Sparte ›Audio-Sequenzer‹.

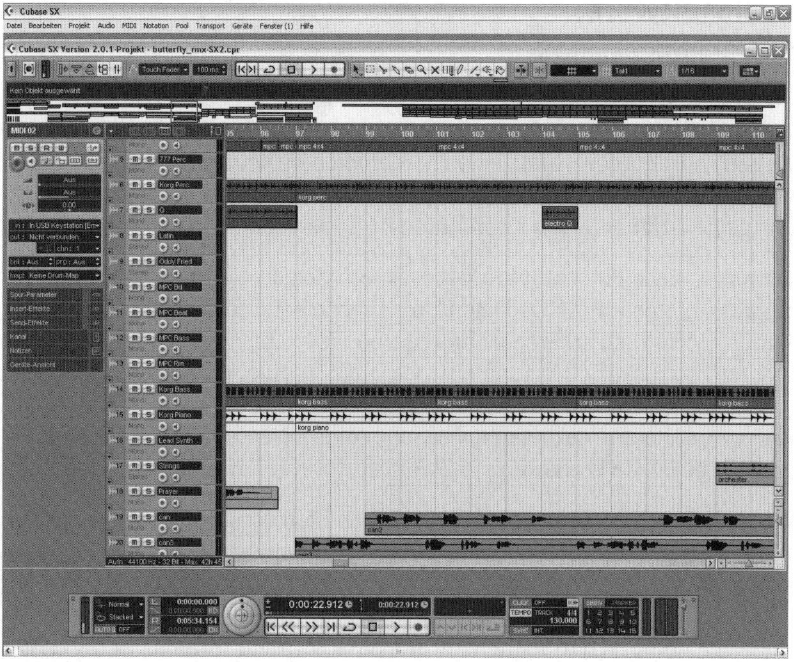

Cubase SX von Steinberg.

Während die allerersten VST-Versionen noch etwas wackelig wirkten, integrierten die folgenden Updates MIDI, digitale Audiospuren samt Bearbeitungsmöglichkeiten, Klangregelung, Effekte und ein vollautomatisiertes digitales Mischpult mit ständig wachsender Stabilität. Die Nachfolge-Version Cubase SX wartete dann mit weiteren Funktionen und Optionen auf und liefert praktisch alles, was man von einem ›Studio im Computer‹ erwartet.

Die Funktionalität und das Erscheinungsbild des MIDI-Teils des ›alten‹ Cubase wurde bei den aktuellen Cubase-Versionen weitgehend beibehalten wurde, wogegen sich der Audio-Teil des Programms im ansprechenden 3-D-Look präsentiert, der sowohl das Aussehen als auch die Bedienweise echter Geräte auf den Bildschirm zaubert. So können Sie sowohl die mitgelieferten Effekte, welche die von Steinberg entwickelte VST-Schnittstelle nutzen, als auch Effekte anderer Hersteller über die DirectX- oder VST-Schnittstelle in das virtuelle Effektrack laden. Sobald Sie die ›Stromversorgung‹ des Effektes am Power-Knopf aktivieren, wird der Effekt eingeschaltet und kann nun eingesetzt werden.

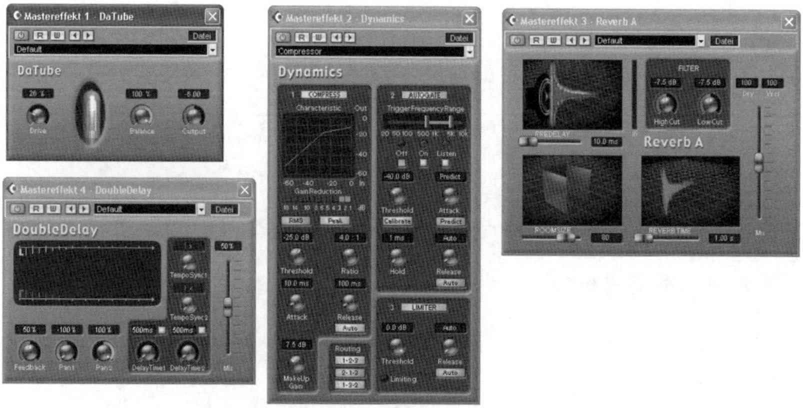

Einige Effekte von Cubase SX.

Es ist eine Geschmacksfrage, ob man am Bildschirm Geräte so bedienen möchte, wie man es von ›echten‹ Geräten her kennt, sprich, mit der Maus an Potentiometern zu drehen, auf Knöpfe zu drücken oder durch Menüs auf kleinen Displays zu steppen. Es gibt durchaus Menschen, die dem gegenüber eine Bedienweise bevorzugen, wie sie nur am Computer möglich ist, also etwa das Einstellen eines Equalizers durch Manipulationen einer Grafik des Frequenzverlaufs oder des Compressors durch Zurechtbiegen seiner Kennlinie.

Die Leistungsfähigkeit des Cubase-Systems hängt direkt von der Geschwindigkeit des Computers ab. Je schneller die Festplatte und der Festplattencontroller, desto mehr Spuren können wiedergegeben werden.

Die Geschwindigkeit des Prozessors wiederum ist entscheidend dafür, wie viele Echtzeiteffekte oder virtuelle Software-Instrumente wie Synthesizer oder Drum-Machines gleichzeitig laufen können. Die diversen Insert-Effekte und Effektbusse bieten dabei genügend Möglichkeiten, um auch den stärksten Prozessor aus der Puste zu bringen.

Der Mixer von Cubase. Für jeden Kanal lassen sich weitere Einstellungen wie Equalizer oder Effekte in zusätzlichen Fenstern anzeigen.

Ein integrierter Audioeditor ermöglicht verschiedene Bearbeitungen von Audiodaten, auf Wunsch können Sie aber auch einen beliebigen Audioeditor (Steinberg Wavelab oder Sonic Foundry SoundForge) einbinden.

Cubase VST kann mit jeder handelsüblichen Soundkarte betrieben werden, wobei man die besten Ergebnisse jedoch mit solchen Karten erzielt, die den von Steinberg geschaffenen ASIO-Standard unterstützen. ASIO steht für Audio Stream Input Output und ermöglicht der Software, die Hardware direkt unter Umgehung der Standardschnittstellen des Betriebssystems optimal anzusprechen. Dadurch werden Signalverzögerungen (Latenzzeiten) minimiert und die Synchronität der Audiowiedergabe verbessert.

Die Produktpalette der Cubase-Linie, die sowohl für PC als auch für Macintosh verfügbar ist, umfasst verschiedene Versionen mit unterschiedlichem Leistungsumfang wie Cubase SX, SE und SL, aber auch Pakete, die neben einer Cubase-Version gleich ein Audiointerface enthalten.

Emagic Logic

Zu Zeiten des Atari-Computers war der Notator von C-LAB das bekannteste Konkurrenzprodukt zu Cubase. Im Jahre 1992 verließen die Programmierer des Notator C-LAB und gründeten Emagic. Der erste Sequenzer aus dem Hause Emagic hieß Logic. Ebenso wie Cubase wurde auch Logic im Laufe der Zeit um Audiofunktionalität erweitert.

Logic von Emagic.

Im Jahr 2002 wurde Emagic vom Computerhersteller Apple übernommen und bietet seitdem Logic nur noch für den Macintosh an.

Logic wartet genau wie Cubase mit einer enormen Vielfalt an Features auf der MIDI- wie auch der Audio-Seite auf. Dabei hatte Logic lange Zeit den Ruf, zwar sehr leistungsfähig, aber auch schwer durchschaubar und damit schwer erlernbar zu sein.

Emagic reagierte auf diese oft gehörte Kritik mit einem komplett neuen Design der Oberfläche, das seine Premiere in der Version 4.0 von Logic erlebte. Das Aussehen der Effektmodule, von denen es in der Spitzenversion Logic Pro mehr als 50 gibt, unterscheidet sich zwar von vertrauten externen Geräten, die Einstellung der Parameter erfolgt aber ebenfalls über Schieberegler, Drehregler oder Knöpfe.

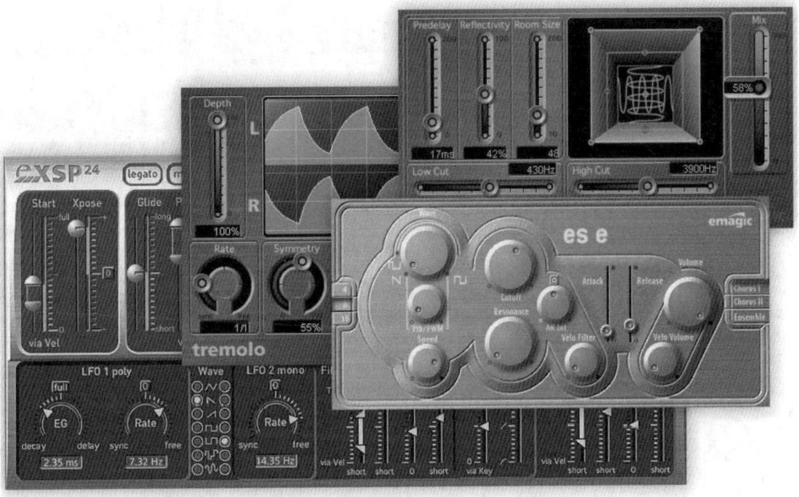

Einige Effekt-Module im charakteristischen Logic-Look.

Was die nackten Zahlen angeht, steht Logic Cubase in nichts nach: Mit über 100 Audiospuren, 15 Insert-Effekt-Slots und 8 Effektsends pro Kanal, diversen virtuellen Instrumenten einschließlich Sampler plus dem MIDI-Teil mit seiner unlimitierten Anzahl von Spuren hätte Logic Pro noch vor wenigen Jahren manch professionelles Tonstudio schlecht aussehen lassen.

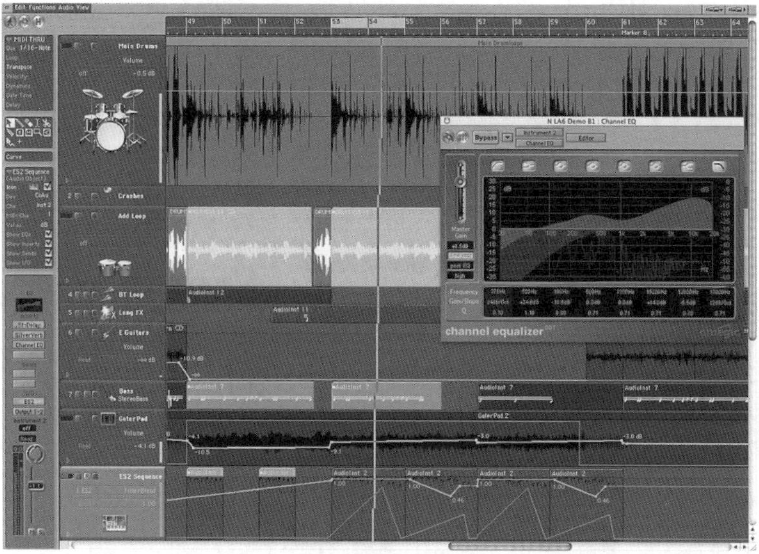

Der Arrange-Bereich von Logic.

Ein sehr interessantes Feature von Logic sind die ›Environments‹. Damit können Sie ein komplettes MIDI-Setup erstellen und verwalten, indem Sie Komponenten wie etwa MIDI-Instrumente, Fader, Drehregler, Mischpulte oder Konverter in das Environment-Fenster laden und dort nach Wunsch virtuell miteinander verkabeln. Damit haben Sie stets eine gute Übersicht über den Signalfluss von den Eingangsbuchsen bis zu den Ausgangsbuchsen.

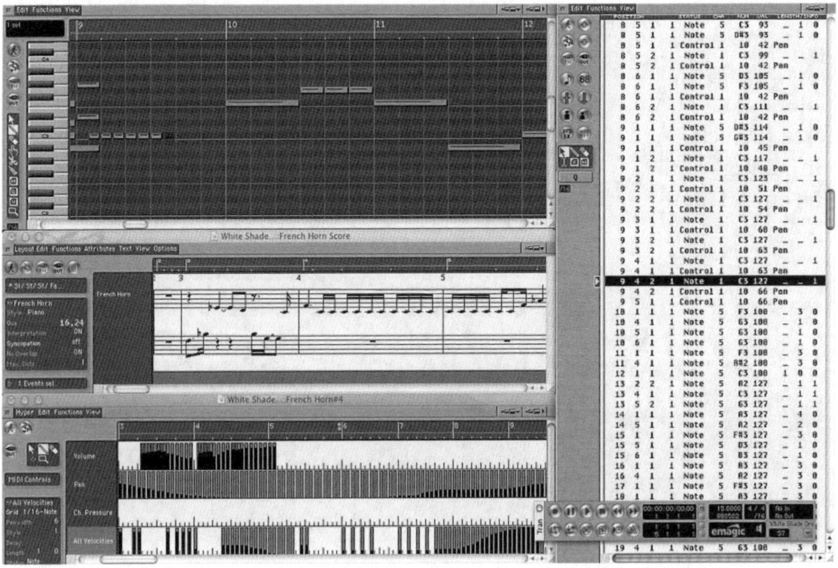

Die MIDI-Editoren von Logic gestatten die unterschiedlichsten Arten der Bearbeitung von MIDI-Daten.

Neben der äußerst üppig ausgestatteten Profiversion Logic Pro, die mittlerweile übrigens sogar Emagics Software-Sampler EXS 24 mkII beinhaltet, ist auch eine preisgünstigere Version namens Logic Express erhältlich.

Cakewalk Sonar

Sonar ist ein amerikanisches Programm, das in seinem Mutterland sehr weit verbreitet ist, aber auch hier zu Lande eine immerhin nennenswerte Verbreitung gefunden hat. Wie Cubase und Logic war es ursprünglich ein reiner MIDI-Sequenzer, der später um Audiofunktionalität erweitert wurde und sich als Cakewalk Audio Pro einen Namen machte. Später wurde das Programm in Sonar umbenannt und mit immer mehr und ausgefuchsteren Features versehen. Cakewalk läuft auf dem PC unter Windows, eine Macintosh-Version gibt es nicht.

Sonar steht in vielen Punkten Cubase und Logic in nichts nach. So gibt es hier umfassende Bearbeitungsmöglichkeiten auf der MIDI-Ebene, beliebig viele Audiospuren (begrenzt nur durch die Leistungsstärke des Computers), 24-Bit-Auflösung bei 96 kHz Sampling-Rate, eigene Echtzeit-Effekte (DirectX wird ebenfalls unterstützt), einen integrierten Audio-Editor, ein konfigurierbares Mischpult, einen virtuellen Schlagzeuger, der Styles aus einer Library spielt, und vieles mehr.

Die Sonar-Oberfläche wirkt optisch etwas schlichter aus als die von Cubase und Logic, dafür ist die Bedienung aber ein wenig übersichtlicher als bei Cubase und Logic.

Der Arrangierbereich von Sonar.

Harddisk-Recording-Software

Samplitude

Samplitude ist ein Harddisk-Recording-Programm, das spurbezogenes Arrangieren, Audiobearbeitung, Echtzeiteffekte, Mixing und CD-Writing integriert, wobei die Feature-Ausstattung in allen Bereichen beeindruckend ist.

Zunächst als reines Audioprogramm konzipiert, bei dem ein Sequenzer synchronisiert mitlaufen musste, sobald MIDI ins Spiel kam, ist seit Version 5.2 auch das Aufnehmen und Abspielen von MIDI-Daten möglich. Die Bearbeitungsmöglichkeiten sind zwar nicht so üppig wie bei einem ›ausgewachsenen‹ MIDI-Sequenzer, aber immerhin muss man so kein zweites Programm mehr in Verbindung mit Samplitude betreiben.

Der Mixer von Samplitude.

Samplitude wird mit einer sehr umfangreichen Palette an Effekten geliefert, die dazu per DirectX durch Effekte anderer Hersteller ergänzt werden kann. Ein besonderes Bonbon ist der Room Simulator, der das Impulsverhalten beliebiger realer Räume zu imitieren vermag. Sie können Presets für verschiedene Räume auswählen oder selbst ein Sample mit dem Impulsverhalten eines Raumes aufnehmen und als Grundlage für die Hallberechnung nutzen.

Ein weiteres Highlight ist der Multiband-Kompressor, der sich nicht hinter teureren Lösungen anderer Hersteller verstecken muss. Mit vier Frequenz-Bändern eignet er sich für eine deutliche Anhebung der Summenlautstärke, ohne dabei auffällige Artefakte zu erzeugen.

Mit der Möglichkeit, Surround-Sound zu erzeugen und zu bearbeiten, CDs und DVDs zu beschreiben und seiner Fülle an Features hat Samplitude durchaus einiges zu bieten und ist für den einen oder anderen sicher eine denkbare Alternative zu einem Audio-Sequenzer.

Digidesign Pro Tools LE

Digidesign ist mit dem Recording-System Pro Tools der Platzhirsch im professionellen Studiobereich. Aufgrund seines ebenfalls ›professionellen‹ Preises liegt Pro Tools allerdings deutlich außerhalb der Reichweite des Heimanwenders. Dies änderte sich erstmals mit dem Recording-Paket Digi 001, das für ungefähr 1000 Euro eine I/O-Hardware und die Software Pro Tools LE vereinte. Das gleiche Konzept wird mit den Nachfolgemodellen Digi 002, Digi 002 Rack und Mbox fortgeführt.

Während die Mbox zum Preis von unter 500 Euro nur zwei analoge Ein- und Ausgänge und einen Digital-I/O bietet, wartet Digi 002 Rack mit insgesamt 18 Ein- und Ausgängen in unterschiedlichen Formaten (8 analog, 2 digital, 8 ADAT) bei einem Preis von über 1000 Euro auf. Digi 002 bietet bei fast doppeltem Preis zusätzlich noch einen Controller, so dass Sie die wichtigsten Funktionen nicht nur per Mausklick, sondern auch ›richtig‹ in den Griff bekommen.

Mit der Software Pro Tools LE können Sie bis zu 128 Audio-Spuren sowie 256 MIDI-Spuren aufzeichnen, schneiden und mit einer Fülle mitgelieferter Effekt-Plug-Ins abmischen.

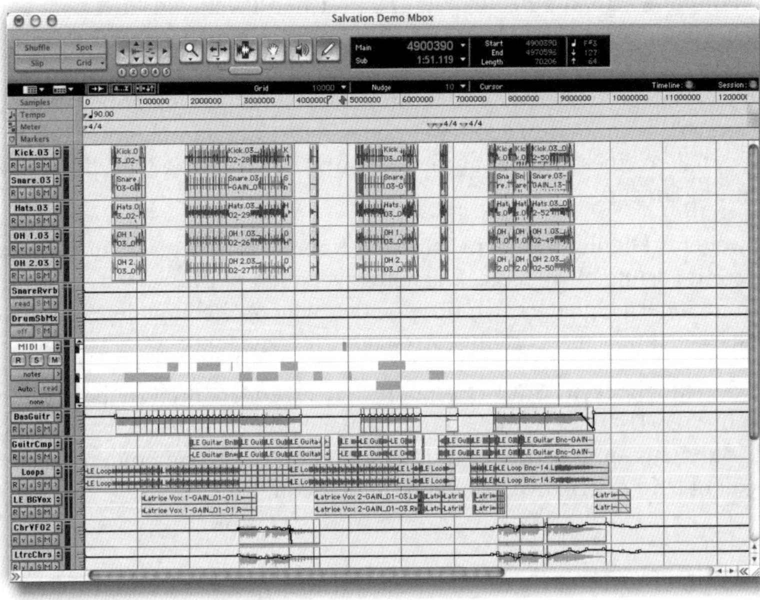

Das Edit-Window von Pro Tools.

Die von den großen Pro-Tools-Versionen her bekannten TDM-Effekt-Plug-Ins können hier nicht verwendet werden, dafür bietet Pro Tools LE aber mit den Plug-In-Schnittstellen RTAS und AudioSuite einen vollwertigen Ersatz. Die Systeme lassen sich auf dem PC und Macintosh betreiben.

Virtuelle Studioumgebungen

Creamware SCOPE/Pulsar

1998 stellte die durch das Harddsik-Recording-Programm tripleDAT bekannt gewordene deutsche Firma Creamware eine neue Audioplattform für PC und Macintosh vor. Die einzelnen Produkte dieser Plattform trugen Namen wie Pulsar, Luna oder SCOPE/SP, wurden mittlerweile jedoch umbenannt zu SCOPE project, SCOPE home und SCOPE professional.

Bei den SCOPE-Produkten handelt es sich um eine Kombination aus Hard- und Software, die Mixing, Effektberechnungen, Klangsynthese und Sampling übernimmt.

Das bedeutet, dass Sie nach wie vor mit Ihrer Harddisk-Recording-Software, Ihrem MIDI- oder Audio-MIDI-Sequenzer zur Aufzeichnung und Bearbeitung arbeiten müssen. Die von diesen Programmen ausgegebenen Audio- oder MIDI-Datenströme werden nun aber in das Creamware-System geleitet. Dort können Sie dann beispielsweise die Audiospuren mit dem Creamware-Mischpult und dessen Effekten abmischen, oder Sie können MIDI-Daten zu den virtuellen Software-Synthesizern oder zu dem Sampleplayern schicken.

Die erforderliche Rechenpower für das Abmischen, die Effekte oder die Synthesizer wird von den DSPs der Steckkarte geliefert, so dass der Prozessor Ihres Computers nicht belastet wird.

Ein besonderer Vorzug dieser Systeme ist die Tatsache, dass die Ein- und Ausgänge Dank der DSPs völlig latenzfrei arbeiten, so dass Sie auch Ihre externen Effektgeräte oder Klangerzeuger in Ihr Projekt einbinden können. Dieser Vorteil schwindet jedoch mit den beständig sinkenden Latenzzeiten von Konkurrenzprodukten, die auf dem Host-Prozessor berechnet werden, immer mehr.

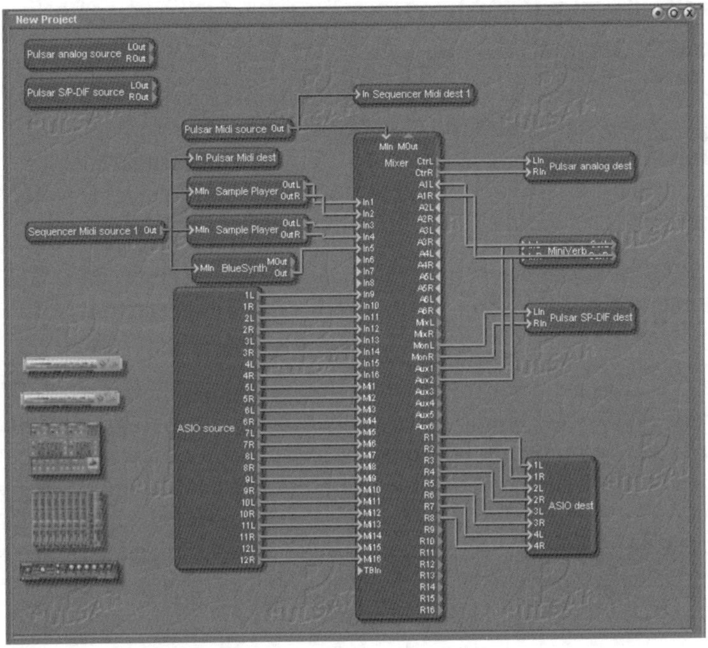

Im Project-Window der Creamware-DSP-Systeme lassen sich alle Module völlig frei verkabeln. Flexibler gehts kaum.

Die Creamware-Software ist vollständig modular aufgebaut, wobei sich alle Module frei mit virtuellen Kabeln verbinden lassen. Die von den Modulen benötigte Rechenleistung wird nach einem flexiblen Algorithmus auf die DSPs der Karte verteilt, so dass Sie beliebige weitere Module laden können, bis die Rechenleistung erschöpft ist. Das System passt sich so den unterschiedlichsten Situationen an: Mal ist es ein komplexer 48-Kanal-Digitalmixer mit Effekten, mal ein Rudel von Synthesizern, die vom Sequenzer angesteuert werden, mal eine Ansammlung verschiedener Sample-Player mit einem kleinen Mischpult. Grenzen setzt hier prinzipiell nur Ihre Fantasie, leider aber auch die Rechenleistung der DSPs. Speziell die Synthesizer benötigen sehr viel Rechenleistung, wodurch eine gleichzeitige Nutzung aller Features dann oft nicht möglich ist.

Die Creamware-Systeme bieten durch ihre DSPs grundsätzlich einige Vorteile, die jedoch zunehmend durch immer schnellere native Systeme wettgemacht werden. So erscheint die Zukunft dieser Systeme derzeit ungewiss.

Propellerhead Reason

Auch Reason ist ein modulares System mit Mixer, Synthesizer, Pattern-Sequencer, Sampler und Effekten. Auf der Reason-Oberfläche sind diese Module allerdings als Abbilder von 19"-Geräten realisiert, eingebaut in ein großes Rack. Von der Vorderseite des Racks aus hat man Zugang zu den Bedienelementen der Module, zur Verkabelung begibt man sich auf die Rack-Rückseite – fast wie im richtigen Leben.

Reason kommt ohne eigene Hardware aus. Alle Berechnungen werden von der CPU des Computers durchgeführt. Die enthaltenen Module wie diverse Synthesizer, Loop-Player und Sampler sprechen vor allem Freunde elektronischer Musik an.

Will man Audio-Spuren mit konventionellen Instrumenten oder Gesang mit Reason integrieren, so lassen sich die Audioströme von Reason via ReWire-Schnittstelle direkt in eine Recording-Software wie Cubase oder Logic leiten.

Software-Sampler

Software-Sampler benötigen relativ viel Rechenleistung, so dass sie anfangs gegenüber Soundkarten mit Sampling-Option hinsichtlich Zuverlässigkeit und Stabilität oft den Kürzeren zogen. Angesichts heutiger Prozessor-Leistungen jedoch haben sie das Rennen für sich entschieden und Hardware-Lösungen – egal ob externe Geräte oder Computer-Karten – weitgehend ins Abseits gedrängt.

Emagic EXS24 mkII

Seit seiner Einführung im Jahr 2000 hat sich Emagics Software-Sampler EXS24 mkII im Kreise von Musikern und Produzenten zu einem Standard-Instrument entwickelt. Er kann Samples mit bis zu 24 Bit/192 kHz abspielen, wobei man dank Importmöglichkeiten der wichtigsten Sample-Formate wie Akai, GigaSampler, SampleCell II, SoundFont2 und REX2 auf eine riesige Soundlibrary zugreifen kann.

Der EXS24 mkII arbeitet nur mit Logic zusammen und wird seit der Einführung von Logic Pro nicht mehr einzeln angeboten, sondern ist nur noch als integrierter Bestandteil dieses Logic-Pakets erhältlich.

CD-Track 2 – Demo-Song des Software-Samplers Emagic EXS24 mkII.

Tascam Gigastudio

Der Vorfahr des Gigastudios, der Gigasampler von Nemesys, gilt als Urvater aller Software-Sampler. Das Programm konnte zudem als erster Sampler Samples während der Wiedergabe nachladen, so dass nur die Anfänge der Samples für einen schnellstmöglichen Zugriff im Arbeitsspeicher gehalten werden müssen. Während sonst bei Samplern die Größe des Arbeitsspeichers immer ein Limit ist, sind dadurch die Länge und die Anzahl der Samples praktisch bedeutungslos. Man kann es sich hier also problemlos leisten, für ein Flügelsample wirklich jede einzelne Note in Stereo und in mehreren Dynamikstufen zu sampeln.

Audiokarten, die die spezielle Schnittstelle von Gigastudio unterstützen, können verschiedene Sounds bei minimalen Latenzzeiten sogar über Einzelausgänge ausgeben.

Gigastudio gibt es in drei verschiedenen Versionen: Orchestra, Ensemble und Solo. Diese unterscheiden sich in der Anzahl der maximalen Stimmen. Dank ReWire-Schnittstelle lässt sich Gigastudio außerdem leicht in einen Audiosequenzer integrieren. Auch die Editoren zur Bearbeitung der Samples oder von MIDI-Daten können sich sehen lassen.

Gigastudio ist nur auf Windows-PCs lauffähig, eine Macintosh-Version wird nicht angeboten.

Tascam Gigastudio.

Native Instruments Kontakt

Die deutsche Firma Native Instruments wurde vor allem durch ihre breite Palette von Software-Synthesizern bekannt. Aber auch verschiedene Programme rund ums Sampling sind im Angebot dieser Firma zu finden.

Das Flaggschiff der Sampler-Serie heißt Kontakt. Kontakt beherrscht zunächst alles, was man von einem professionellen Sampler gewohnt ist. Darüber hinaus trumpft er mit einer intuitiven Bedienoberfläche und ausgefuchsten Möglichkeiten zur Klangbearbeitung auf – etwa Echtzeit-Timestretching und Pitchshifting, viele Filter, Step-Modulatoren, Effekte und Multistage-Hüllkurven.

Kontakt wird mit einer üppigen Sound-Bibliothek geliefert, die aus 5 CDs mit insgesamt über 3 GB an Daten besteht. Da zudem Kontakt zu fast allen gängigen Sampling-Formaten kompatibel ist, dürfte die Versorgung mit hochwertigen Sounds keinerlei Problem darstellen.

Auch die Leistungsdaten von Kontakt, der übrigens stand-alone oder als Plug-In im Sequenzer benutzt werden kann, können sich sehen lassen: 16-facher Multimode auf bis zu 32 Einzelausgängen bei insgesamt bis zu 256 Stereostimmen.

Eine abgespeckte Version für alle, denen es mehr um die Sample-Wiedergabe als um deren tiefgreifende Bearbeitung geht, ist unter dem Namen Kompakt erhältlich.

Bitheadz Unity DS-1

Unity vereint Sampling mit Modulationsmöglichkeiten, wie sie auch der virtuelle Analogsynthesizer Retro AS-1 aus gleichem Hause aufweist. Unity ist sehr flexibel. So lassen sich Samples mit unterschiedlicher Samplingfrequenz gleichzeitig verwenden, unterschiedliche Formate einlesen und Effekte sowie Filter nach Bedarf einbinden. Die phasenstarre Stereowiedergabe mit bis zu 24 Bit bei 96 kHz überzeugt auch kritische Ohren.

Steinberg HALion

Der Software-Sampler aus dem Hause Steinberg heißt HALion und ist seit dem Jahre 2001 erhältlich. Natürlich lässt er sich als VST-Instrument perfekt in Cubase oder andere Sequenzer integrieren. Auch HALion bietet derart viele Möglichkeiten und Features, dass man kaum einmal etwas vermissen wird. Durch die hohe maximale Auflösung von 32 Bit bei maximal 384 kHz Sampling-Frequenz dürften wohl selbst die anspruchvollsten Ohren nichts zu bemäkeln haben. Auch die anderen Leistungsdaten sind vom Feinsten: Wem 256 Stimmen oder 256 Einzelausgänge nicht reichen sollten, kann einfach eine weitere Instanz von HALion laden, sprich letztlich setzt nur die Geschwindigkeit des Rechners der Stimmenanzahl noch Grenzen.

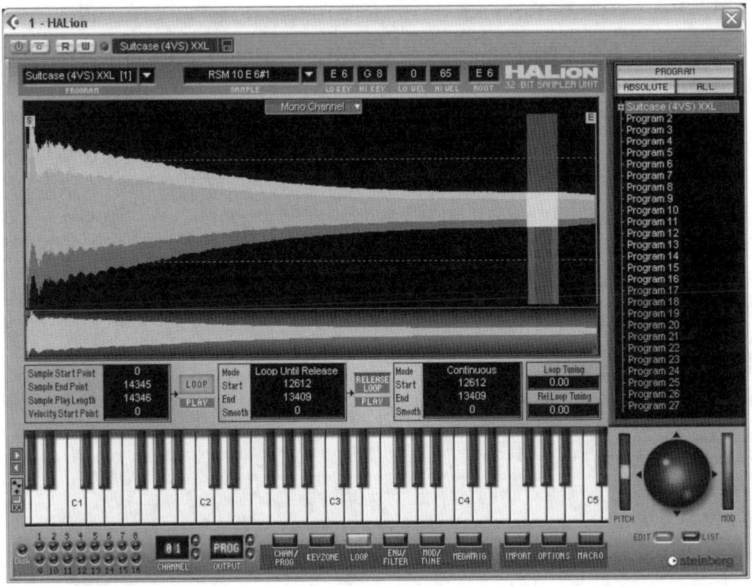

Die Loop-Page des Steinberg HALion.

Software-Drumcomputer

Steinberg LM4

Der Steinberg LM4 ist ein Drumcomputer, der über die VST2-Schnittstelle in eine Cubase-VST-Umgebung eingebunden werden kann. Die vielfach gelobten 24-Bit-Samples der Drum-Sets stammen größtenteils von Wizoo.

In der Praxis hat sich gezeigt, dass der LM4 bei der Wiedergabe von akustischen Schlagzeugklängen seine Aufgabe ausgezeichnet erfüllt, seine Einsatzmöglichkeiten für elektronische Sounds jedoch eingeschränkt sind, da es keine Filter gibt.

Native Instruments Battery

Battery ist ein einfach zu bedienender Drum-Sampler mit ausreichenden Möglichkeiten zur klanglichen Bearbeitung der Drum-Sounds. Auf der übersichtlichen Bedienoberfläche befinden sich 54 Slots, die den einzelnen Drums entsprechen. Die Drum-Samples können in jeder gewünschten Tonhöhe abgespielt werden. Durch Features wie beispielsweise 128 Velocity-Layers lassen sich auch extrem realistische Sounds und Spielweisen umsetzen.

Native Instruments Battery.

Battery kann als Stand-Alone-Modul oder als Plug-In betrieben werden. Dank bis zu 32 Einzelausgängen, die mono oder stereo konfiguriert werden können, lässt sich Battery vorzüglich in ein Software-Mischpult integrieren. Die mitgelieferte Soundbibliothek mit über 30 Soundsets aus mehr als 600 MB Sample-Material stattet Sie gleich von Anfang an mit ausreichend vielen Sounds aus. Darüber hinaus lassen sich auch Bibliotheken anderer Hersteller importieren.

Propellerhead Rebirth

Rebirth lässt die legendären Rhythmusmaschinen TR-808 und TR-909 von Roland und den nicht minder berühmten Bass-Synthesizer TB-303 aus gleichem Hause wieder aufleben. Vor allem für Techno und verwandte Musikgenres ist diese Kombination aus zwei 303s und einer 808 bzw. 909 eine wahre Wunderwaffe. Selbstredend sind die drei Komponenten untereinander synchronisiert, mit den integrierten Effekten wie Verzerrer, Kompressor und Delay lassen sich schnell und unkompliziert amtliche Elektroniksequenzen realisieren.

Interessant für Benutzer von ReWire-kompatiblen Audio-Sequenzer-Programmen wie etwa Cubase und Logic: Mittels ReWire können die Einzelausgänge von Rebirth auf mehrere Kanäle des Cubase-Mischpults gelegt werden.

Software-Effekte

Software-Effekte sind normalerweise als Plug-Ins realisiert, also in der Form von Modulen, die in die verwendete Recording-Software eingebunden werden und von dieser aus aufgerufen werden können.

Da die unterschiedlichen Effekttypen an späterer Stelle – im Kapitel ›Das Abmischen‹ ab Seite 159 – behandelt werden, möchte ich hier nur allgemeine Aspekte wie die unterschiedlichen Schnittstellen und die wichtigsten Pakete unterschiedlicher Hersteller vorstellen.

Plug-In-Schnittstellen

Viele Programme sprechen ihre integrierten Echtzeit-Effekte über eigene Schnittstellen an. Um auch Effekte unterschiedlicher Hersteller in verschiedenen Programmen nutzbar zu machen, hat die Industrie im Laufe der Zeit einige standardisierte Schnittstellen entwickelt. Bei Windows-PCs sind die bedeutendsten Microsoft DirectX und Steinberg VST, beim Macintosh heißen sie VST, Audio Units (AU), Audiosuite (AS bzw. RTAS) und TDM, wobei letzterer Standard nur in Verbindung mit Digidesign-DSP-Karten von Bedeutung ist.

Die DirectX-Schnittstelle ist fester Bestandteil aktueller Windows-Versionen. Installiert man einen DirectX-Effekt, so wird dieser beim Betriebssystem einmalig angemeldet und steht anschließend in jedem Programm bereit, das DirectX unterstützt. So müssen die Hersteller von Effekt-Plug-Ins nicht für jedes Programm eine spezielle Version entwickeln.

Sie können stets so viele Effekte gleichzeitig einsetzen, wie es die Rechenleistung Ihres Computers zulässt. Dabei können Sie grundsätzlich das gleiche Plug-In auch mehrfach laden, um es mit unterschiedlichen Einstellungen auf unterschiedliche Spuren loszulassen.

Die benötigte Rechenleistung ist je nach Effekt sehr verschieden, wobei Klangqualität und Rechenleistung immer in direktem Zusammenhang stehen. Das heißt: Je besser die Qualität eines Effektes, desto höher die benötigte Rechenleistung. Von Bedeutung ist weiterhin auch die Art des Effektes, wobei Hall und Raumsimulationen hier die höchsten Ansprüche an die Rechenleistung stellen.

Im Folgenden nun eine kurze Auflistung der bekanntesten Plug-In-Anbieter und ihrer Produkte.

In den letzten Jahren sind einige ehemals namhafte Hersteller vom Markt verschwunden. Einer der Hauptgründe dafür ist sicher, dass die weit verbreiteten Sequenzer-Programme schon von Haus aus mit immer mehr Effekten ausgestattet sind. Aber auch heute gibt es neben den Plug-Ins der bekannten Hersteller immer noch eine Flut an Modulen unterschiedlicher kleiner Hersteller und Software-Autoren, von denen unzählige kostenlos oder als Shareware erhältlich sind. Darunter findet man immer wieder kleine, nützliche Helferlein und die abgefahrensten Effekte. Einige Internet-Links zu kostenlosen Plug-Ins habe ich im Referenzteil für Sie zusammengestellt.

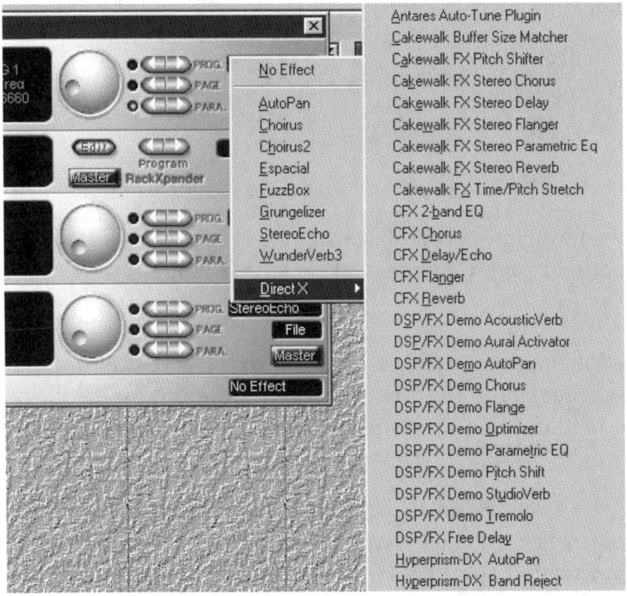

Alle installierten DirectX-Effekte erscheinen in der Effektliste des Audioprogramms, hier Cubase.

Waves

Die israelische Firma Waves ist für sehr hochwertige Plug-Ins bekannt, die für unterschiedliche Plattformen zur Verfügung stehen. Viele Waves-Plug-Ins gelten mittlerweile als Standard in ihrem Bereich, so etwa der Hall TrueVerb, das Masteringtool L1 Ultramaximizer oder der C1 Compressor.

Waves bietet Zusammenstellungen unterschiedlicher Effekte in Form verschiedener Pakete an:

Der ›Klassiker‹, das Native Power Pack, besteht aus

- L1 Ultramaximizer,
- C1 Compressor (mit Gate und Sidechain),
- Q10 Equalizer,
- S1 Stereo Imager,
- TrueVerb Hall.

Das Paket Musician II umfasst

- Renaissance Equalizer,
- Renaissance Compressor,
- Renaissance Vox (Vocal Processor),
- Doubler,
- Super Tap Delay.

Für spezielle Anwendungen – etwa Mastering oder Audio-Restauration – werden weitere, optimal zugeschnittene Pakete angeboten.

Arboretum Hyperprism

Das Hyperprism-Paket der amerikanischen Firma Arboretum umfasst eine Fülle gut klingender Plug-Ins, die ebenfalls für die unterschiedlichsten Plattformen erhältlich sind. Für vergleichsweise wenig Geld bekommt man hier:

Auto Pan, Band Pass Filter, Band Reject Filter, Bass Maximizer, Chorus, Compressor, Doppler, Echo, EchoTranz, Flanger, Frequency Shifter, Hall Reverb, Harmonic Exciter, High Pass Filter, HyperVerb, Limiter, Low Pass Filter, M-S Matrix, More Stereo, Multi Delay, Noise Gate, Pan, Phaser, Pitch Changer, Quasi Stereo, Ring Modulator, Room Reverb, Single Delay, Sonic Decimator, Stereo Dynamics, Tremolo, Tube/Tape Saturator, Vibrato, Vocoder.

Ferner bietet Arboretum Plug-Ins zur Restauration von Audiomaterial an (Entrauschen, Entbrummen, Entfernen von Knacksern).

4

Planung eines Recording-Projektes

Wie vieles im Leben, so erfordert auch ein Recording-Projekt sorgfältige Planung, wenn es erfolgreich verlaufen soll. Und das bezieht sich nicht nur auf die technische Seite, sondern vor allem auch auf musikalische Aspekte.

Das richtige Arrangement

Vielleicht wundern Sie sich darüber, in einem Buch über Recording-Technik Weisheiten zu musikalischen Themen zu finden. Schließlich – so mögen Sie sagen – sollte es hier ja darum gehen, wie etwas aufgenommen wird, und nicht darum, was aufgenommen wird.

Wer allerdings einmal versucht hat, aus einer schlecht arrangierten Aufnahme bei der Abmischung einen passablen Sound herauszukitzeln, der wird zugeben, dass dies ein meist unmögliches Unterfangen ist. Auf der anderen Seite lehrt die Erfahrung, dass sich ein gut arrangiertes Stück fast ›von alleine‹ mischt. Was aber macht ein ›gutes Arrangement‹ aus?

Die Bestandteile der Musik: Rhythmik, Harmonie, Melodie

Musik besteht, vereinfacht ausgedrückt, aus den Elementen Melodie, Harmonie und Rhythmus, die sich alle normalerweise in jedem Stück wiederfinden, sei es Techno, Rock oder Klassik. Ziel ist es immer, ein Ganzes zu schaffen, bei dem die einzelnen Instrumente die genannten Grundfunktionen erfüllen, ohne sich gegenseitig ins Gehege zu kommen.

Und genau hierbei finden sich bei Amateuraufnahmen die meisten Fehler: Dass der Gitarrist jeden Tag stundenlang geübt hat, soll sich dem Hörer gnadenlos mitteilen. Den Bassisten nervt es schon seit langem, sich nur mit unscheinbaren Grundtönen abgeben zu müssen, schließlich beherrscht er perfekt die Slap-Technik, und das soll auch jeder hören. Unser Drummer spielt gerne überragende Breaks, da einfache Rhythmen ja langweilig sind. Und der Saxofonist schlug neulich vor, den Refrain zu doppeln, denn schließlich stehe er schon häufig genug ›nur blöd herum‹.

Da die Akustik im Proberaum sowieso schon immer grottenschlecht war und man sich ohnehin nur selbst hört, indem man möglichst lauter als die Bandgenossen spielt, hat man es schon vor langer Zeit aufgegeben, auf das zu achten, was die anderen spielen. Daher passiert es schon mal, dass die Slap-Einlage des Bassisten mit dem stundenlang geübten Monster-Break des Schlagzeugers und dem Einstieg des Keyboard-Solos zeitlich zusammen fallen.

Kommt Ihnen das vielleicht bekannt vor? Zugegeben, das Beispiel ist vielleicht etwas übertrieben, aber sicher nicht aus der Luft gegriffen. Aber was genau läuft falsch in unserer Band?

Nun, ein solches ›Arrangement‹ wird nur schwer abmischbar sein. Es fehlt an Klarheit und Prägnanz, nie treten Einzelteile aus dem Einheitsbrei hervor, alles ist zu laut, man kann keine Details heraushören. Viele Hits erscheinen im Vergleich zwar sehr einfach, ja fast schon primitiv arrangiert, klingen aber viel, viel besser. Was tun?

Zur Geltung kommen lassen

Das wichtigste Prinzip beim Musizieren besteht darin, sich nicht gegenseitig ins Gehege zu kommen, sondern zu ergänzen. Daher sollte man grundsätzlich den gesamten Frequenzbereich sinnvoll auf die verschiedenen Instrumente aufteilen. Es kann ungemein helfen, den Keyboardteppich eine Oktave höher zu spielen, wenn die unteren Mitten bereits vom Gitarrenriff abgedeckt werden. Oder umgekehrt spielt die Gitarre höher. So wird Soundbrei durch Frequenzverdopplungen vermieden, die Ortbarkeit der Instrumente verbessert.

Die zweite Methode, sich aus dem Weg zu gehen, besteht darin, nicht ständig gleichzeitig Akzente setzen zu wollen. Das kann anfangen mit der zeitlichen Aufteilung innerhalb eines Taktes: Bass und Schlagzeug akzentuieren die erste Hälfte des Taktes, während die Gitarre und ein Synthi die zweite Takthälfte dominieren. Das setzt sich auf der nächsten Ebene fort:

Das Klavier setzt während der Strophen ganz aus und sorgt nur im Refrain für mehr Fülle, alle Instrumente halten sich während des Solos zurück, im letzten Takt der ersten Solohälfte spielen Bass und Schlagzeug gemeinsam einen Break, während das Soloinstrument mit nur wenigen Tönen ›Luft holt‹ für die zweite Hälfte des Solos.

Hier gibt es keine Universalrezepte, aber das Prinzip sollte deutlich geworden sein. Mit jeder Verbesserung des Arrangements vor der Aufnahme verbessern Sie das Resultat mehr, als Sie es jemals durch Einsatz vieler Effekte oder anderer teurer Geräte beim Endmix könnten.

Erst das Arrangement, dann die Aufnahme?

Betrachten wir im Folgenden einmal kurz zwei Beispiele typischer Aufnahmesituationen.

Beispiel 1: Eine Band hat eine für sie bewährte Arbeitsmethode gefunden: Der Sänger komponiert die meisten Stücke zu Hause, legt also zumindest den Text mit der Melodie und den Harmonien fest. Dann wird im Proberaum das Arrangement von allen Musikern zusammen in den Details ausgearbeitet, bis alle mit dem Ergebnis zufrieden sind. Nun ist der Song ›reif‹ für die Aufnahme. Die Musiker spielen im Studio – soweit es dessen Ausstattung zulässt – ihre Instrumente wie gewohnt gleichzeitig auf separate Spuren ein. Wo es nötig ist, werden einzelne Teile mancher Spuren im so genannten Overdub-Verfahren erneut bespielt, bis alle Fehler ausgebügelt sind. Nach Beendigung der Aufnahmen werden alle Stücke endgültig abgemischt.

Der Homerecordler des zweiten Beipiels arbeitet anders: Er stößt beim Klimpern auf seinem Keyboard plötzlich auf ein Riff oder eine Melodielinie, die ihn spontan begeistert. Also spielt er das Ganze kurzerhand in den Audio-Sequenzer auf seinem PC ein. Jetzt müsste die Geschichte nur noch so richtig grooven. Die CD mit den Drumloops scheint da das geeignete Mittel zu sein, und siehe da: Schnell ist ein passender Groove gefunden. Kleiner Schönheitsfehler: Die Drumloop ist einige bpm (Beats per

Minute, Viertelnoten pro Minute) zu langsam. Kein Problem: Einfach den Sequenzer etwas langsamer laufen lassen, und schon passt es. Das Keyboardriff klingt jetzt sogar fast noch besser. Damit die Sache richtig rund klingt, kommt jetzt noch ein fetter Synthibass als MIDI-Spur darunter.

Da ein sich ständig wiederholendes Stückchen noch kein Song ist, wird das vorhandenen Material nun erst einmal durch Hintereinanderkopieren gestreckt. Der anschließend aufgespielte Gitarrenpart klingt echt cool, nur ein Ton beißt sich doch mit der Keyboardphrase. Also werden in der Darstellung der Keyboardspur auf dem MIDI-Sequenzer flugs einige Noten ausradiert. So klingt es besser, fertig ist das Fundament einer Strophe. Fehlt nur noch ein Refrain, der nach ähnlichem Muster zusammengestrickt wird. Es folgt die Aufnahme des Gesangs, und dann werden die einzelnen Teile mehrfach in der gewünschten Reihenfolge hintereinander kopiert.

Zuletzt soll im Refrain noch eine weibliche Backgroundstimme für mehr Fülle sorgen. Unser ambitionierter Producer ruft seine Bekannte Andrea ›mit der völlig geilen Stimme‹ an. Er spielt ihr sein bisheriges Werk vor, und sie beginnt, sich die Melodie des Refrains einzuprägen und sich ihre Einsätze zu merken. ›Vergiss es, das machen wir ganz anders.‹ Er spielt der Sängerin eine Endlosschleife mit dem Harmoniegerüst vor und bittet sie, einfach die Töne ›Uuuuh, Ahaa, Huuuh‹ zu singen, immer wieder, bis er das Zeichen zum Aufhören gibt. Nun werden eine Reihe von Durchgängen auf die Festplatte aufgenommen. Der sechste Durchgang war tatsächlich perfekt und wird aus dem Audiofile ausgeschnitten, der Rest wandert in den virtuellen Papierkorb. Das gelungene Stück wird fünfmal kopiert und an die entsprechenden Stellen in den fünf Refrains geschoben.

Dieses zweite Beispiel demonstriert, dass die traditionelle Trennung zwischen künstlerischem Teil (Komposition, Arrangement) und technischem Teil (Aufnahme, Bearbeitung, Abmischen) mit den heutigen Möglichkeiten keinesfalls beibehalten werden muss, was sich natürlich erheblich auf die mögliche Abfolge der Arbeitsschritte einer Homerecording-Aufnahme auswirkt.

Ohne Übertreibung kann man hier von einer Revolution sprechen: Zwar müssen schon seit der Erfindung der Mehrspurtechnik und des Overdub-Verfahrens in den 50er Jahren nicht mehr alle Instrumente gleichzeitig eingespielt werden. Fehler konnte man durch Ein- und Aussteigen in eine bestehende Aufnahme ausbügeln, indem man das verunglückte Stückchen mit einem besseren ›Take‹ überspielte. Heute jedoch kann man Fehler direkt am Bildschirm behandeln, indem man Töne per Maus verschiebt oder neue an die richtige Stelle kopiert. Genauso lassen sich Strophen, Riffs, Refrains, Takte oder Teile daraus beliebig kopieren, verschieben und beschneiden.

Die Möglichkeiten der modernen Technik lassen uns also nicht nur die gewohnten Arbeitsschritte komfortabler erledigen, sondern beeinflussen auch den eigentliche Ablauf aller Schritte maßgeblich. Schauen wir uns einmal einige Besonderheiten, Vorteile und Probleme der unterschiedlichen Ansätze genauer an.

Die Band: Spurbezogene Aufnahme

Unser erstes Beispiel steht für die herkömmliche Aufnahmetechnik, bei der alle Musiker gemeinsam ihre Instrumente aufnehmen. Für jedes Instrument steht eine Spur bereit, die oft durchgehend vom Anfang bis zum Ende bespielt wird.

Zu den Vorteilen dieser Arbeitsweise zählt, dass die Musiker in einer ihnen vertrauten Situation aufnehmen. Sie können sich durch direkten Blickkontakt gegenseitig zur Höchstleistung inspirieren. Alle hören alles, keiner muss sein Instrument zu einem Background spielen, der nur aus einem oder zwei Instrumenten besteht. Daher wird diese Aufnahmesituation gerade von Bands oder Ensembles als ›natürlich‹ empfunden, eine gute Voraussetzung dafür, dass das fertige Resultat locker, unverkrampft, spontan und erfrischend wirkt.

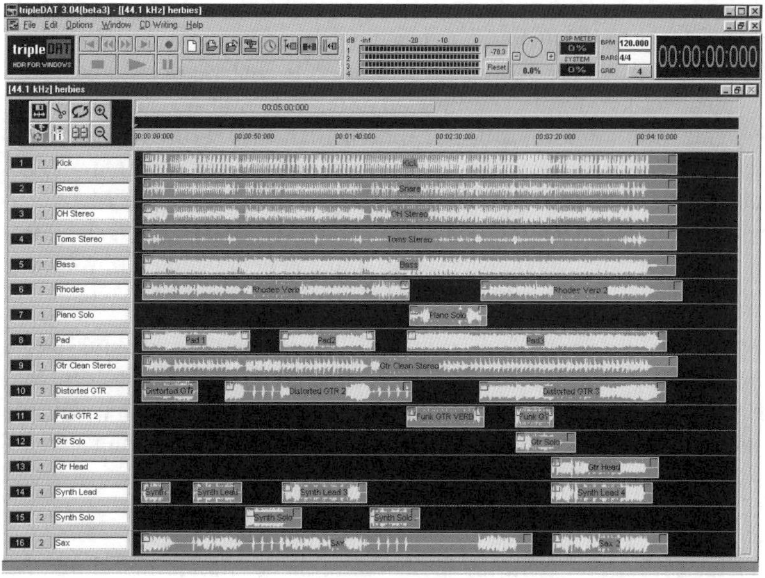

Hier sind mit Ausnahme der Soloinstrumente alle Spuren durchgehend bespielt. Es gibt praktisch keine kopierten Samples, die an verschiedenen Stellen des Songs eingesetzt werden.

Zudem kann man so in sehr kurzer Zeit sehr viel Material aufnehmen. Der komplette Song wird einige Male aufgenommen, man entscheidet sich für die beste Version und bügelt einige möglicherweise gröbere Fehler im Overdubverfahren aus. Die Abbildung zeigt, wie eine solche Aufnahme anschließend typischerweise am Bildschirm aussieht.

Das Baukastenprinzip

Der Vorteil der im zweiten Beispiel vorgestellten Arbeitsweise ist, dass alle Teile während des gesamten Aufnahmeprozesses ständig verändert werden können. Werden viele Instrumente als MIDI-Spur aufgenommen, so sind Änderungen besonders leicht zu bewerkstelligen.

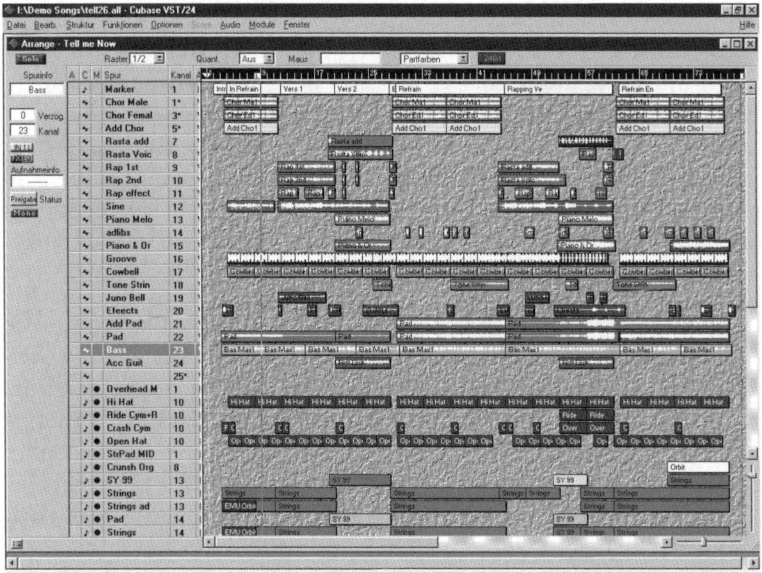

Bei diesem Song wird das Baukastenprinzip deutlich: Auf den Spuren wurden einzelne Phrasen (Parts) abgelegt und mehrfach kopiert. Nur ein Bruchteil aller Parts sind wirkliche Audioaufnahmen. Die oberen Spuren sind Audiospuren, die unteren enthalten nur MIDI-Informationen.

Daher ist es nicht erforderlich, ein Stück gleich fertig zu komponieren und zu arrangieren. Sie können vielmehr einfach loslegen und Ihr Stück während der Aufnahme von einer Idee zu einem Song reifen lassen. Besonders Ein-Mann-Projekte profitieren von diesem Ansatz, da man ja andernfalls die Parts der einzelnen Instrumente ›im Kopf‹ entwerfen müsste, ohne alle Instrumente zusammen hören zu können.

Die Abbildung oben verdeutlicht, warum ich diesen Ansatz als Baukastenprinzip bezeichne. Beachten Sie, dass viele der einzelnen ›Steine‹ nur Kopien ein und derselben Aufnahme sind, wobei als Nebeneffekt der für einen Song benötigte Festplattenplatz recht klein ist.

Aufnehmen ohne Stress

Auch das Einspielen der Instrumente ist bei einem computerbasierten Aufnahmesystem deutlich entspannter als bei analogen Bandmaschinen. So müssen Sie beispielsweise nicht mehr per Hand oder Fußschalter in Aufnahmen ein- oder aussteigen, während Sie sich eigentlich allein auf Ihr Instrument konzentrieren sollten. Der Computer beginnt seine Aufnahme nämlich auf die Millisekunde genau am vorgegebenen Zeitpunkt und steigt ebenso exakt wieder aus. Damit gehören versehentlich angelöschte Teile der Vergangenheit an.

Außerdem müssen Sie sich nicht ständig fragen, ob das zuletzt gespielte Solo optimal ist oder ob Sie es nicht noch besser hinbekommen. Entscheiden Sie sich für eine Neuaufnahme, bedeutet dies bei einer Bandmaschine aufgrund der eingeschränkten Spurenzahl oft, dass die vorherige Version ersetzt wird. Stellen Sie später fest, dass alle neuen Versuche eher schlechter als besser waren, haben Sie verloren. Unterstützt Ihr digitales Aufzeichnungsgerät dagegen virtuelle Spuren, so können Sie einfach mehrere Versionen des Solos aufnehmen und später in Ruhe entscheiden, welche Sie behalten wollen.

Da Sie stets Schnipsel aus der Audioaufnahme ausschneiden und diese als Bausteine Ihres Stückes einsetzen können, genügt es oft, auch nur einzelne Stückchen einzuspielen. Sie müssen also den Funk-Rhythmus auf Ihrer Gitarre nicht bis zum Handgelenkskrampf durchhalten, sondern können einfach verschiedene kurze Abschnitte einspielen.

Reihenfolge der Instrumente

Abgesehen von dem Fall, dass Sie eine Band komplett in einem Zug aufnehmen, müssen Sie sich immer entscheiden, in welcher Reihenfolge Sie die unterschiedlichen Instrumente aufnehmen.

Dabei beginnt man am besten stets mit dem Schlagzeug, damit alle weiteren Instrumente einen rhythmischen Bezug haben. Bewährt hat sich auch, Schlagzeug und Bass gleich zusammen aufzunehmen, da der Basisgroove dann oft konsistenter wirkt, als wenn der Bassist sich später auf die Schlagzeugaufnahme ›hängt‹. Technisch ist dies meist unkompliziert, da der Bass bei direkter Abnahme kein Mikrofon benötigt und nicht in die Mikrofone des Schlagzeugs überspricht. Denkbar ist auch, gleich die ganze Rhythmusgruppe aufzunehmen, also Schlagzeug, Bass und Rhythmusgitarre.

Gesang und Soli sollte man immer zuletzt aufnehmen, damit der vollständige Background bei der Aufnahme dieser wichtigen Teile bereit steht. Um dennoch nicht sämtliche Instrumente ohne den Gesang einspielen zu müssen, an dem sich die Musiker gerade in einem Song ja gut orientieren können, sollten Sie allerdings bereits in einem frühem Stadium eine provisorische Pilot-Gesangsspur aufnehmen.

Arbeiten Sie dagegen nach dem oben beschriebenen Baukastenprinzip, so ist die Reihenfolge, in der Sie die einzelnen Instrumente aufnehmen, weitgehend beliebig. Das Schlagzeug werden Sie zwar vermutlich auch in diesem Fall zuerst aufnehmen, um ein Rhythmusfundament für die folgenden Instrumente zu haben, aber hier ist es auch denkbar, etwa mit einer Percussionloop, einem MIDI-Bass oder einer Keyboard-Sequenz anzufangen. Schließlich können Sie MIDI-Events quantisieren oder direkt am Bildschirm eingeben, so dass der rhythmische Anhaltspunkt durch das Schlagzeug nicht unbedingt erforderlich ist.

Planen Sie zu Beginn Ihres Projektes in jedem Fall, ob Sie spezielle Instrumente, Mikrofone oder andere Geräte ausleihen müssen. Müssen ferner einzelne Instrumente in anderen Räumlichkeiten als Ihrem Homerecording-Studio aufgenommen werden – es ist nun einmal einfacher, die Aufnahme-Geräte zum Steinway-Flügel zu schaffen als andersherum –, so sollten Sie ebenfalls bereits in der Planungsphase durchdenken, welche Instrumente vorher zweckmäßigerweise bereits aufgenommen sein sollten.

5

Achtung Aufnahme!

In diesem Kapitel kommen wir nun richtig zur Sache. Zunächst möchte ich einige grundsätzliche Probleme und Besonderheiten der unterschiedlichen Aufnahmesituationen ansprechen. Danach wird es um Mikrofonabnahme der einzelnen Instrumente gehen.

Das Monitoring

Musiker müssen während einer Aufnahme stets sich selbst, die anderen Musiker und die bereits aufgenommenen Instrumente hören können. Dieser Komplex wird als Monitoring bezeichnet. Solange alle Musiker gemeinsam spielen, ist es denkbar, ohne zusätzliches Monitoring aufzunehmen, da ja alle Musiker die Instrumente der Mitmusiker direkt aus deren Verstärkern hören können. Spätestens jedoch in dem Moment, wo man bereits aufgenommene Spuren mithören muss, ist Monitoring unverzichtbar.

Beim Monitoring ist es wichtig, einen speziellen Mix aller Signale einstellen zu können. Der Musiker soll schließlich sein eigenes Instrument und den Background so hören, wie es für ihn bei der Aufnahme optimal ist. Anderseits darf dieser Monitormix keinen Einfluss auf das aufzunehmende Signal haben, denn dies soll ja schließlich maximal ausgesteuert und ohne Verfälschung zum Aufzeichnungsgerät gelangen. Wünscht der Musiker beispielsweise, sein Instrument während der Aufnahme etwas leiser zu hören, so soll eine Reduzierung der Abhörlautstärke dieses Instrumentes nicht dazu führen, dass das Instrument leiser aufgenommen wird. Hinzu kommt, dass die bereits aufgenommenen Spuren ebenfalls die Mischpultkanäle durchlaufen. Sie müssen also dafür sorgen, dass diese im Gegensatz zu den live eingespielten Signalen nicht auf die Spur des Aufzeichnungsgerätes gelangen.

Fassen wir das bisher Gesagte zusammen, so ergibt sich folgendes Bild:

- In das Mischpult hinein gehen die aufzunehmenden Signale und die bereits aufgenommenen Spuren.
- Hinaus geht zum einen ein Monitormix, bei dem sich alle Signalanteile individuell einstellen lassen, und zum anderen die aufzunehmenden Signale, die vom Monitormix unbeeinflusst mit optimaler Stärke dem Aufzeichnungsgerät zugefügt werden. Die Abbildung unten verdeutlicht dies noch einmal.

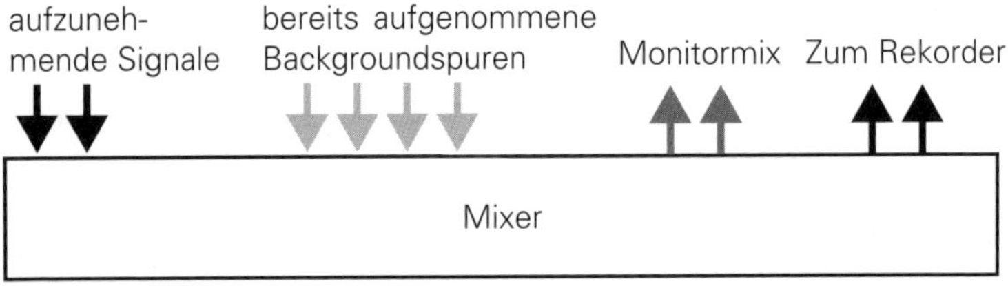

Bei fast allen Mischpulten können Sie mit den Monitorreglern der einzelnen Kanäle das Signal abgreifen und dem Monitormix zuführen. Fehlt ein solcher Regler, so lässt sich ein Effektregler zu diesem Zweck ›missbrauchen‹: Verbinden Sie einfach den Kopfhörerverstärker mit dem entsprechenden Effekt-Send-Ausgang. Wollen Sie mehrere Musiker gleichzeitig aufnehmen, so können Sie mit den verschiedenen Monitor- bzw. Effektwegen sogar mehrere unterschiedliche Monitormixes erstellen, was besonders praktisch ist, falls der Bassist gerne das Schlagzeug besonders laut hören möchte, der Schlagzeuger dafür mehr den Bass, der Sänger das Klavier und der Gitarrist sich selbst.

Die aufzunehmenden Signale können auf verschiedenen Wegen an das Aufzeichnungsgerät geleitet werden:

- über einen Summenausgang des Mixers (Mix-Out, Tape-Out),
- über die Direktausgänge (Direct-Outs) der einzelnen Kanalzüge,
- über Subgruppen.

Die Aufgabe ist hier zwar stets dieselbe, die Lösungsmöglichkeiten sehen in der Praxis je nach konkreter Situation (wie viele Signale werden gleichzeitig auf wie viele Spuren aufgenommen) und verwendeten Geräten (Ausstattungsmerkmale und Konzeption des Mischpults) allerdings sehr unterschiedlich aus. Daher verzichte ich darauf, Ihnen hier 23 Varianten mit 37 Unterpunkten aufzulisten, sondern verweise Sie auf die Anleitungen Ihrer Geräte. Komplettlösungen wie die VS-Serie von Roland enthalten entsprechende Kapitel im Benutzerhandbuch, Gleiches gilt für viele Mischpulte. Speziell bei Mischpulten liegen oft Blockschaltbilder bei, an denen sich die vielfältigsten Routing-Möglichkeiten verfolgen lassen.

Monitoringprobleme beim Computereinsatz: Latency

Bisher gingen wir von dem Fall aus, dass Sie ein externes Mischpult nutzen. Falls Sie jedoch direkt in den Computer aufnehmen und Ihr Instrument bzw. ein Mikrofon samt Mikrofonvorverstärker an den Line-Eingang der Audiokarte angeschlossen haben, stellt sich beim Monitoring oft ein spezielles Problem: Zwar kann Recording-Software in aller Regel einen speziellen Monitormix während der Aufnahme ausgeben, durch bestimmte Gegebenheiten des Betriebssystems erreicht das eingehende Signal die Recording-Software aber etwas verspätet.

Diese Verspätung (die berüchtigte ›Latency‹) wird zwar bei der Wiedergabe ausgeglichen, so dass letztlich alle Spuren synchron erklingen, während der Aufnahme aber wird das eingehende Signal mit mehr oder weniger deutlich spürbarem Versatz dem Monitormix zugefügt. Die Folge: Der Sänger hört alle bereits aufgezeichneten Spuren optimal, sich selbst aber im Kopfhörer mit einer Verzögerung – extrem irritierend.

Viele Audiokarten können zum Glück das eingehende Signal wieder unmittelbar einem Ausgang zumischen, so dass Sie es zeitgleich mit dem Monitormix zu Gehör bekommen. Leider entfällt dabei die Möglichkeit, dieses Signal in der Lautstärke zu regeln. Sie können sich hier aber meist dadurch helfen, dass Sie das richtige Verhältnis durch Veränderung der Lautstärke des Monitormixes herstellen.

Diese Probleme entfallen bei DSP-Systemen wie etwa den SCOPE-Systemen von Creamware. Dadurch, dass alle Audiosignale unter Umgehung der Dateipufferung des Betriebssystems direkt von den DSPs der Hardware berechnet werden, kommt es zu keiner spürbaren Latenz der Eingänge. Das Mischpult dieser Systeme bietet zudem alle Ausstattungsmerkmale teurer externer Mischpulte, einschließlich Recording-Busse und sogar Talkback (das Mikrofon des Toningenieurs lässt sich auf die Kopfhörer der Musiker mischen). Außerdem können Sie dank der völlig freien Routingmöglichkeiten alle Verbindungen herstellen, was sonst nur mit externen Geräten realisierbar wäre.

Kopfhörer

Um die nachfolgend näher beschriebenen Probleme der Schalleinstreuung in die Mikrofone zu vermeiden, ist es üblich, dass die Musiker den Monitormix über Kopfhörer hören. Dabei sollten Sie nach Möglichkeit geschlossene Kopfhörer benutzen, da diese den Umgebungsschall deutlich abdämpfen.

Bei der Aufnahme einzelner Spuren im Overdubverfahren haben geschlossene Kopfhörer zudem den Vorteil, dass der Schall aus den Kopfhörern nicht wieder vom Mikrofon aufgezeichnet wird. Verwenden Sie dagegen während der Aufnahme leiser Schallquellen – etwa Gesang, Flöte oder akustische Gitarre – einen nicht isolierten, offenen Kopfhörer, und möchte der Musiker die Backgroundmusik mit einer gewissen Lautstärke hören, so können die Einstreuungen in das vielleicht nur wenige Zentimeter entfernte Mikrofon schon deutlich hörbar sein und später durch Phasenauslöschungen Probleme verursachen.

Trennung der Instrumente

Die grundsätzliche Idee einer Mehrspuraufnahme besteht darin, unterschiedliche Instrumente auf unterschiedlichen Spuren getrennt aufzunehmen, um dann alle Spuren individuell im Klang und in der Lautstärke regeln zu können. Wollen Sie aber mehrere Instrumente gleichzeitig aufnehmen, so stehen Sie vor dem Problem, dass jedes Mikrofon nicht nur das Signal des zugeordneten Instruments überträgt, sondern auch zumindest einen Teil der anderen, gleichzeitig im selben Raum gespielten Instrumente. So ›hört‹ das vor der akustischen Gitarre positionierte Mikrofon auch alles andere, was im Aufnahmeraum gerade vor sich geht. Das kann dazu führen, dass sich eine im Endmix vorgenommene Anhebung der Höhen bei der Gitarre auch beispielsweise auf die mitaufgezeichneten Schlagzeugbecken auswirkt, und das ist in aller Regel nicht erwünscht. Es gibt verschiedene Methoden zur Lösung dieses Problems, die Sie teilweise auch kombiniert einsetzen sollten.

Zunächst gilt: Je näher ein Mikrofon an der Schallquelle steht, die es aufzeichnen soll, desto weniger werden andere Schallquellen mit aufgezeichnet. Allerdings verändert sich dadurch auch der Klang des mikrofonierten Instruments, da bei geringerem Abstand des Mikrofons weniger Raumklang aufgezeichnet wird. Die Instrumente klingen also trockener und direkter, was mal mehr und mal weniger erwünscht ist.

Eine andere Möglichkeit besteht darin, die einzelnen Schallquellen akustisch voneinander zu isolieren, zum einen durch eine möglichst große Entfernung der Schallquellen oder durch schallisolierende Stellwände zwischen den Instrumenten. Als letzte Konseqeunz können dabei besonders laute Instrumente wie etwa Schlagzeug in einen gesonderten Raum gestellt werden. Zwar werden nur größere Studios eine spezielle Schlagzeugkabine mit isolierender Doppelglasscheibe haben, aber bei Amateuraufnahmen im Proberaum kann man die Drums ja immerhin in den Flur oder den Vorraum verbannen.

Die wenigsten Probleme dieser Art haben Sie natürlich, wenn Sie alle Instrumente nacheinander aufzeichnen, was bei beengten Räumlichkeiten oder bei Aufnahmesystemen mit nur wenigen Eingangskanälen ohnehin meist unvermeidlich ist.

Punch-In und Punch-Out

Mit diesen beiden Begriffen bezeichnet man das Ein- und Aussteigen in eine oder aus einer bestehenden Aufnahme. Die meisten modernen Aufzeichnungsgeräte erlauben automatische Punch-Ins und -Outs an vorher festgelegten Stellen.

Man benutzt Punch-Ins und -Outs meist zum Ausbessern verunglückter Passagen. Damit man später nichts mehr von der Flickarbeit bemerkt, müssen Sound und Spielweise des betreffenden Instrumentes dabei exakt so sein wie bei der ursprünglichen Aufnahme. Es empfiehlt sich daher,

Fehler gleich auszubügeln, da dann nämlich alle Regler und Mikrofone noch ihre ursprüngliche Position haben. Der Versuch dagegen, eine bestimmte Aufnahmesituation irgendwann exakt wieder nachzustellen, ist meist zum Scheitern verurteilt.

Bietet Ihr Aufzeichnungsgerät nicht die Möglichkeit, die Punkte für Punch-In und Punch-Out zu programmieren, so müssen Sie während der laufenden Aufnahme die entsprechenden Knöpfe manuell oder über einen Fußschalter bedienen. Haben Sie schon einmal versucht, mit dem einen Fuß exakt zum richtigen Zeitpunkt in die Aufnahme einzusteigen, während der andere Fuß den Takt klopft und die Hände mit dem Instrument kämpfen, so wissen Sie nur zu gut, wie schnell man durch einen zu frühen Einstieg oder zu späten Ausstieg Teile der vorherigen Aufnahme gelöscht hat. Bitten Sie also nach Möglichkeit jemanden, Ihnen diese Arbeit abzunehmen, damit Sie sich voll auf Ihr Instrument konzentrieren können. Allerdings fällt es Nicht-Musikern (und oft nicht nur denen) schwer, beispielsweise auf der ›3und‹ des siebten Taktes den Aufnahmeknopf zu drücken und ihn auf der ›2‹ des neunzehnten Taktes wieder loszulassen. Haben Sie daher Geduld, und üben Sie das Ein- und Aussteigen an der fraglichen Stelle einige Male.

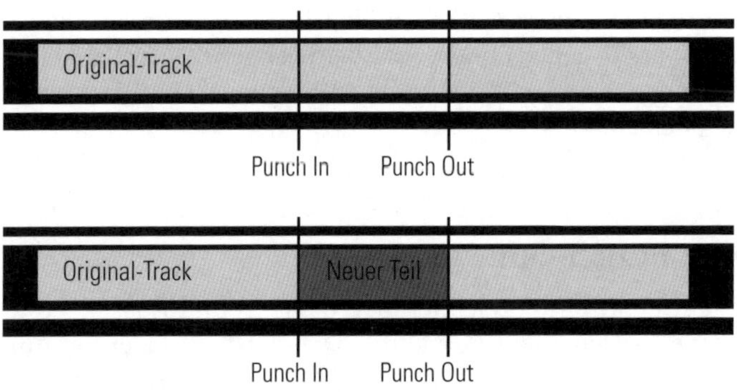

Beim Overdubbing mit Punch-In und Punch-Out wird ein Teil der vorherigen Aufnahme ersetzt.

Richtig aussteuern

Unter Aussteuerung versteht man den Lautstärkepegel, mit dem ein Signal auf das Aufzeichnungsmedium aufgenommen wird. Die Grundregel für die richtige Aussteuerung lautet schlicht: So laut wie möglich, aber auf keinen Fall zu laut.

Dieses Rezept ist in der Praxis allerdings leider nicht so leicht umzusetzen, wie es sich anhört. Praktisch alle Aufnahmegeräte besitzen zwar eine Anzeige für den eingehenden Signalpegel. Die erste Falle ist aber schon, dass man erst einmal wissen muss, was genau hier angezeigt wird. Die Anzeige kann nämlich die durchschnittliche, ›gehörangepasste‹ Lautstärke (VU-Charakteristik) oder die auftretenden Spitzenwerte (Peak-Charakteristik) widerspiegeln. Im Falle einer Keyboardfläche gibt es dabei praktisch keine Unterschiede, aber bei kurzen perkussiven Tönen (Drums) weist die Peak-Anzeige einen sehr hohen Wert aus, während die VU-Anzeige einen niedrigeren zeigt. Sie berücksichtigt nämlich, dass die Trommel nur sehr kurz erklingt, wodurch ihr durchschnittlicher Energiegehalt und daher der subjektive Lautstärkeeindruck niedriger ist. Manche Geräte sind dankenswerterweise mit einem VU-Meter in Kombination mit einer Leuchtanzeige ausgestattet, die signalisiert, wenn das Signal – auch kurzzeitig – den erlaubten Bereich übersteigt.

Bei analogen Aufzeichnungsgeräten dürfen kurze Impulsspitzen durchaus in den roten Bereich ausschlagen. Bei digitalen Geräten sollten Sie dies unbedingt vermeiden, denn digitale Verzerrungen gehören zu den unangenehmsten akustischen Erscheinungen überhaupt. Folglich sind Digitalgeräte meist mit Peak-Anzeigen ausgestattet. Denken Sie dennoch auch bei digitalen Geräten daran, möglichst hoch auszusteuern, damit die volle Auflösung und damit die volle Dynamik des Aufzeichnungsgerätes genutzt wird.

Bei der Aufnahme von echten Instrumenten sind Sie mit der Tatsache konfrontiert, dass große Dynamiksprünge auftreten können, das Signal also über lange Strecken weit unterhalb des optimalen Bereichs liegt, laute Stellen dann aber das zulässige Maß überschreiten. Abhilfe schafft hier der Einsatz eines Kompressors oder Limiters schon bei der Aufnahme (Näheres dazu finden Sie im Kapitel ›So setzen Sie Effekte ein‹ ab Seite 189), allerdings können Sie dessen Wirkung nachträglich nicht mehr korrigieren.

Die Lautstärke, mit der ein an das Mischpult angeschlossenes Signal letztlich am Aufzeichnungsgerät ankommt, hängt normalerweise von mehreren Reglern ab, da das Signal eine Kette von Verarbeitungsstufen durchläuft. Machen Sie es sich grundsätzlich zur Angewohnheit, die erste Verstärkungsstufe – meist mit Gain oder Sensitivity bezeichnet – möglichst weit aufzudrehen, damit nachfolgende Stufen optimal angesteuert werden. So verbessern Sie das Rauschverhalten Ihres Systems. Extrem niedrige oder hohe Stellungen der Lautstärke-Fader sind oft ein Indiz für eine schlechte Einstellung des Gain-Reglers.

6

Aufnahme unterschiedlicher Instrumente

In diesem Kapitel geht es um die Aufnahme unterschiedlichster Instrumente. Dabei finden Sie Anleitungen und eine Reihe von Tipps zum richtigen Einsatz von Mikrofonen, die ich nach Instrumenten geordnet für Sie zusammengestellt habe.

Widmen wir uns aber zunächst dem Einsatz von Klängen ›aus der Konserve‹.

Aufnahme elektronischer Instrumente

In vielen Fällen wollen oder können Sie kein ›echtes‹ Instrument aufnehmen, sondern mit elektronischen Imitaten von Instrumenten – erzeugt etwa durch Keyboards, Drumcomputer oder Sampler – arbeiten. In diesem Fall wurde das Instrument bereits professionell aufgenommen, so dass Ihnen die komplizierte Mikrofonabnahme erspart bleibt. Dennoch gibt es auch hier etliches zu beachten.

Drumcomputer

In einem Buch wie diesem erwarten Sie sicher keine Tipps zur Spielweise einzelner Instrumente. Da aber Drumcomputer häufig von Nicht-Schlagzeugern programmiert werden, möchte ich Ihnen zunächst ein paar Anregungen für die Programmierung geben.

Tipps zur authentischen Programmierung

Der häufigste Fehler bei der Imitation echter Schlagzeuger mit Hilfe eines Drumcomputers besteht darin, die Maschine ganz ohne oder mit einer unnatürlichen Dynamik zu programmieren. Bei einem Schlagzeuger folgt die Dynamik – also die Lautstärkeverteilung der einzelnen Schläge – normalerweise einem festen Muster: Die Viertelnoten sind stärker betont als die Achtelnoten, die Achtelnoten wiederum stärker als die Sechzehntel, Sechzehntel stärker als Zweiunddreißigstel. Zudem liegt der Hauptakzent jedes Taktes auf der Eins, wobei die Eins am Anfang eines Abschnittes (Strophe, Refrain, ...) etwas stärker betont sein kann als in anderen Takten.

Zur Veranschaulichung habe ich das folgende Beispiel-Pattern in zwei Versionen programmiert: Einmal mit konstanter Dynamik und einmal nach den soeben beschriebenen ›Dynamikgesetzen‹. Die Variante ohne Dynamik klingt erheblich synthetischer und statischer.

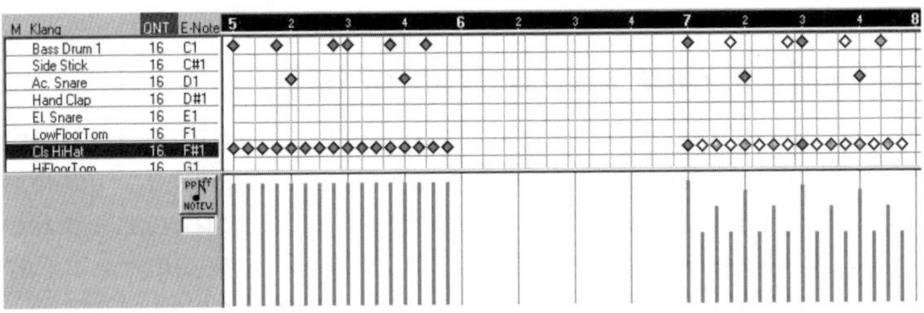

Zwei rhythmisch identische Drum-Patterns im Drum-Editor von Cubase. Das Pattern links wurde ganz ohne Dynamik programmiert, das Pattern rechts dagegen mit einer Dynamikverteilung, wie sie auch ein Schlagzeuger spielen würde.

CD-Track 5 – Das Schlagzeug wurde zunächst ganz ohne Dynamik programmiert, also alle Trommeln mit jeweils der gleichen Lautstärke. Dadurch ist der Klang sehr maschinenhaft. Mit einer dynamischen Lautstärkeprogrammierung dagegen (0:13) klingt das gleiche Pattern schon eher wie von einem Schlagzeuger gespielt.

Möchten Sie einen echten Schlagzeuger möglichst authentisch imitieren, so sollten Sie ferner darauf achten, dass das Vorbild ja ein Mensch mit vier Extremitäten und kein Octopus ist. Das heißt, ein Schlagzeuger kann nicht mehr als vier Klänge gleichzeitig erzeugen. Er muss also beispielsweise eine durchlaufende Sechzehntel-Hi-Hat unterbrechen, wenn er ein Fill auf den Toms spielen will. Damit durch diese Unterbrechung keine Lücke entsteht, wird er vielleicht kurz vor dem Break eine offene Hi-Hat spielen oder die Hi-Hat während des Breaks in Vierteln mit dem Fuß weiterlaufen lassen. Ebenso wird die Hi-Hat normalerweise in Vierteln oder auf Zwei und Vier getreten, während der Schlagzeuger auf dem Ride spielt.

Überhaupt steht und fällt der authentische Eindruck des Schlagzeugs oft mit der Hi-Hat. Während ein echter Schlagzeuger die Hi-Hat von völlig geschlossen bis offen in allen erdenklichen Zwischenstufen spielen kann, finden sich bei gesampelten Drums oft nur die Varianten geschlossen, halboffen und offen. Um mehr Nuancen ins Spiel zu bringen, können Sie eine geschlossene und eine halboffene Hi-Hat auf den gleichen Schritt programmieren und dabei durch unterschiedliche Lautstärken der halboffenen Hi-Hat beliebig viele Zwischenstufen imitieren.

CD-Track 6 – Das Schlagzeug wurde im Sequenzer programmiert und dann mit einem Swing-Wert von 85 % auf Sechzehntel-Triolen quantisiert. Gleiches gilt für das Klavier. Ab einem gewissen Tempo klingt der mathematisch korrekte, ternäre Groove (b, 0:26) nämlich unnatürlich eckig. Achten Sie etwa auf das ›Feel‹ der Hi-Hat!

Viele Musikstile basieren auf so genannten ternären Rhythmen, bei denen jede Zählzeit nicht in zwei, sondern in drei Schläge unterteilt wird. Häufig wird dabei der mittlere Schlag jeder Dreiergruppe ausgelassen, der erste Schlag also doppelt so lang gehalten wie der folgende, wodurch der typische Swing oder Shuffle-Rhythmus entsteht. Beachten Sie aber bitte, dass dieses 2:1-Verhältnis nur bei langsamen Tempi gültig ist. Je schneller das Songtempo, desto mehr nähern sich normalerweise Shuffle und gerader Rhythmus an. Bei den meisten Sequenzern oder modernen Drumcomputern können Sie übrigens den ›mathematischen‹ Swing abschwächen, indem Sie einen Prozentwert eingeben. Sie sollten diese Einrichtung unbedingt nutzen, da Ihre Shuffle-Rhythmen sonst schnell unnatürlich hölzern wirken.

Aufnahme des Drumcomputers

Praktisch alle modernen Drumcomputer können über MIDI angesprochen werden. Daher müssen Sie die Drums nicht als Audiospur aufzeichnen, sondern können sie über eine MIDI-Spur des Sequenzers ansteuern. Eine weitere Möglichkeit besteht darin, die Drumparts im Drumcomputer selbst zu programmieren und diesen dann über einen Timecode (MTC oder MIDI-Clock, siehe Anhang ab Seite 266) zum Sequenzer bzw. Audiorecorder zu synchronisieren. Beide Optionen bieten Ihnen die typischen Vorteile von MIDI-Spuren: Volle Bearbeitungsmöglichkeiten und freie Wahl des Sounds bis zum Schluss.

Es kann allerdings auch durchaus sinnvoll sein, den Drumcomputer auf eine oder mehrere Audiospuren aufzunehmen, etwa, um einzelne Drumsounds in den Genuss von Effekten oder speziellen Klangeinstellungen kommen zu lassen.

E-Drums

In Situationen, wo ein wirklich authentisches Schlagzeugfeeling gefragt ist, Sie jedoch kein echtes Schlagzeug aufnehmen können (wegen der Lautstärke, wegen Übersprechungen oder da Sie nicht genügend viele Mikrofone haben), sind E-Drums mit elektronischen Pads das Mittel der Wahl. Hier kommen die Schlagzeugsounds aus der Konserve und werden durch die Pads ausgelöst. Das Spielgefühl des Drummers bleibt so erhalten, und bestenfalls Zeitgenossen mit supergoldenen Ohren werden das Ergebnis von einer echten Schlagzeugaufnahme unterscheiden können.

Drumloops

Eine weitere Alternative für den Schlagzeugpart sind gesampelte Drumloops. Eine Drumloop ist eine echte Schlagzeugaufnahme mit einer Länge von meist einem, zwei oder vier Takten, die von einem Sampler oder durch die Recording-Software in einer Endlosschleife wiedergegeben werden kann.

Der Vorteil: Drumloops werden oft von Spitzendrummern in Spitzenstudios eingespielt. Spielgefühl und Klang sind also absolut authentisch. Der Nachteil: Drumloops sind nicht sehr flexibel. Zwar kann man für unterschiedliche Teile eines Songs unterschiedliche Drumloops verwenden, wobei Sound und Tempo selbstredend gleich sein sollten. Eine Anpassung an individuelle Besonderheiten des Songs – hier ein prägnanter Break, hier ein Akzent, da zwei Schläge Pause – ist nicht ohne weiteres möglich.

Wenn eine Drumloop im Tempo nicht passt, so gibt es zwei Möglichkeiten der Abhilfe. Zum einen kann man die Abspieltonhöhe verändern, wobei die Drumloop dann etwas schneller (höhere Abspieltonhöhe) oder langsamer (niedrigere Abspieltonhöhe) wiedergegeben wird. Dadurch ändert sich allerdings selbstredend auch der Sound; Sie kennen den Effekt sicher von einem Tonband her, das zu schnell oder zu langsam läuft.

Sollen Tonhöhe und Sound nicht verändert werden, so müssen Sie einen so genannten Timestretching-Algorithmus verwenden. Beim Timestretching werden aus einem Sample – hier der Drumloop – möglichst unauffällig Daten entfernt oder in das Sample eingefügt und so die Länge verändert. Je nach Qualität des Algorithmus treten dabei keine oder nur geringfügige Klangveränderungen auf. Kleinere Änderungen sind dabei stets unkritischer als große.

CD-Track 7 – Sie hören zunächst zwei Durchgänge einer Drumloop mit einem Tempo von 90 bpm. Anschließend (b, 0:11) wurde die Loop mit einem Timestretching-Algorithmus auf 80 bpm verlangsamt. Hören Sie genau hin, so stellen Sie Veränderungen des Klangs fest, etwa ›Flattern‹ des Crash-Beckens und der Bassdrum. Verlangsamt man die Loop mit Pitch Shifting (c, 0:24), so entstehen keine klanglichen Artefakte, dafür wird aber die Tonhöhe verändert. Dies wird man vermutlich nur bei leichten Änderungen in Kauf nehmen. Die gleichen Phänomene treten auch bei einer Steigerung des Tempos mit Timestretching (d, 0:36) oder Pitch Shifting (e, 0:46) auf.

Einem anderen Ansatz folgt das Programm ReCycle! von Propellerhead. Dieses Programm zerlegt eine Drumloop in ihre einzelnen Beats. Jedes der so erzeugten Audioschnipsel kann dann per MIDI-Event auf einem Sampler angesteuert werden. Durch Änderung der MIDI-Daten können Sie so mühelos das Tempo, die Reihenfolge der Beats, den Swing und andere Parameter ändern. Außerdem lassen sich einzelne Schnipsel gegen andere austauschen, wenn man einzelne Sounds verändern möchte. So verbindet man die Vorteile von Drumloops mit denen einer MIDI-Aufnahme.

Samples als Audiofiles einbinden

Sie können Samples auch in Ihre Aufnahme integrieren, indem Sie sie einfach an der passenden Stelle in Ihrem Song auf einer freien Spur ablegen. Die meisten Programme zeigen Ihnen dabei ein Taktgitter (Grid) an, an dem Sie sich bei der Positionierung des Samples orientieren können.

Diese Methode eignet sich besonders für

- Drum- oder Percussionloops,
- einzelne Schlagzeugsounds, die Sie im Gitter zu einem Rhythmus zusammenbasteln,
- lang ausklingende Beckenschläge, die im Sampler viel Speicher fressen,
- Geräusche,
- Effektsounds.

Nach demselben Verfahren können Sie selbstverständlich auch Samples oder Phrasen anderer Instrumente als Drums behandeln: Bläserriffs, Gitarrenlicks, Gesangslinien oder Basslinien. Auf Sampling-CDs finden Sie geeignetes Material, oft bereits nach Tonart und Tempo geordnet. Und wenn das hundertprozentig passende Sample nicht dabei ist, dann machen Sie die Phrase halt mit den oben beschriebenen Möglichkeiten des Timestretching oder Pitch-Shifting gefügig.

Keyboards

Die Aufnahme von Keyboards ist technisch meist keine Herausforderung. Schwierig ist es allenfalls, den richtigen Sound aus der Fülle von Programmen auszuwählen. Durch die Möglichkeit, Keyboard-Parts auf MIDI-Spuren aufzunehmen, kann man die Entscheidung hier aber auch bis ganz ans Ende einer Produktion verschieben.

Sie können viele Instrumente durch Keyboards imitieren, um die Vorteile der MIDI-Aufzeichnung zu nutzen. Sind Sie sich etwa nicht sicher, ob Ihr Timing beim Einspielen des Basses wirklich ›auf dem Punkt‹ war, so können Sie durch einfachen Druck auf den Quantisierungsbutton des Sequenzers alle Töne des Bassparts an den richtigen Platz rücken.

Es kann allerdings sinnvoll sein, Keyboards auf Audiospuren aufzuzeichnen, etwa wenn man Sounds mit Effekten des Harddisk-Recorders veredeln möchte. Wenn Sie die Keyboards erst vor dem Endmix des Songs auf eine freie Audiospur überspielen, können Sie bis zu diesem Punkt immer noch alle Keyboardparts völlig umkrempeln.

Kleine Mikrofonkunde

Wenn es an die Aufnahme ›echter‹ Musiker mit ›echten‹ Instrumenten geht, so kommt man bei aller modernen Technik auch heutzutage sehr oft um die Nutzung von Mikrofonen nicht herum. Nun ist Mikrofon keinesfalls Mikrofon. Von daher erscheint es mir sinnvoll, zunächst kurz auf die verschiedenen Mikrofontypen und ihre Eigenheiten einzugehen, bevor wir betrachten, wie man sie einsetzt.

Es gibt die unterschiedlichsten Konstruktionsprinzipien von Mikrofonen. Relevant für Studiozwecke sind dabei in erster Linie dynamische Mikrofone und Kondensatormikrofone.

Dynamische Mikrofone

Dynamische Mikrofone sind die klassischen Bühnenmikrofone – robust und relativ preiswert. In technischer Hinsicht basieren sie auf einer Umkehrung des Lautsprecherprinzips, wandeln also Schall in elektrische Spannung.

Dynamische Mikrofone werden bevorzugt zur Aufnahme sehr lauter Schallquellen eingesetzt, finden sich also oft vor Gitarrentürmen, an oder in Schlagzeugtrommeln, vor dem Schalltrichter von Blasinstrumenten oder in kürzestem Abstand vor den Mündern röhrender Schwermetaller.

Dynamische Mikrofone werden oft im unmittelbaren Nahbereich eingesetzt, also in nur wenigen Zentimetern Abstand zur Schallquelle. Dabei macht sich der so genannte Nahbesprechungseffekt bemerkbar: Je kürzer der Abstand der Schallquelle zur Mikrofonkapsel, desto bassreicher wird der Klang. Bei vielen Mikros lässt sich dieser Nahbesprechungseffekt durch einen zuschaltbaren Bass-Filter kompensieren.

Ein Tipp vor allem für Sänger: Hüten Sie sich vor der verbreiteten Unsitte, die Funktionsbereitschaft eines Mikros durch Hineinpusten in die Kapsel zu überprüfen. Zwar haben meine Mikrofone derartige Attacken bislang zum Glück überlebt, doch ist mir auch schon Gegenteiliges zu Ohren gekommen.

Durch die relativ träge Membran der dynamischen Mikrofone ist ihr Auflösungsvermögen speziell in den Höhen eingeschränkt. Kommt es auf detailreich aufgelöste, brillante Höhen an, bevorzugt man daher einen anderen Mikrofontyp, das Kondensatormikrofon.

Kondensatormikrofone

Technisch gesehen ist die Kapsel eines Kondensatormikrofons ein Platten-Kondensator, wodurch sich der Name erklärt. Dieser Kondensator muss aufgeladen werden, oder genauer gesagt: An die Membran muss eine Spannung angelegt werden. Üblicherweise sind dies 48 Volt.

Diese Spannung bezeichnet man auch als Phantomspeisung. Der Name kommt daher, dass kein wirklicher Strom fließt, sondern eine positive Gleichspannung auf beiden Signalleitern des Mikrofonkabels anliegt. Viele Mischpulte und Mikrofonvorverstärker sind in der Lage, eine Phantomspeisung zu liefern. Ansonsten muss man sich mit speziellen Versorgungsgeräten behelfen, die zwischen Mikrofon und Mischpult geschaltet werden.

Kondensatormikrofone liefern durch ihre dünne Membran ein detailreiches, natürliches Klangbild mit guter Auflösung über fast den gesamten hörbaren Frequenzbereich hinweg. Dadurch eignen sie sich für höhenreiche Instrumente wie Schlagzeugbecken, akustische Gitarren oder auch Gesang oft besser als ihre dynamischen Verwandten.

Das U87 von Neumann

Da Kondensatormikrofone nur ein sehr schwaches Signal erzeugen, muss dieses bereits im Mikrofon durch einen eingebauten Vorverstärker angehoben werden. Der Vorverstärker bezieht seine Speisespannung direkt aus der ja ohnehin anliegenden Phantomspeisung. Als besonders gut, weil ›warm‹ klingend gelten Mikrofone, bei denen dieser Vorverstärker mit einer Röhre arbeitet.

Bei Kondensatormikrofonen unterscheidet man – wie übrigens auch bei dynamischen Mikrofonen – zwischen Groß- und Kleinmembranmikrofonen: Je größer die Membran, desto besser ist normalerweise die Wiedergabe tiefer Frequenzen, genauso wie ein großer Lautsprecher Bässe in der Regel besser wiedergeben kann als ein kleiner.

Dementsprechend sind Großmembran-Kondensatormikrofone die Arbeitstiere im Studio, während Modelle mit kleinerer Membran meist nur für Schallquellen mit wenig Bassanteilen (Schlagzeugbecken, akustische Gitarren) vorgezogen werden.

Da viele Kondensatormikrofone sehr empfindlich gegen Erschütterungen sind, werden sie häufig nicht einfach mit einer Klemme am Mikrofonstativ befestigt, sondern schweben in einer Aufhängung aus Gummibändern, einer so genannten ›Spinne‹. Eine gute Spinne kostet zwei- bis dreihundert Mark, so dass gerade im kleinen Amateurstudio die Versuchung groß ist, eine Spinne selbst zu basteln. Ich möchte davon nicht grundsätzlich abraten, Sie aber bitten, auf eine stabile Konstruktion und festen Sitz am Mikrofonstativ zu achten, da Ihr Kondensatormikrofon sonst herunterfällt und so das vermeintlich eingesparte Geld im Nu dahin ist.

Apropos Geld: Durch den größeren technischen Aufwand und die engeren Fertigungstoleranzen sind Kondensatormikrofone normalerweise erheblich teurer als dynamische. In den letzten Jahren kamen aber von einigen Herstellern vermehrt recht preiswerte Kondensatormikrofone auf den Markt, so dass Sie teilweise schon für weniger als 200 Euro zum Besitzer eines Großmembran-Kondenssatormikrofons werden können. Für Profimikros wie das Neumann U87 oder das legendäre U47 sind dann aber immer noch einige Tausender fällig.

Erwähnen möchte ich an dieser Stelle noch die so genannten Elektret-Mikrofone, die recht preiswert in Hi-Fi-Abteilungen angeboten werden. Fälschlicherweise werden sie oft ebenfalls als Kondensatormikrofone bezeichnet. Bei diesem Mikrofontyp ist die Membran jedoch permanent geladen, wobei diese Ladung manchmal im Laufe der Jahre schwindet, was sich negativ auf den Klang auswirkt. Wer den Weihnachtsgesang seiner

Kinder in der Kirche aufnehmen will, ist mit diesem Mikrofontyp vielleicht besser beraten als mit einem durchschnittlichen dynamischen Mikrofon, für ernsthafte Studioanwendungen kann man die meisten Elektret-Mikrofone aber nicht guten Gewissens empfehlen.

Was ist Richtcharakteristik?

Die meisten Mikrofone reagieren am empfindlichsten auf Schallsignale, die von vorne oder von einer bestimmten Seite eintreffen. Diese so genannte Richtcharaktersitik lässt sich durch ein Kreisdiagramm beschreiben. Da Ihnen diese Diagramme im Zusammenhang mit Mikrofonen immer wieder begegnen werden, will ich sie hier kurz erläutern.

Stellen Sie sich vor, Sie befestigen ein Mikrofon an einem Stativ und sprechen dann direkt von vorne hinein, also im Null-Grad-Winkel zur Mikrofonachse. Nun gehen Sie sprechend in gleichbleibendem Abstand um das Mikrofon herum und messen dabei die Lautstärke des vom Mikrofon aufgenommenen Signals in Abhängigkeit zum Einsprechwinkel. Trägt man nun die erhaltenen Werte auf einer ringförmigen Skala ein, so erhält man ein Diagramm wie in der nachfolgenden Abbildung mit gängigen Richtcharakteristiken.

Ist das Mikrofon von allen Seiten gleich empfindlich, so spricht man von einer Kugelcharakteristik oder kurz Kugel. Bei der Nierencharakteristik ist das Mikrofon von hinten am wenigsten empfindlich, während dies bei der Super- und Hyperniere für schräg von hinten einfallende Signale gilt. Von einer Acht spricht man, wenn das Mikrofon auf zwei gegenüberliegenden Seiten gleich empfindlich reagiert.

Da die Richtcharakteristik normalerweise frequenzabhängig ist, werden manchmal auch verschiedene Kurven für unterschiedliche Frequenzen in einem Diagramm dargestellt. Allgemein ist die Empfindlichkeit für hohe Frequenzen von vorne am größten, während tiefere Frequenzen mit zunehmend kugelförmiger Charakteristik aufgefangen werden.

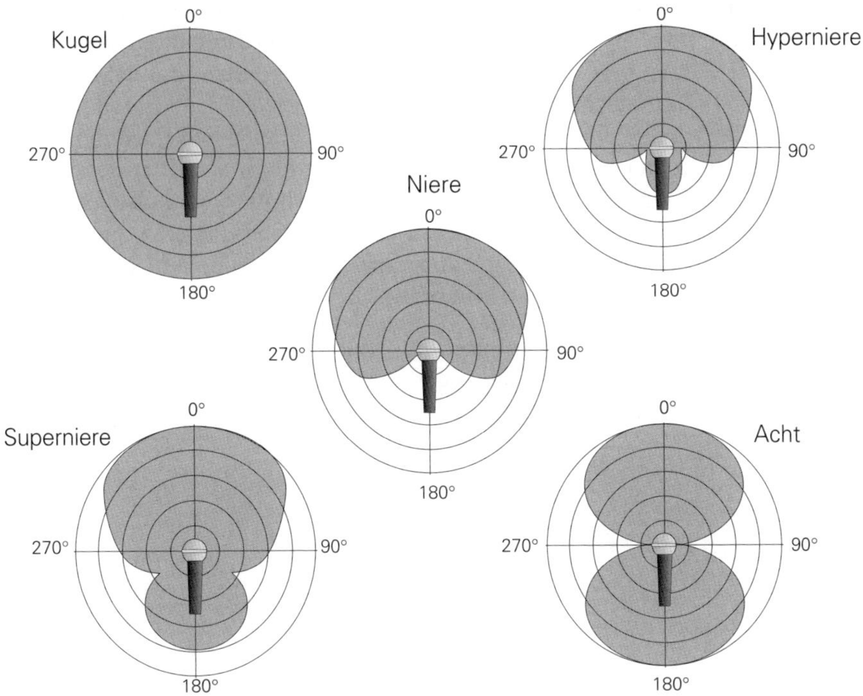

Die gängigen Richtcharakteristiken im Überblick.

Besonders bei Liveaufnahmen ist eine gute Trennung der einzelnen Schallquellen wichtig. Zudem darf Schall aus den Monitorboxen nicht mit aufgenommen werden, da es sonst zu Rückkopplungen kommt. Daher werden hier vorwiegend Nieren- und Hypernierenmikrofone eingesetzt.

Anders im Studio: Da man häufig Instrumente einzeln aufnimmt und Kopfhörer für das Monitoring verwendet, können hier alle Typen eingesetzt werden.

CD-Track 8 – Diese Gesangsphrase wurde im Abstand von 70 cm erst mit Nieren- und dann (b, 0:12) mit Kugelcharakteristik aufgenommen. Die Raumanteile treten im zweiten Fall deutlich stärker hervor.

Vielleicht denken Sie nun, die Richtcharakteristik eines Mikrofons sei doch unerheblich, da Sie eh meist ein Mikrofon frontal auf die Schallquelle richten, und da schließlich alle Typen optimal empfindlich seien. Vorsicht: Das ist nicht ganz richtig. Auch wenn Sie das Mikrofon direkt auf die Schallquelle richten, so entstehen Unterschiede dadurch, dass auch Schall, der nicht unmittelbar von vorne kommt, mit aufgezeichnet wird, beispielsweise der Raumklang. Ein Kugelmikro wird also logischerweise mehr Raumklang aufnehmen als eine Hyperniere. Sie sehen also: Die Richtcharakteristik ist eine durchaus entscheidende und somit beachtenswerte Eigenschaft eines Mikrofons.

Bei aufwendigeren Kondensatormikrofonen lässt sich übrigens die Richtcharakteristik oft umschalten oder durch Aufstecken unterschiedlicher Kapseln verändern.

Mikrofon	*Typ*[1]	*Richtcharakteristik*	*max. Schalldruck*	*Preis ca. (Euro)*
AKG C414	GM	Niere, Hyperniere, Kugel, Acht	140 dB	900[2]
AKG C3000B	GM	Niere,	140 dB	300[2]
AKG C4000B	GM	Niere, Hyperniere, Kugel	145 dB	500[2]
Audiotechnica AT 3035	GM	Niere	148 dB	200[2]
Audiotechnica AT 4033a	GM	Niere	140 dB	450[2]
Audiotechnica AT 4050	GM	Kugel, Niere, Acht	149 dB	700[2]
Behringer B1	GM	Niere	137 dB	120[2]
B.P.M CR-95	GM	Kugel, Niere, Acht	148 dB	650[2]
Neumann TLM 103	GM	Niere	138 dB	1000
Neumann TLM 193	GM	Niere	140 dB	900
Neumann U87	GM	Kugel, Niere, Acht	117 dB	2600
Rode NT-1a	GM	Niere	137 dB	200
AKG C1000 S	KM	Niere, Hyperniere	137 dB	250
Behringer B5	KM	Niere, Kugel	150 dB	110
Audiotechnica ATM 31a	KM	Niere	137 dB	180
Neumann KM 184	KM	Niere	138 dB	800

1 GM: Großmembranmikrofon, KM: Kleinmembranmikrofon
2 mit Spinne

Übersicht gängiger Studio-Kondensatormikrofone.

Aufnahme akustischer Instrumente

Wie versprochen, nun Tipps und Anleitungen zur Abnahme der gängigsten akustischen Instrumente, zu denen auch E-Gitarren und E-Bässe zählen. Häufig gibt es hier unterschiedliche Möglichkeiten, die sich gleichermaßen bewährt haben. Da stets der eigene Geschmack darüber entscheiden sollte, wie etwas klingen soll, werden Sie im ein oder anderen Fall nicht darum herumkommen, die Alternativen einmal selbst auszuprobieren.

Das Schlagzeug

Da haben wir gleich den anspruchsvollsten Kameraden erwischt. Während in den 50er-Jahren ein ganzes Schlagzeug oft mit einem einzigen Mikrofon aufgenommen wurde, sollten Sie für moderne Pop- oder Rockproduktionen jedem oder doch zumindest fast jedem Einzelinstrument eines Drumsets ein eigenes Mikro spendieren. Die Aufnahme eines kompletten Schlagzeugs erfordert also viel Equipment, namentlich eine Reihe von Mikros, Stativen und Kabeln sowie eventuell auch noch eine Batterie an Gates zur Trennung der einzelnen Mikrofonsignale (mehr dazu im Effekt-Kapitel ab Seite 189).

Die Bass-Drum

Die meisten Schlagzeuger arbeiten mit einer offenen Bassdrum, haben also in das Resonanzfell ein mehr oder weniger großes Loch geschnitten bzw. das Resonanzfell ganz entfernt. Das erleichtert unsere Mikrofonierungsarbeit erheblich, denn zumindest bei Rock- und Popmusik ist eine Abnahme im Inneren Standard. Das Mikrofon wird dabei nahe am Schlegel platziert. Das sorgt für einen knackigen Punch, zudem schirmt die Trommel das Mikro von anderen Schallquellen ab.

Im Inneren einer Bassdrum geht es ausgesprochen laut zu, so dass man – wir erinnern uns der ›Kleinen Mikrofonkunde‹ weiter oben – bei der Abnahme zu einem dynamischen Mikrofon greifen sollte. Weiterhin hat eine Bassdrum – wen überrascht es – einen gehörigen Bassanteil. Da eine große Membran sich wie oben gesehen besser für tiefe Frequenzen eignet als eine kleine, wählen wir also ein dynamisches Großmenbranmikrofon. Die Klassiker sind hier das AKG D12 oder sein Nachfolger D112, beliebt sind auch Electro Voice RE 20 oder RE 27. Für einen etwas schlankeren Sound ist das Sennheiser MD 421 zu empfehlen.

Die Position des Mikros ist sehr wichtig. Der Sound wird von der Mitte des Schlagfells zu den Rändern hin dünner, aber auch kompakter. Ein guter Kompromiß ist eine Mikrofonposition ca. 10 bis 12 cm vom Rand des Fells entfernt. Da Bassdrums sehr unterschiedlich klingen, werden Sie hier auf jeden Fall ein wenig experimentieren müssen. Bitten Sie einfach jemanden, die Mikroposition bei gespielter Bassdrum zu verändern, während Sie das Signal abhören, am besten in einem isolierten Nachbarraum oder mit geschlossenem Kopfhörer.

CD-Track 9 – Die Bassdrum wurde mit einem AKG D112 mit unterschiedlichen Mikrofonpositionen abgenommen, wobei sie jeweils vier Schläge aus derselben Position hören: (a) in der Mitte der Trommel im Abstand von 5 cm zum Schlagfell, (b, 0:06) in der Mitte der Trommel auf Höhe des Resonanzfells und (c, 0:12) außerhalb der Trommel, etwa 40 cm vor der Öffnung des Resonanzfells. Danach (d, 0: 18) hören Sie die Bassdrum mit mehr Dämpfung durch eine weitere Wolldecke im Abstand von 5 cm zum Schlagfell und danach (e, 0:26) wieder auf Höhe des Resonanzfells abgenommen. Zum Schluss (f, 0:32) wurde bei unveränderter letzter Mikrofonposition das Dämmmaterial herausgenommen.

Mangels geeigneten niedrigen Mikrofonstativs wird das Mikro auch schon einmal gerne auf Kissen, Decken oder anderes Dämm-Material im Inneren der Bassdrum gelegt. Für ernsthafte Aufnahmen sollten Sie dies unbedingt vermeiden.

Die Alternative zur Mikrofonierung im Inneren der Trommel ist eine Position außen vor dem Resonanzfell oder auf der Seite des Schlagfells. Probieren Sie das ruhig auch einmal aus, vielleicht gefällt Ihnen der Sound ja.

Die Snare

Das Standard-Mikro zur Abnahme der Snare-Drum ist das preiswerte Shure SM57, ein dynamisches Allzweckmikro, das auch von Profis gern und viel benutzt wird.

Das Mikro sollte von oben auf die Snare gerichtet werden, in einigen Zentimetern Abstand zum Rand des Schlagfells und eventuell etwas zur Fellmitte gerichtet. Möchten Sie mehr Anteile des Snare-Teppichs einfangen, so leistet ein weiteres Mikro von unten gute Dienste. Da der Snare-Teppich recht höhenreich klingt, ist hier ein Kondensatormikrofon eine gute Wahl. Eventuell sollten Sie das unten platzierte Mikrofon am Mischpult in der Phase drehen, damit es keinesfalls zu Phasenauslöschungen im Zusammenspiel mit dem oberen Mikro kommen kann.

Beachten Sie, dass das Snare-Mikro von der Hi-Hat abgewendet ist, damit so wenig Hi-Hat-Anteil wie möglich auf die Snare-Spur gelangt und beide Signale sich später im Mix gut kontrollieren lassen.

Weiterhin sollte das Snare-Mikro nicht auf einer Ebene mit dem Hi-Hat-Rand liegen, da aus der Hi-Hat beim Schließen ein starker seitlicher Luftstrom austreten kann, der dann Geräusche im Snare-Mikro erzeugt.

Verwenden Sie zur besseren Trennung der Signale Mikrofone mit Nieren- oder Hypernieren-Charakteristik.

CD-Track 10 – Die Snare wurde mit zwei Shure SM57 abgenommen, wobei eins etwa 4 cm über der Snare positioniert wurde und das andere nach oben gerichtet unterhalb der Snare, um den Klang des Snare-Teppichs und Resonanzfells abzunehmen. Zunächst hören Sie jeweils vier Schläge lang nur das obere Mikrofon (a), danach (b, 0:08) nur das untere, wobei sich das Mikrofon aber nicht direkt über den Spiralen des Teppichs befindet. Anschließend (c, 0:16) hören Sie beide Mikrofone zusammen. Da beide Mikrofone gegensinnig ausgerichtet sind, sollte man eins in der Phase am Mischpult invertieren. Im Anschluss (e, 0:23) hören Sie wie zuvor wieder beide Mikrofone, aber das untere wurde invertiert.
Die Phaseninvertierung ändert den Klang des einzelnen Mikrofons nicht, wie bei den ersten beiden kurz aufeinander folgenden Schlägen des nächsten Beispiels (f, 0:31) deutlich wird. Danach hören Sie zum besseren Vergleich beide Mikrofone über eine Länge von acht Schlägen jeweils abwechselnd ohne und mit Invertierung, wobei im letzteren Fall der Klang knackiger und trockener ist. Sie sollten dieses Beispiel eventuell auf unterschiedlichen Anlagen abhören, da dabei der Effekt unterschiedlich stark hervortreten kann.
Danach (g, 0:42) geht es um verschiedene Lautstärkeverhältnisse beider Mikrofone. Während der ersten vier Schläge wird zunehmend das untere eingeblendet, bei den folgenden vier Schlägen wird das obere zunehmend ausgeblendet.
Nimmt man den Snare-Teppich direkt über den Spiralen ab (h, 0:56), so wird der Klang schärfer. Auch für diese Position hören Sie im Anschluss (i, 1:04) wieder beide Mikrofone mit verschiedenen Lautstärkeverhältnissen, analog zu Beispiel g.

Die Toms

Da Toms weder extreme Bässe noch filigrane Höhen produzieren, können Sie hier auf preiswerte, ›übrig gebliebene‹ Mikros ausweichen.

Bei Toms ohne Resonanzfell kann das Mikro im Inneren des Toms, auf das Schlagfell zeigend positioniert werden. Die akustische Trennung ist hierbei gut, allerdings können störende Resonanzen auftreten. Eine Alternative ist, das Mikrofons in kurzem Abstand von oben auf das Tom zu richten, wobei es auf den Rand des Schlagfells zeigen sollte.

Spendieren Sie jedem Tom ein eigenes Mikro, damit Sie die Toms individuell im Klang und in der Stereoposition einstellen können. Und vergessen Sie bitte bei der Positionierung der Tom-Mikrofone nicht, dass der Schlagzeuger auf dem Set auch noch spielen muss.

Sie können Tiefbässe und oberste Höhen gleich bei der Aufnahme am Mischpult absenken, um Einstreuungen von der Bassdrum oder den Becken in die Tom-Mikros entgegenzuwirken.

Die Hi-Hat

Zur Abnahme der Hi-Hat ist ein Kleinmembran-Kondensatormikrofon die richtige Wahl, das schräg von oben auf den Rand der Hi-Hat-Becken zeigen sollte. Hi-Hats erzeugen zwar einen verblüffend hohen Anteil tiefer Frequenzen, allerdings kommt es uns auf diese nicht an. Demzufolge können Sie auch getrost gleich bei der Aufnahme die Bässe am Mischpult herausdrehen oder einen eventuell am Mikrofon vorhandenen Bassfilter einschalten. Beide Maßnahmen helfen im Nebeneffekt dabei, unerwünschte Einstreuungen der Bassdrum auszufiltern.

Die Becken

Becken können ebenfalls einzeln abgenommen werden. Allerdings bewegen sich Crashbecken je nach Schlagstärke ganz gehörig, wodurch sich der Abstand zum Mikrofon ständig ändert. Neben Lautstärkeschwankungen produziert dies unter Umständen auch noch unerwünschte Flanging-Effekte. Abhilfe schafft eine Mikroposition in der Nähe der Beckenkuppel (allerdings ist dort der Klang anders) oder ein generell größerer Mikrofonabstand. In letzterem Fall ist allerdings die Trennung der einzelnen Becken deutlich reduziert.

Ein anderer, sehr verbreiteter Ansatz ist die Beckenabnahme über nur zwei Mikrofone (›Overheads‹), die den Klang aller Becken von oben erfassen. In der Praxis hat sich diese Methode durchgesetzt, da man hier auch leicht eine für alle Becken gleichermaßen gut klingende Equalizereinstellung findet. Dass bei dieser Methode auch ein Anteil der Hi-Hat erfasst wird, stört normalerweise nicht, sondern sorgt im Gegenteil für einen räumlicheren Klangeindruck.

Als Mikrofontypen sind bei der Beckenabnahme Kleinmembran-Kondensatormikrofone erste Wahl. Sie sollten die Mikrofone entweder links und rechts in nicht zu geringer Höhe über dem Schlagzeug positionieren oder V-förmig in der Mitte über dem Schlagzeug. Die Kapseln sollten dabei in einem Winkel von ca. 90° stehen, wobei das rechte Mikro auf den linken Teil des Schlagzeugs zielt und umgekehrt (so genannte X/Y-Mikrofonierung). In beiden Fällen sollten Mikros mit nierenförmiger Richtcharakteristik benutzt werden.

CD-Track 11 – Sie hören jeweils abwechselnd eine X/Y-Mikrofonierung und danach als Alternative die Anordnung rechts und links über dem Drum-Set. Zunächst (a) werden die Becken gespielt, danach (b, 0:13) die Toms und zum Schluss (c, 0:23) das ganze Set. Die Stereoverteilung ist bei der Abnahme rechts und links über dem Set breiter gefächert.

Tipps zur Aufnahme des Schlagzeugs

Falls Sie nicht über genügend Spuren verfügen, um alle Instrumente des Schlagzeugs einzeln aufzunehmen, müssen Sie bereits während der Aufnahme mehrere zusammenfassen. Erfahrungsgemäß sollte man aber in jedem Falle Snare und Bassdrum auf getrennte Spuren aufzeichnen. Die Toms dagegen kann man sehr gut auf zwei Spuren zusammenfassen, wobei Sie sie entsprechend ihrer Reihenfolge über das Stereobild verteilen sollten.

Selbst mit großem Geschick bei der Aufstellung und Ausrichtung der einzelnen Mikrofone gelingt eine völlige akustische Trennung aller Einzelinstrumente praktisch nie. Hören Sie sich beispielsweise einmal die Snare-Spur solo an, und Sie werden staunen, was Sie außer der Snare dort sonst noch alles hören.

CD-Track 37 – Durch das Snare-Mikrofon sind deutlich auch andere Teile des Schlagzeugs zu hören. Mit einem Gate (b, 0:08) wurden diese entfernt.

Will man aber beim Mix mit Hilfe von Equalizern und Kompressoren die extrem fetten Snare- und Tom-Sounds herauskitzeln, wie man sie von vielen Pop-Produktionen kennt, ist eine strikte Trennung unerlässlich. Die Werkzeuge, mit denen man dies bewerkstelligen kann, heißen Gates. Gates sind – vereinfacht gesagt – Geräte, die ein Signal komplett abschalten, sobald dessen Lautstärke unterhalb einer einstellbaren Grenze liegt. Die Grenzlautstärke jedes einzelnen Gates muss so eingestellt werden, dass auch leise Töne der entsprechenden Trommel durchgelassen werden, während Sounds anderer Trommeln das Gate nicht öffnen.

E-Gitarre

Zur Abnahme der E-Gitarre kann man nach alter Väter Sitte ein oder mehrere Mikrofone vor den Verstärker setzen. Durch moderne Vorverstärker, Speaker-Simulatoren und andere Geräte gewinnt aber zunehmend eine Aufnahmemöglichkeit an Bedeutung, die ohne Mikrofone auskommt, nämlich die Aufnahme direkt ins Pult.

Aufnahme direkt ins Pult

Die einfachste Möglichkeit ist, die Gitarre direkt in einen Mischpultkanal zu stöpseln. Das Ergebnis wird allerdings – selbst wenn es um unverzerrte Gitarrensounds geht – nicht unbedingt überzeugen. Der Grund: Ein normaler Gitarrentonabnehmer reagiert sehr empfindlich auf elektrische Widerstände, und im Vergleich zu Gitarrenverstärkern ist der Eingangswiderstand von Mischpulten gut und gerne um Faktor 10 niedriger. In der Konsequenz gehen deutlich Höhen verloren. Da klare Gitarren-Sounds aber meist nach Höhen verlangen, müssten diese nun auf Kosten von Rauschen anschließend mit dem Equalizer des Pults extrem angehoben werden.

Fazit: Mit E-Gitarren, die nicht mit so genannten aktiven Tonabnehmern oder Vorverstärkern ausgerüstet sind, sollte man nicht direkt ins Mischpult gehen. Vielmehr sollte man eine so genannte DI-Box zwischen Gitarre und Mischpult schalten oder – noch einfacher – ein stinknormales Gitarreneffektgerät. Fast alle Gitarreneffektgeräte wandeln nämlich das

Signal in ein niederohmiges Signal um, dem der Eingangswiderstand des Pultes nichts mehr ausmacht, und die meisten Effektgeräte tun dies selbst dann, wenn der Effekt gar nicht eingeschaltet ist. Probieren Sie es einfach mal aus.

Unter Umständen sollten Sie den Klang bereits bei der Aufnahme grob mit dem Equalizer des Pults vorregeln. Steuern Sie vorsichtig aus, da Gitarren je nach Spielweise eine sehr hohe Dynamikspanne aufweisen können.

Direct-Out des Gitarrenverstärkers

Viele Gitarrenverstärker haben einen speziellen Ausgang (Direct Out), der direkt an das Mischpult angeschlossen werden kann. Das zuvor beschriebene Phänomen des Höhenverlustes tritt hierbei nicht auf. Zusätzlich können Sie die Klangregelung des Verstärkers und – sofern vorhanden – auch dessen eingebaute Effekte nutzen.

Außerdem können Sie den Verstärker übersteuern, wenn ein verzerrter Sound gefragt ist. Sie werden allerdings feststellen, dass der Sound dabei völlig anders ist als bei Wiedergabe über Ihre gewohnten Lautsprecher. Dies liegt zum einen daran, dass ein Gitarrenlautsprecher nur sehr beschränkt Höhen übertragen kann (meist nur bis ca. 5 bis 7 kHz) und auch ansonsten nicht gerade auf neutrale Klangwiedergabe optimiert ist. Zum anderen leistet auch die Endstufe des Verstärkers im Normalbetrieb ihren Beitrag zum Sound. Ein Direct-Out-Signal aber wird vor der Endstufe abgegriffen.

Sie können versuchen, zumindest den Klang des Lautsprechers mit dem Equalizer nachzubilden. Einen Anhaltspunkt dazu gibt Ihnen die folgende Abbildung, die den Frequenzgang eines typischen Gitarrenlautsprechers zeigt.

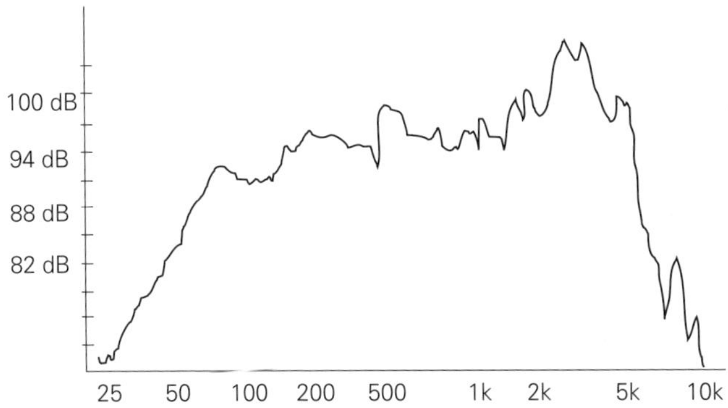

Ein Gitarrenlautsprecher hat einen alles andere als linearen Frequenzgang. Bei direkt eingespielten Gitarren kann man die Eigenarten des Lautsprechers mit dem Equalizer nachahmen.

Spezielle Recording-Gitarrenvorverstärker

Eine andere Möglichkeit ist die Verwendung einer so genannten Speaker-Emulation. Diese ahmt den Einfluss des Lautsprechers nach und ist bei einigen speziellen Recording-Vorverstärkern für Gitarre bereits integriert. Damit erzielen Sie ohne großen Aufwand einen Klang, der einer guten Mikrofonabnahme oft schon erheblich nahe kommt.

In jüngerer Zeit sind zudem vermehrt Geräte auf den Markt gekommen, die die Sounds von gleich etlichen Verstärker-Klassikern rechnerisch simulieren. Urahn dieser digitalen Verstärker-Emulationen ist das POD von Line6, welches neben einer stattlichen Anzahl bekannter Vintage-Gitarrenverstärker auch verschiedene Boxen und verschiedene Arten der Mikrofonabnahme imitiert. Mittlerweile gibt es eine große Anzahl solcher Geräte, die entweder als Recording-Lösung (z. B. POD, V-Amp von Behringer, GS-10 von Boss) oder auch als Gitarren-Kofferverstärker samt Endstufe und Lautsprecher angeboten werden.

Der Sound ist überzeugend, die Bedienung kinderleicht. Und wer hat schon eine Sammlung von Dutzenden Vintage-Röhrenamps? Mein Tipp: Unbedingt ausprobieren!

Der POD von Line6.

Software-Verstärkeremulationen

Der jüngste Trend nach digitalen Verstärkeremulationen wie dem POD sind Software-Module, die sich wie ein Effekt als Plug-In in den Sequenzer einschleifen lassen und den Sound echter Verstärkern samt Boxen und Mikrofonabnahme rechnerisch nachbilden. Die Gitarre wird dabei am einfachsten direkt an einen Eingang der Audiokarte des Computers angeschlossen.

Eine solche Lösung ist das Guitar Rig von Native Instruments. Neben einigen der beliebtesten Verstärkern der Rock-Geschichte werden unzählige Vintage-Effekte, Gitarren-Boxen und selbst verschiedene Mikrofon-Typen und deren Aufstellungswinkel emuliert. Der Sound ist wirklich überzeugend und die Anwendung mehr als einfach. Sehr empfehlenswert!

Guitar Rig von Native Instruments.

CD-Track 12 – Eine unverzerrte Gitarre wurde mit verschiedenen Methoden eingespielt:
a) direkt in das Mischpult (wenig Höhen)
b) durch ein zusätzlich vorgeschaltetes, deaktiviertes Boden-Effektgerät (0:15, die Höhen sind klarer)
c) wie zuvor, aber mit einem anderen Kabel (9 m statt 3 m, 0:30)
d) mit einem Tubeman von Hughes & Kettner (0:45)
e) mit einem POD von Line6 (1:00)
f) mit einem aus der Nähe mikrofonierten Gitarrenverstärker (1:14)
g) derselbe Gitarrenverstärker, diesmal über den Direktausgang (1:29, gleiche Verstärker-Einstellungen wie zuvor!)
Anschließend hören Sie die Varianten Effektgerät (1:44), Tubeman (2:05), Pod (2:25), Mikrofonabnahme (2:45) und Direktabnahme (3:06) im kompletten Mix, wobei dezent die Effekte Kompressor, Delay und Hall eingesetzt wurden. Außerdem wurden grobe Klanganpassungen mit dem Equalizer vorgenommen, etwa eine Höhenanhebung im ersten Fall und eine Absenkung im letzten.

CD-Track 13 – Hier wurde zunächst für beide Gitarren ein POD benutzt, danach (0:36) ein Tubeman von Hughes & Kettner, der mit einer echten Röhre arbeitet. Während das POD versucht, auch die Mikrofonabnahme und den Klang des Gitarrenlautsprechers zu simulieren, klingt die echte Röhre rotziger. Letztlich entscheidet der persönliche Geschmack.

Mikrofonabnahme

Trotz aller Vorzüge der direkten Methoden (keine Lärmbelästigung, einfach reproduzierbarer Sound) ist der Sound eines laut gespielten Röhrenverstärkers vielfach immer noch nicht zu übertreffen. Im Folgenden daher einige Tipps zur fachmännischen Mikrofonabnahme von Gitarrenverstärkern.

Bei der klassischen Methode, dem so genannten ›Close-up Miking‹ wird das Signal des Lautsprechers aus nächster Nähe mit einem Mikrofon abgenommen. Aus nächster Nähe bedeutet konkret: Von unmittelbarem Kontakt mit dem Lautsprecherbespannstoff bis ca. 20 cm.

Sehr häufig setzt man zu diesem Zweck dynamische Mikrofone wie etwa das Shure SM 57 ein. Bei nicht oder nur leicht verzerrten Gitarren greift der Toningenieur aber auch gern zum Großmembran-Kondensatormikrofon. Beachten Sie bei der Mikrofonwahl unbedingt, dass das Mikrofon den hohen Schalldruck vor dem Gitarrenlautsprecher ohne Verzerrungen verarbeitet.

Von besonderer Bedeutung ist die Position des Mikros in Bezug auf den Gitarrenlautsprecher. Ob das Mikro nämlich direkt in die Mitte des Lautsprechers oder mehr auf den Rand gerichtet ist, hat großen Einfluss auf den Sound. Ursache dafür ist das so genannte Beaming des Gitarrenlautsprechers. Beaming hat in diesem Zusammenhang nichts mit der praktischen Fortbewegungsart zwischen Raumschiffen und Planetenoberflächen zu tun, sondern bezeichnet eine Eigenschaft fast aller Gitarrenlautsprecher: Höhen werden von der Mitte des Lautsprechers in einem engen Kegel nach vorne abgestrahlt, Bässe dagegen gleichmäßig nach allen Seiten. Demzufolge ändert sich der Klang je nach Position des Mikrofons in Bezug auf die Lautsprechermitte erheblich.

Während cleane, unverzerrte Gitarrensounds eine ordentliche Portion Höhen vertragen – das Mikro kann also im Extremfall direkt vor der Lautsprechermitte positioniert werden –, wirken zu viele Höhen bei verzerrten Sounds eher ›kratzig‹, so dass Sie hier eine Position mehr zum Rand des Lautsprechers hin vorziehen sollten.

Bewegen Sie bei der Suche nach dem passenden Sound das Mikro einfach zwischen Mitte und Rand des Lautsprechers hin und her, bis Sie zufrieden sind. Kontrollieren Sie den Klang dabei ständig mit einem gut isolierenden geschlossenen Kopfhörer oder vom Nachbarraum aus. So hören Sie unmittelbar die Klangveränderungen.

CD-Track 14 – Der Verstärker wurde im Abstand von etwa 10 cm mit einem Mikrofon (Shure SM57) abgenommen, welches während der Aufnahme vom Rand des Lautsprechers über dessen Mitte hinweg bis zum anderen Rand bewegt wurde. Direkt in der Mitte ist der Klang wesentlich heller und zudem lauter.

Die Nahabnahme des Verstärkers liefert einen sehr direkten Sound mit viel ›Punch‹. Um mehr Räumlichkeit einzufangen, platzieren viele Toningenieure ein zusätzliches Mikrofon in etwas größerem Abstand (ein bis mehrere Meter). In den meisten Fällen wird man das Mikrofon vor dem Lautsprecher lauter einstellen als das Raummikro. Dadurch werden auch Phasenauslöschungen unterdrückt, die bei der Verwendung mehrerer Mikrofone in unterschiedlichem Abstand auftreten können. Phasenauslöschungen führen zu einem dünneren, leicht hohlen Sound, der in manchen Fällen sogar erwünscht ist, aber eben nicht immer. Wenn Sie das Signal beider Mikrofone in Stereo aufnehmen, sollten Sie den Klang zwischendurch unbedingt auch in Mono abhören, da Phasenauslöschungen dann stärker hervortreten und so gegebenfalls besser ausgeschaltet werden können.

CD-Track 15 – Der Verstärker wurde mit zwei Mikrofonen abgenommen, ein Shure SM57 in unmittelbarer Nähe des Lautsprechers und ein Audio-Technica AT4050 im Abstand von etwa 2 m, wobei dieses Mikrofon etwa ein Meter höher als der Verstärker stand. Sie hören erst das SM57 allein, dann (b, 0:13) das AT4050 und schließlich (c, 0:26) beide zusammen.

Interessante Klänge ergeben sich auch durch Verwendung mehrerer Verstärker. Wenn Sie die Signale der verschiedenen Verstärker auf unterschiedliche Spuren aufzeichnen, können Sie den Sound beim Mix durch Veränderung der Lautstärke dieser Spuren sehr nuanciert kontrollieren.

Insidertipp: Unterschiedliche Verstärker geben den Sound unter Umständen mit unterschiedlicher Phasenlage wieder. Das heißt: Wenn der Lautsprecher des einen Verstärkers nach vorne schwingt, schwingt der des anderen nach hinten. Jede einzelne Verstärkerstufe (Röhre, Transistor) dreht nämlich das Signal um 180° in der Phase, so dass die Phasenlage, mit der der Lautsprecher schwingt, davon abhängt, ob der Verstärker eine gerade oder ungerade Anzahl von Verstärkungsstufen hat. Sie erkennen das Phänomen gehörmäßig daran, dass zwei Verstärker gemeinsam einen Sound mit weniger Bässen erzeugen als beide jeweils allein. Hier eröffnet sich ein weites Feld für Experimente.

Akustik-Gitarre

Auch akustische Gitarren – egal ob mit Nylon- oder Stahlsaiten – können mit speziellen Tonabnehmern abgenommen werden, wobei die bei der Direktabnahme von E-Gitarren erwähnten Aspekte größtenteils auch hier zutreffen. Will man den Klang einer Akustik-Gitarre aber möglichst originalgetreu einfangen, so kommt man um eine Mikrofonabnahme nicht herum.

Bei der Mikrofonaufstellung kommt es wieder auf jeden Zentimeter an. Der Klang ist nämlich vor dem Schallloch am bassreichsten und in der Nähe des Steges eher höhenbetont, während über dem Hals Griffgeräusche dominieren.

In der Praxis hat sich der Einsatz von zwei Kondensatormikrofonen bewährt. Aber auch dynamische Mikrofone mit guter Höhenübertragung können hier eingesetzt werden. Sie liefern einen etwas mittigeren Sound mit weniger Brillanz, der in manchen Situationen gut passen kann.

Bei geschlagenen Rhythmusgitarren sollten Sie die Mikrofone nicht direkt auf das Schallloch richten, da sonst ein zu hoher Bassanteil aufgenommen wird. Gute Ergebnisse erzielen Sie mit einem Mikrofon über dem Steg und einem weiteren über dem Hals, das aber auf den Resonanzkörper gerichtet sein sollte. Können Sie nur ein einzelnes Mikrofon einsetzen, empfiehlt sich eine Position zwischen Steg und Schallloch. Für einen höheren Bassanteil positionieren Sie das Mikrofon mehr zum Schallloch, für mehr Brillanz mehr zum Steg. Die Alternative ist eine Position über der Übergangsstelle von Korpus und Hals. Der Klang ist voller und weicher. In beiden Fällen wird das Mikrofon in ca. 50 cm Entfernung positioniert und sollte leicht in Richtung Schalloch zeigen.

Der Gitarrist sollte während der Aufnahme starke Bewegungen der Gitarre vermeiden, da durch einen sich verändernden Mikrofonabstand Flanging-Effekte erzeugt werden können. Dieses Risiko wird durch einen größeren Mikrofonabstand reduziert, allerdings wird die Aufnahme dadurch natürlich anfälliger für störende Nebengeräusche wie quietschende Stühle, aus dem Kopfhörer austretende Signale, stampfende Füße oder Atemgeräusche des Gitarristen.

CD-Track 16 – In diesem Beispiel wurde die Gitarre mit nur einem Mikrofon abgenommen. Sie hören zunächst (a) ein Kondensatormikrofon (Audio Technica AT4050) etwa 30 cm vor dem Schallloch, danach (b, 0:14) ein Shure SM57 an derselben Position. Der Klang ist härter, aber auch etwas präsenter. In den folgenden Durchgängen wurden beide Mikrofone gleichzeitig an jeder Position verwendet und unterschiedlichen Stereokanälen zugeführt. So können Sie für jede Mikrofonposition beide Mikrofontypen vergleichen, indem Sie den Panoramaregler Ihrer Abhöranlage entsprechend umstellen. Das AT4050 ist jeweils links, das SM57 rechts. Sie hören:
(c, 0:28) eine Anordnung etwa 30 cm vor dem Steg
(d, 0:43) eine Anordnung etwa 30 cm vor der Mitte des Griffbretts
(e, 0:57) eine Anordnung etwa 50 cm vor der Mitte des Griffbretts
(f, 1:12) eine Anordnung etwa 1 m vor der Mitte des Griffbretts

CD-Track 17 – Diese Gitarre wurde mit zwei Mikrofonen abgenommen. Sie hören zunächst beide Mikrofone einzeln, wobei im ersten Durchgang (a) ein Großmembran-Kondensatormikrofon im Abstand von etwa 40 cm über dem Steg verwendet wurde. Im Anschluss (b, 0:15) hören Sie ein Kleinmembran-Kondensatormikrofon, welches die Höhen betont und im Abstand von 40 cm vor der Mitte des Griffbretts positioniert wurde. Im dritten Durchgang (c, 0:30) wurden beide Mikrofone zusammengemischt, was zu einem ausgeglichenen Klang führt. Zum Schluss (d, 0:45) wurden beide Mikrofone im Stereopanorama nach außen gelegt, was zu einem sehr schönen Stereobild führt.

E-Bass

Ein E-Bass wird normalerweise direkt abgenommen. Bässe mit so genannter aktiver Elektronik können dabei direkt ans Pult angeschlossen werden, ansonsten müssen Sie wie bei der E-Gitarre eine DI-Box oder ein Effektgerät zwischenschalten.

Eine Alternative ist die Abnahme vom Direktausgang des Bassverstärkers. In diesem Falle können Sie auch die Klangregelung des Verstärkers nutzen.

Ist ein räumlicher Klangeindruck gefragt, bietet sich eine Mikrofonabnahme des Signals der Bassbox an. Die Mikrofonposition zum Lautsprecher hat dabei insgesamt weniger Einfluss als bei der Gitarrenabnahme, dennoch sollten Sie auch hier ein wenig experimentieren, bis das Ergebnis Sie zufrieden stellt.

Bewährt haben sich die dynamischen Mikrofone AKG D12 und 112 oder – für einen etwas mittigeren Sound – das Sennheiser MD 421. Alternativ kann auch ein Großmembran-Kondensatormikrofon eingesetzt werden.

Eine Stereoaufnahme ist beim Bass wenig sinnvoll, da das menschliche Ohr die räumliche Herkunft tiefer Frequenzen schlecht bis gar nicht orten kann. Daher wird der Bass fast immer mono aufgenommen und in die Mitte des Stereobildes platziert.

Wichtig ist, dass die einzelnen Töne des Basses möglichst gleich laut sind, was jedoch allein schon durch Resonanzfrequenzen des Basskorpusses meist nicht der Fall ist. Achten Sie also darauf, dass wenigstens die einzelnen Saiten einigermaßen gleich laut sind. Sind generell die tiefen Saiten lauter als die hohen oder umgekehrt, so können Sie normalerweise die Höhe des Tonabnehmers an beiden Enden entsprechend justieren.

Ein probates Werkzeug zur Erzielung gleichmäßiger Lautstärke ist ein Kompressor, der den Klang zudem dichter und satter macht. Mehr zur richtigen Einstellung dieses Gerätes finden Sie im Effekt-Kapitel ab Seite 189. Speziell bei sehr dynamischer Spielweise – erwähnt sei hier die Slap-Technik – sollten Sie den Kompressor schon bei der Aufnahme einsetzen, da er Ihnen die optimale Aussteuerung des Signals sehr erleichtert.

Kontrabass

Auch ein Kontrabass kann mit einem Tonabnehmer abgenommen werden, allerdings ist der Klang bei einer Mikrofonabnahme wesentlich natürlicher und ausgewogener. Sie können die gleichen Mikrofone wie bei der E-Bass-Aufnahme einsetzen, also bevorzugt solche mit großer Membran.

Für die richtige Mikrofonposition gilt das schon bei der Akustik-Gitarre Gesagte: Eine Position in der Nähe des Steges führt zu einem mehr höhenbetonten Klang, eine Position über dem Halsansatz zu einen volleren, bassreicheren Klang. Noch mehr Bässe erhält man in der Nähe der F-Löcher, allerdings kann dies schnell zu einem mulmigen Klang führen. Auch hier ist also wieder ein wenig Experimentieren angesagt.

Klavier und Flügel

In den meisten Fällen wird man gerade beim Homerecording für Klavier- und Flügelsounds auf Samples zurückgreifen. Zumindest bei Rock- und Popmusik ist man damit auch bestens bedient.

Gilt es jedoch, die Darbietungen eines Boogie-Solisten oder gar klassische Literatur aufzunehmen, werden Sie vielleicht doch das echte Instrument vorziehen, sei es Klavier oder Flügel. Bei beiden Instrumenten ist der Klang des Raumes sehr wichtig, da schon aufgrund der Größe des Instrumentes die Mikrofone in einem gewissen Abstand vom Instrument platziert werden müssen, wodurch sie automatisch mehr Raumanteile auffangen. Zudem kann der geöffnete Deckel eines Flügel wie ein Spiegel Raumschall auf die im Inneren angebrachten Mikrofone reflektieren.

Klavier

Ein Klavier sollte nach Möglichkeit nicht direkt an der Wand stehen. Der Deckel sollte für einen offeneren Klang geöffnet sein.

Bei Mono-Aufnahmen empfiehlt sich die Abnahme mit einem hochwertigen Kondensatormikrofon, das mittig über dem geöffneten Oberteil, auf die Hämmer zeigend, positioniert wird. Wollen Sie Bass- oder Diskantbereich mehr betonen, so verschieben Sie das Mikro etwas in die entsprechende Richtung.

Je näher das Mikrofon an die Hämmer gebracht wird, desto direkter wird der Klang. Allerdings hat man auch zunehmend mit den im Inneren des Klaviers auftretenden Resonanzen zu tun. Da gilt es dann abzuwägen. Bei einer sehr guten Raumakustik kann man das Mikrofon auch in größerem Abstand von oben auf das Instrument richten.

Für eine Stereoaufnahme positionieren Sie zwei Mikros über dem geöffneten Deckel, das eine mehr in Richtung Bass-, das andere mehr in Richtung Diskantbereich. Wie immer bei der Verwendung mehrerer Mikrofone kann es zu Frequenzauslöschungen durch Phasenverschiebung beider Mikrofonsignale kommen. Variieren Sie einfach den Abstand und die Position der Mikros, und lassen Sie Ihr Gehör entscheiden, wann das Ergebnis wie gewünscht klingt.

Flügel

Bei einer Monoaufnahme positionieren Sie das Mikrofon bei geöffnetem Flügeldeckel in ungefähr 50 cm Abstand über der Mitte der Saiten. Lassen Sie das Mikrofon leicht in Richtung der Hämmer ›schauen‹. Gehen Sie näher an die Hämmer heran, um einen perkussiveren Klang zu erhalten, wählen Sie einen größeren Abstand, wenn der Klang voller wirken soll.

Bei guter Raumakustik können Sie den Flügel auch in einigem Abstand von der Seite aufnehmen. Das Mikro sollte dabei auf die Mitte des geöffneten Deckels zeigen. Der Klang entspricht dann etwa dem Höreindruck, den der Besucher eines Klavierkonzerts erfährt.

Für eine Stereoaufnahme mit zwei Mikrofonen positionieren Sie ein Mikrofon in ca. 30 bis 50 cm Abstand über den Diskantsaiten und richten es auf die Hämmer. Das zweite Mikrofon kommt über die Bass-Saiten und zeigt nur leicht auf die Hämmer. Variieren Sie die Positionen beider Mikros, bis Ihnen der Klang zusagt.

Alternativ können Sie auch mit einer X/Y-Mikrofonierung arbeiten. Hierzu benötigen Sie zwei Mikrofone gleichen Typs mit Nierencharakteristik. Ordnen Sie die beiden Mikrofone V-förmig über dem Flügel an, wobei das eine in Richtung der Basssaiten zeigt und das andere in Richtung Diskantsaiten. Diese Methode reduziert Phasenauslöschungen, da beide Mikrofone den Schall quasi am gleichen Punkt aufnehmen.

Grundsätzlich gilt auch bei der Mikrofonierung von Klavieren und Flügeln: Probieren geht über Studieren. Patentrezept gibt es nicht. Auch erfahrene Toningenieure suchen oft durch Ausprobieren die optimale Mikrofonposition, bei der das spezielle Instrument in dem speziellen Raum unter den Händen des speziellen Pianisten für den speziellen Song optimal klingt. Führt eine auch noch so absonderliche Mikrofonposition zum gewünschten Ergebnis, dann ist es die richtige in der gegebenen Situation – so einfach ist das.

Gesang

Für Gesangsaufnahmen werden bevorzugt Großmembran-Kondensatormikrofone eingesetzt. Anders als bei Liveauftritten, wo der Sänger oder die Sängerin aus nächster Nähe in die Mikrofonkapsel singt, ist im Studio ein Abstand von ca. 10 bis 50 cm üblich. Mit größerem Abstand steigt der Raumanteil, davon abgesehen variieren erfahrene Sänger den Mikrofonabstand bewusst, um Lautstärkeunterschiede zwischen leiser und lauter gesungenen Tönen auszugleichen. Die Stärke des Raumanteils kann zudem durch die Wahl der Richtcharakteristik bestimmt werden. Bei vielen Großmembran-Kondensatormikrofonen lässt sich diese umschalten.

CD-Track 18 – Dieses Gesangsstück wurde zugleich mit einem Kondensatormikrofon (Audio Technica AT4050) und einem dynamischen Shure SM58 aufgezeichnet, wobei der Abstand zu den Mikrofonen etwa 5 cm betrug. Sie hören beide Aufnahmen einzeln, erst das AT4050, gefolgt (b, 0:19) vom SM58. Das SM58 macht hier als Spezialist für Gesang selbst im direkten Vergleich zum teuren Großmembran-Kondensatormikrofon eine gute Figur.

CD-Track 19 – Hier wurde eine Gesangsphrase erst im Abstand von 20 cm aufgenommen, danach (b, 0:18) im Abstand von 50 cm und schließlich (c, 0:37) von 1 m. Das Mikrofon war auf Kugel-Charakteristik gestellt. Mit zunehmendem Abstand hören Sie deutlich mehr Raumanteile, was – wie hier bei akustisch nicht optimalen Räumen – nachteilig ist.

CD-Track 20 – Diese Phrase wurde zunächst ohne, danach mit Popp-Schutz aufgenommen. Ein Kommentar dürfte sich erübrigen!

Die menschliche Stimme erzeugt bei manchen Konsonanten einen kurzen Luftstoß. Am extremsten ist dieses Phänomen bei dem Buchstaben ›P‹, gefolgt vom ›T‹. Halten Sie einfach mal beim Sprechen eine Hand in einigen Zentimetern Abstand vor dem Mund, und achten Sie auf den Luftstoß. Empfindliche Mikrofone reagieren auf diese Luftstöße mit unschönen Störgeräuschen, die auch als Popp-Laute bezeichnet werden. Das Werkzeug zur Unterdrückung dieses Effekts heißt dementsprechend Popp-Schutz. Es besteht aus einem Ring, der mit einem feinen Stoff bespannt ist, welcher den Luftstoß bremst. Sie können einen Popp-Schutz fertig kaufen, aber auch selbst einen Drahtring bauen, dem Sie einen Nylonstrumpf überziehen. Befestigt wird das Ganze entweder direkt am Mikrofonstativ oder an einem eigenen Stativ, und zwar so, dass sich der Popp-Schutz zwischen der Mikrofonkapsel und dem Mund befindet. Befindet sich der Popp-Schutz direkt vor dem Mund des Sängers, so kann er dadurch auch den Abstand zum Mikrofon konstant halten – ein schöner Nebeneffekt.

Insbesondere bei Gesangsaufnahmen ist der aus dem Kopfhörer austretende Schallanteil ein echtes Problem. Sorgen Sie also dafür, dass möglichst wenig Schall aus dem Kopfhörer des Sängers in das Mikrofon gelangt. Erste Maßnahme ist hier die Wahl eines geschlossenen Kopfhörers mit großen Muscheln, die die Ohren möglichst dicht umschließen. Regeln Sie zudem die Lautstärke des Kopfhörersignals so weit wie möglich herunter, wobei Sie natürlich auf die Befindlichkeiten des Sängers Rücksicht nehmen müssen.

Der richtige Kopfhörermix

Der richtige Kopfhörermix ist bei Gesangsaufnahmen von entscheidender Bedeutung. Er ist eine wichtige Voraussetzung für eine gute Intonation und kann sogar die Gesangstechnik des Sängers beeinflussen. Hört sich der Sänger nämlich im Verhältnis zum Background recht laut, so wird er vermutlich leiser und vorsichtiger singen. Hört er sich dagegen relativ leise, wird er versuchen, dies durch lauteres Singen auszugleichen. Und mit der Lautstärke ändern sich meist auch Klangfarbe und Artikulation.

Sie können dieses Phänomen bewusst einsetzen, indem Sie bei Balladen die Stimme lauter auf den Kopfhörer geben, um den Sänger zu sanfterer Artikulation zu bewegen, bei Powerstücken die Stimme im Kopfhörermix dagegen relativ leise drehen, um einen druckvolleren Gesang zu provozieren.

Background-Chor

Sie können natürlich jeden Chorsänger genau wie einen Solisten einzeln mit einem Mikrofon aufnehmen. Gute, möglicherweise sogar bessere Ergebnisse erzielen Sie aber, wenn Sie den gesamten Background-Chor mit zwei Mikrofonen stereo aufnehmen. Die Sänger sollten sich dabei so stellen, dass eine gleichmäßige Verteilung der Stimmen im Stereobild entsteht. Auch hier haben Sie wieder die Variationsmöglichkeit der X/Y-Technik, wie ich sie bei der Overhead-Abnahme des Schlagzeugs beschrieben habe.

Blasinstrumente

Blechbläser

Trompete, Posaune und Tuba sollte man direkt von vorne aufnehmen. Das Mikrofon wird dabei vor dem Schalltrichter positioniert. Da hier – vor allem bei der Trompete – ein enormer Schalldruck erzeugt wird, verwenden Sie am besten ein Mikrofon, das einen hohen Schalldruck verträgt, also etwa ein dynamisches Mikrofon wie das Shure SM57. Grundsätzlich kommt auch der Einsatz hochwertiger Kondensatormikrofone in Frage, wobei es hier aufgrund der höheren Empfindlichkeit des Mikrofons schneller zu Verzerrungen kommen kann. Vergrößern Sie beim Auftreten von Verzerrungen den Abstand des Mikrofons zum Instrument.

Saxofon und Klarinette

Beim Saxofon – insbesondere dem Sopransaxofon – kommen zum Schall aus dem Trichter ein Schallanteil von den Klappen sowie Anblasgeräusche hinzu. Daher klingt eine Aufnahme, bei der das Mikrofon gleichermaßen auf den Trichter wie auf die Klappen zielt, weicher und natürlicher.

Denkbar ist auch die Abnahme mit einem kleinen Mikrofon wie dem LCM 89 von SD Systems, das mit einer speziellen Halterung direkt am Trichter befestigt wird. Speziell für das Sopransaxofon bietet der gleiche Hersteller auch ein System mit zwei Mikrofonen an, von denen eins am Trichter und das andere über den Klappen sitzt.

LCM 89 von SD Systems

Ein ähnliches System gibt es auch für Klarinette. Ansonsten gilt für Klarinettenaufnahmen das gleiche wie für Aufnahmen des Sopransaxofons.

Querflöte

Bei der Querflöte gibt es unterschiedliche Möglichkeiten, die stark vom gewünschten Sound abhängen. Für den typischen Jethro-Tull-Sound sollten Sie eine Mikrofonposition nahe am Mundstück wählen, wobei der Luftstrom aber nicht direkt in das Mikrofon treffen darf. Sie können zusätzlich ein zweites Mikrofon auf der verlängerten Achse der Flöte aufstellen. Alternativ bietet sich der Einsatz eines hochwertigen Kondensatormikrofons an, das in etwas größerem Abstand positioniert werden sollte.

Mundharmonika

Die Mundharmonika klingt oft am besten, wenn sie mit einem einfachen dynamischen Gesangsmikrofon wie dem Shure SM58 aus kurzem Abstand aufgenommen wird. Viele Spieler bilden mit den Händen beim Spielen einen Hohlraum hinter der Mundharmonika, um den typischen Blues-Sound zu erzielen. Dabei kann das Mikrofon mit den Händen so gehalten werden, dass sich die Kapsel in diesem Hohlraum befindet. Sehr beliebt ist dabei als Mikrofon die ›Fahrradlampe‹, das Shure 520D.

Manche Blues-Harp-Spieler verstärken das Mikrofonsignal über einen Röhren-Gitarrenverstärker, der dann wie jeder andere Gitarrenverstärker abgenommen wird.

Sonstige Instrumente

Mittlerweile haben Sie sicher schon ein Gespür dafür entwickelt, wie man verschiedene Mikrofontypen einsetzt und positioniert. So werden Sie einen Schellenkranz mit einem ähnlichen Mikrofon aufnehmen wie eine Hi-Hat oder die Techniken zur Abnahme einer Akustik-Gitarre auf eine Mandoline oder eine Violine übertragen, Bongos und Congas ähnlich abnehmen wie Toms usw.

Verbinden Sie also einfach Ihren gesunden Menschenverstand mit Ihren neu gewonnenen Erkenntnissen, und – vor allem – scheuen Sie sich nicht vor Experimenten.

7

Nachbearbeitung: So verbessern Sie Ihre Aufnahmen

Mit Nachbearbeitung meine ich alle Operationen an einer Aufnahme, die dazu dienen, die Aufnahme vor dem Abmischen in eine optimale Form zu bringen. Dazu gehört etwa das Wegschneiden von leeren Teilen am Anfang und Ende, das Zusammmenschneiden einer Spur aus mehreren Aufnahmen oder aus unterschiedlichen Teilen einer Aufnahme, das Korrigieren von Spielfehlern, Ein- und Überblendungen oder dynamische Lautstärkeänderungen.

Speziell mit einem Harddisk-Recording-System können Sie Ihren Song fast beliebig aus einzelnen Abschnitten Ihres aufgenommenen Materials zurechtbasteln.

Es bleibt Ihrem Geschmack überlassen bzw. hängt von der Aufnahmesituation ab, ob Sie erst alle Tracks aufnehmen und anschließend nachbearbeiten oder ob Sie bestimmte Arbeiten direkt nach der Aufnahme eines Instrumentes vornehmen.

Destruktives versus nichtdestruktives Editing

Sie erinnern sich: Bei einem Harddisk-Recording-System wird Musik auf eine Festplatte gespeichert, und die Abspielreihenfolge einzelner Teile muss nicht mit der physikalischen Reihenfolge auf dem Speichermedium übereinstimmen. Dies ist hier möglich, da beim Abspielen alle Teile auf den unterschiedlichen Spuren gemäß einer Tabelle (Cuelist, Playlist, Regionlist) wiedergegeben werden.

Bei den meisten Systemen bekommen Sie diese Tabelle nicht direkt zu sehen. In fast allen Computerprogrammen werden die einzelnen Teile beispielsweise durch Streifen repräsentiert, die auf einer Zeitachse auf den einzelnen Spuren liegen. Wenn Sie nun diese Streifen am Bildschirm verschieben, zerschneiden oder kopieren, setzt das Programm Ihre Manipulationen in entsprechende Änderungen der Abspieltabelle um.

Man spricht von nichtdestruktiver Bearbeitung, wenn das aufgezeichnete Audiomaterial durch die Bearbeitung nicht angetastet wird, sondern vielmehr alle Änderungen nur auf der Ebene der Abspieltabelle wirksam werden.

Die Vorteile liegen auf der Hand: Da die originalen Audiodaten nicht verändert werden, lassen sich alle Bearbeitungen jederzeit rückgängig machen, indem die Abspieltabelle entsprechend zurückgesetzt wird – eine triviale Aufgabe für einen Computer. Nie wird etwas unwiderruflich verändert oder gar zerstört, daher der Begriff ›nichtdestruktiv‹.

Weiterhin können Sie beliebig viele virtuelle Kopien einer Aufnahme einsetzen. Ein und derselbe Bass-Part etwa kann so mehrfach eingesetzt werden, indem man die Abspieltabelle anweist, ihn an den gewünschten Stellen immer wieder abzuspielen. Dies bedeutet einen enorm verringerten Speicherbedarf.

Derartige Ausschnitte einer Aufnahme, die keine echten physikalischen, sondern nur virtuelle oder ›logische‹ Kopien sind (also Einträge in der Abspieltabelle), werden in vielen Recording-Programmen mit dem englischen Wort ›Region‹ bezeichnet.

So entfernen Sie nicht benötigte Daten

Haben Sie die Aufnahme etwas vor dem Beginn einer Passage gestartet bzw. sind erst etwas nach deren Ende ausgestiegen, so sollten Sie zunächst die überflüssigen Teile am Anfang und Ende abschneiden, da diese keine nutzbaren Audioinformationen, oft aber unerwünschte Geräusche enthalten.

Bei analogen Aufzeichnungsgeräten müssen Sie solche Abschitte löschen, indem Sie sie mit Stille überspielen. Dabei sollten Sie äußerst vorsichtig vorgehen, denn allzu schnell haben Sie dabei ein Stück vom Anfang oder Ende der erhaltenswerten Passage mitgelöscht.

Bei den meisten MD- oder Harddisk-Rekordern können Sie dagegen exakt Anfang und Ende der zu löschenden Teile angeben und den Vorgang probeweise hören, bevor er endgültig durchgeführt wird. HD-Rekorder arbeiten hier auf Wunsch meist ohnehin nichtdestruktiv, so dass der Arbeitsschritt notfalls komplett rückgängig gemacht werden kann.

In den meisten Recording-Programmen können Sie direkt in der Darstellung der Aufnahmen auf den einzelnen Spuren arbeiten. Bei manchen Programmen müssen Sie die Datei allerdings auch mit einem gesonderten Wave-Editor bearbeiten.

Die folgende Abbildung zeigt einen Ausschnitt einer Aufnahme, deren Anfang entfernt werden soll. Sie sehen deutlich, wo das Nutzsignal beginnt. Der Teil davor enthält nur Rauschen (Abbildung a).

In den meisten Programmen können Sie einfach den linken Rand der Aufnahme mit der Maus ›anfassen‹ und nach rechts verschieben, bis der Anfang verschwunden ist und die Aufnahme direkt mit dem ersten Ton beginnt. Haben Sie zuviel abgeschnitten, können Sie einfach den Rand wieder etwas nach links zurückschieben. Der abgeschnittene Ton kommt daraufhin wieder zum Vorschein.

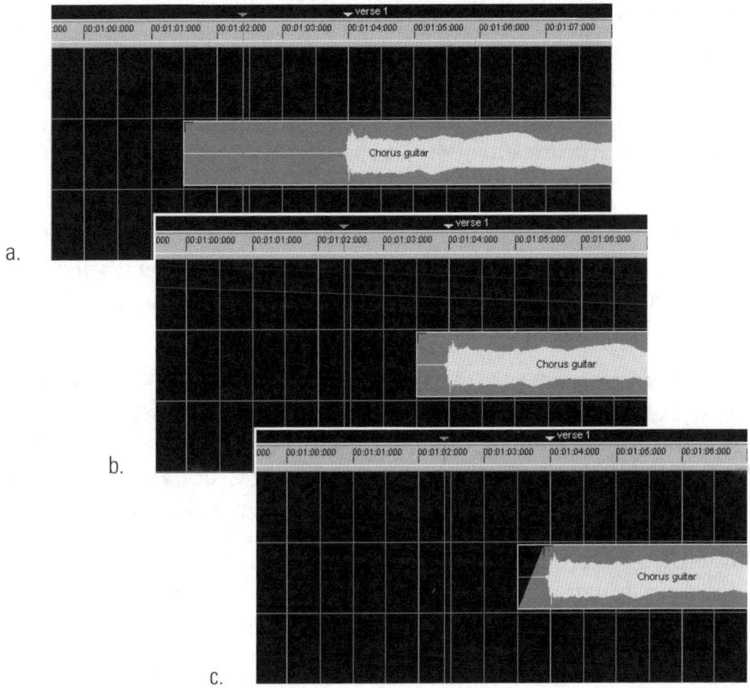

Abschneiden des überflüssigen Anfangs einer Aufnahme.

Wollen Sie diesen Teil der Aufnahme später auch an andere Stellen Ihres Songs kopieren, so ist es keine schlechte Idee, genau auf einer musikalischen Zählzeit zu schneiden. Dadurch wird das Einsetzen der Region an anderen Stellen des Songs deutlich vereinfacht. Zu diesem Zweck können Sie in vielen Programmen ein Taktraster einblenden lassen.

Der erste Ton der Aufnahme beginnt auf der Zählzeit ›Eins‹. Nun spielt ein Mensch erfahrungsgemäß nie völlig exakt, so dass der Ton durchaus etliche Millisekunden früher (oder später) anfangen kann. Um auf keinen Fall etwas vom ersten Ton abzuschneiden, lassen wir also sicherheitshalber einen kleinen Vorlauf und schieben den Anfang der Region auf die ›4‹

des vorhergehenden Taktes (Abbildung b). Zur Abrundung lassen wir die Region mit einem kurzen Fade-In, also einer Einblendung beginnen, damit sich ihr Einsatz auf keinen Fall durch plötzliches Rauschen ankündigt (Abbildung c).

Die erforderlichen Schritte können im Detail je nach Programm etwas anders aussehen, das Resultat ist allerdings dasselbe.

Das Abschneiden überflüssiger Teile am Ende einer Aufnahme folgt derselben Logik. Ein Fade-Out kann hier dafür sorgen, dass nach dem Ausklingen des letzten Tons Hintergrundgeräusche unauffällig ausgeblendet werden, statt abrupt zu enden.

Da auch Pausen innerhalb einer Aufnahme Hintergrundgeräusche enthalten, sollten Sie diese stummschalten oder ›muten‹ (von engl. to mute: dämpfen, stummschalten). Bei den meisten Programmen können Sie dazu den gewünschten Bereich zunächst markieren und dann mit einem Befehl durch Stille ersetzen. Achten Sie nur darauf, dass auch wirklich kein Nutzsignal in dem betreffenden Bereich liegt.

Logic bietet übrigens eine sehr elegante Lösung zur Entfernung solcher Anfänge, Enden und Pausen: Strip Silence. Diese Funktion schneidet alle Teile aus, die Signale oberhalb eines anzugebenden Pegels enthalten, und macht aus diesen eine jeweils neue Region. Sie können dabei etliche Parameter angeben, damit auch wirklich nur unerwünschtes Rauschen entfernt wird. Die folgenden Abbildungen verdeutlichen die Arbeitsweise von Strip Silence.

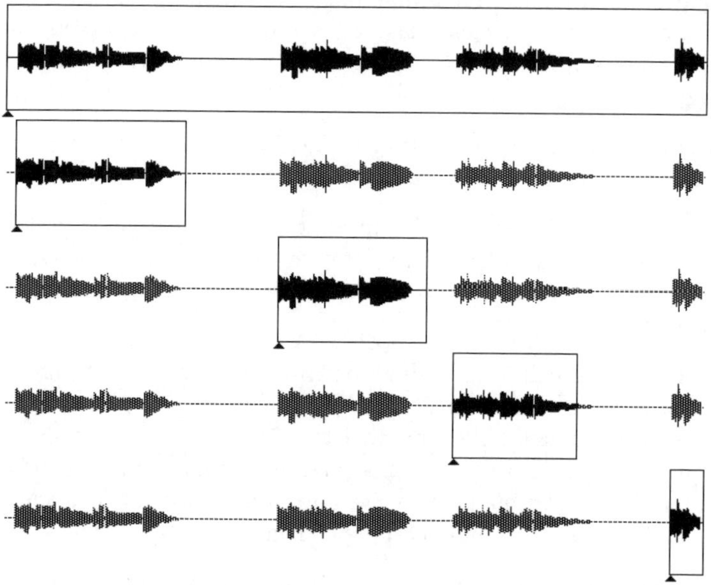

In dieser Aufnahme gibt es viele Pausen, die nur Hintergrundgeräusche enthalten. Nach dem Aufruf der Funktion Strip Silence bleiben nur die als erhaltenswert bestimmten Teile als einzelne Regions übrig.

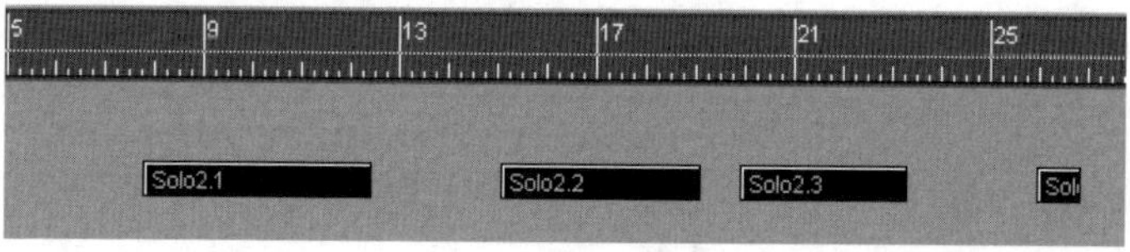

Die neuen Regionen werden automatisch an den entsprechenden Positionen in den Song eingefügt und ersetzen dort die ursprüngliche Aufnahme.

Sie können selbstverständlich auch so vorgehen, dass Sie umgekehrt exakt die Teile aus dem Material herausschneiden, die Sie benötigen. Welche Methode Sie letztlich vorziehen, hängt auch von der Art der Aufnahme ab. Bei einem Solo beispielsweise, wo sich kaum Passagen wiederholen, werden Sie die Aufnahme eher ›am Stück lassen‹, bei der Aufnahme eines Background-Gesangs, der überwiegend aus Pausen besteht, werden Sie eher die gewünschten Stücke herausschneiden, also nach der letztgenannten Methode vorgehen.

So korrigieren Sie Fehler in der Aufnahme

Sind bei einer Aufnahme grobe Fehler aufgetreten, so ist es erfahrungsgemäß am besten, die Aufnahme gleich zu wiederholen und durch eine bessere zu ersetzen. Allerdings gibt es in jeder Aufnahme auch kleinere Fehler: Hier kommt ein Schlag etwas früh, da ist ein Ton etwas zu laut, dort taucht ein Geräusch auf, das Sie stört. Im Folgenden möchte ich Ihnen zeigen, wie man solche Fehler nachträglich korrigiert oder zumindest so kaschiert, dass sie niemandem mehr auffallen werden. Wie Sie sehen werden, haben Sie dabei die besten Karten, wenn Sie mit einem computergestützten Harddisk-Recording-System arbeiten.

Zu laut oder zu leise

In der folgenden Abbildung sehen Sie mehrere Töne einer Bassaufnahme, dargestellt in einem Wave-Editor. Manche Recording-Programme haben sehr leistungsfähige Wave-Editoren direkt integriert, andere besitzen nur einen rudimentären Wave-Editor, bieten jedoch die Möglichkeit, einen beliebigen externen Wave-Editor einzubinden.

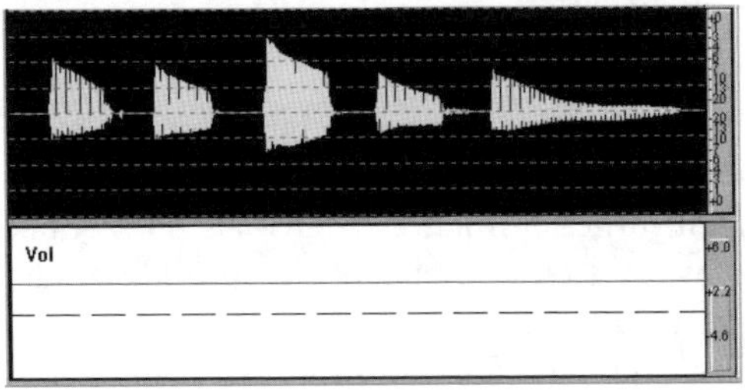

Ausschnitt einer Bass-Aufnahme im Wave-Editor

Der Ton in der Mitte ist unbeabsichtigt lauter als die anderen geraten – auch optisch an der Höhe der Wellenform zu erkennen – und fällt dadurch unangenehm auf. Die Lautstärke dieses Tons soll nun also der Lautstärke der anderen angepasst werden. Das lässt sich am elegantesten mit Hilfe einer Lautstärke-Hüllkurve bewerkstelligen.

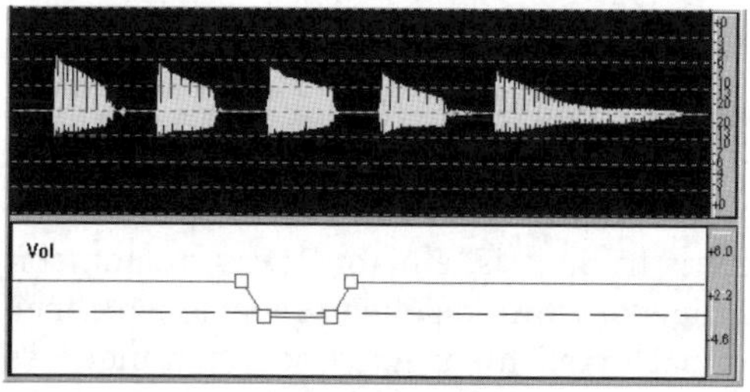

Der mittlere Ton wird mit einer Lautstärke-Hüllkurve abgeschwächt.

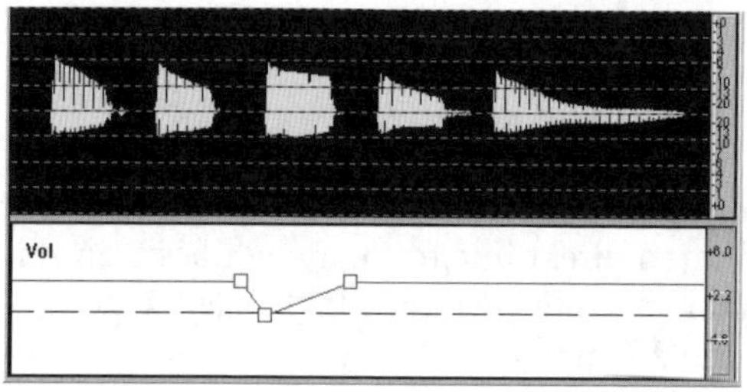

Hier werden nur drei Knotenpunkte benutzt.

Die Handhabung solcher Hüllkurven ist in allen Programmen fast identisch: Die aktuelle Abspiellautstärke wird als Kurve dargestellt, oder – solange noch keine Veränderungen vorgenommen wurden – als horizontale Gerade. Auf dieser Geraden lassen sich – meist per Doppelklick oder durch Klicken mit gleichzeitigem Halten einer speziellen Taste – an beliebigen Stellen Knotenpunkte erzeugen, die Sie dann mit der Maus anfassen und nach unten oder oben ziehen können.

Um den fraglichen Basston leiser zu bekommen, erzeugen Sie einen Knotenpunkt kurz vor dem Ton, einen Knotenpunkt hinter dem Ton und zwei weitere zwischen den beiden gerade gesetzten Knotenpunkten. Ziehen Sie die beiden mittleren Knotenpunkte herunter, und verschieben Sie sie gleichzeitig seitlich wie in der zweiten Abbildung dargestellt. Eventuell reichen auch drei Knotenpunkte, wie die dritte Abbildung zeigt.

In manchen Programmen können Sie auch die Charakteristik der Kurvenabschnitte bestimmen und so nichtlineare Verläufe erzielen. Meist wird sogar die Wellenformdarstellung gemäß der eingestellten Kurve aktualisiert, so dass Sie das Ergebnis auch visuell bewerten können.

Gibt es in Ihrem Programm oder Harddisk-Recorder keine Lautstärke-Hüllkurve, können Sie meist immerhin Bewegungen der Mischpultregler aufzeichnen und später automatisch ablaufen lassen (Mischpultautomatisation). Verringern Sie in diesem Fall während des Abspielens kurz die Lautstärke des Problemtons, lassen Sie die Fader-Bewegung aufzeichnen, und hören Sie das Ergebnis ab. Sind Sie nicht zufrieden, so können Sie es einfach erneut versuchen oder die aufgezeichneten Faderbewegungen nachbearbeiten.

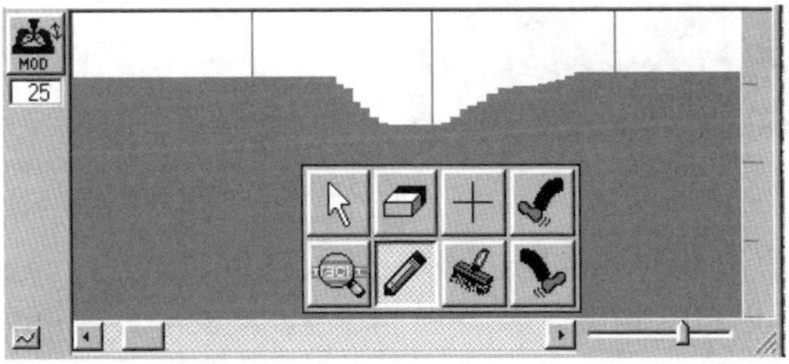

Diese Controllerdaten wurden durch Bewegen eines Mischpultfaders generiert.

Mit den gezeigten Möglichkeiten der Lautstärkeveränderung lassen sich natürlich nicht nur Fehler korrigieren, sondern auch interessante Effekte erzielen, wie das An- und Abschwellen von Tönen oder gezielte Dynamikveränderungen über größere Abschnitte hinweg.

Zu früh oder zu spät

Im Taktgitter sehen Sie sofort, ob ein Ton zu früh oder zu spät gespielt wurde. Der Ton in der Mitte der folgenden Abbildung sollte eigentlich genau auf der Eins liegen. Wie Sie erkennen, liegt er aber davor und muss daher etwas nach hinten verschoben werden.

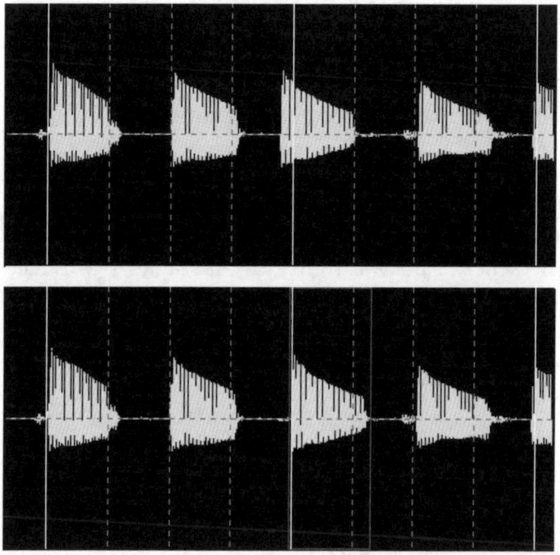

Markieren Sie hierzu zunächst den Bereich um den Ton herum. Zoomen Sie nun sehr weit in die Wellenform hinein, und justieren Sie die vordere Begrenzung exakt auf den Beginn des Tons. Achten Sie darauf, dass der markierte Bereich genau auf einem Nulldurchgang der Wellenform beginnt, damit durch den Schnitt kein Knackser entsteht. Das Ende des Tons muss nicht so genau markiert werden. Wichtig ist nur, dass der markierte Bereich den ganzen Ton enthält.

Mit dem Befehl ›Cut‹ schneiden Sie nun den markierten Bereich aus. Das nachfolgende Audiomaterial rutscht bei dieser Aktion nach vorne, da ja ein Teil herausgeschnitten wurde.

Bewegen Sie den Positions-Anzeiger an die Stelle, an der der ausgeschnittene Basston eingefügt werden soll. Die Stelle ist durch das Taktgitter klar definiert. Zudem bieten viele Wave-Editoren eine Einrastfunktion (Snap), mit deren Hilfe der Positions-Anzeiger exakt auf eine Gitterlinie gesetzt werden kann.

Mit dem Befehl ›Paste‹ (Einfügen) des Wave-Editors fügen Sie den ausgeschnittenen Basston nun am Positions-Anzeiger ein. Die nachfolgenden Töne sitzen jetzt wieder an ihrer ursprünglichen Position. Bitte probehören. Alles sollte passen und Ihre Manipulation absolut unhörbar sein. Die zweite Abbildung zeigt den Ton an seiner neuen Position.

Diese Methode funktioniert am besten, wenn die Töne klar voneinander abgesetzt sind. Wie aber setzen Sie innerhalb eines legato gespielten Klavierlaufs die siebte Note etwas nach hinten, wobei alle anderen Töne an Ort und Stelle bleiben müssen? Verschieben Sie mit der zuvor beschriebenen Methode den siebten Ton nach hinten, so würde zum einen ein Loch zwischen dem sechsten und dem siebten Ton entstehen. Zum anderen würden alle folgenden Töne ebenfalls nach hinten verschoben, da der siebte Ton ja jetzt zu spät aufhört.

Das Problem ließe sich mit Time-Stretching lösen, also jenem Algorithmus, der Töne länger oder kürzer macht, ohne die Tonhöhe zu verändern. Aber glauben Sie mir: In unserem Fall geht es deutlich schneller, die Passage noch einmal einzuspielen. Haben Sie schon mehrere Durchgänge des Instrumentes aufgenommen, so finden Sie unter Umständen dabei eine bessere Version der Passage, die Sie hier einsetzen können. Mehr zum unauffälligen Zusammenschneiden von Aufnahmen finden Sie ab Seite 155.

Bei MIDI-Aufnahmen ist die Beseitigung von Timingschwankungen oder rhythmischen Ungenauigkeiten einfach: ›Quantisierung‹ heißt das Zauberwort. Häufig können Sie dabei sogar angeben, ob alle Noten erbarmungslos auf den nächstgelegenen Schlag des eingestellten Taktrasters gesetzt werden oder nur behutsam in dessen Richtung verschoben werden sollen, um ein ›menschlicheres‹ Feeling zu bewahren.

Leider ist diese Funktion bei Audioaufnahmen so nicht ohne weiteres realisierbar. Zunächst weiß das Programm ja nicht eindeutig, wann ein neuer Ton beginnt. Ein weiteres Problem liegt darin, dass – selbst wenn die Startpunkte der einzelnen Töne bekannt wären – das Verschieben einzelner Töne mit einer Längenveränderung des verschobenen und des vorherigen Tones einher gehen müsste.

Es ist in fast allen Programmen möglich, die Audiodatei in einzelne Regions zu zerschneiden und deren Lage im Taktgitter anzupassen. Dabei können Sie entweder den Beginn einer Region auf einen Gitterwert einrasten lassen, was allerdings voraussetzt, dass Sie die Regionen stets an musikalischen Zählzeiten geschnitten haben, oder – die bessere Alternative – Sie setzen an einer passenden Stelle in der Region eine Quantisierungsmarke. Die Region wird dann anschließend so platziert, dass die Quantisierungsmarke auf einen Wert des Taktgitters einrastet. Das Timing einzelner Töne innerhalb einer Region wird dabei nicht verändert, die Region wird als Ganzes verschoben. In manchen Fällen kann diese Vorgehensweise helfen, vielfach führt sie jedoch auch zu einer ›Verschlimmbesserung‹.

Da der Erfindungsgeist von Softwareprogrammierern bekannterweise keine Grenzen kennt, gibt es mittlerweile auch Verfahren, die sich die vollständige Quantisierung von Audiomaterial zum Ziel gesetzt haben. Cubase beispielsweise analysiert die Audiodaten und schlägt Positionen für so genannte Match-Punkte vor. Dabei sucht das Programm nach sprungartigen Lautstärkeanstiegen, die normalerweise auf den Beginn eines Tons hindeuten. Sie können einstellen, wie stark ein solcher Lautstärkeanstieg sein muss oder wie viele Match-Punkte maximal ermittelt werden sollen. Natürlich können Sie auch manuell Match-Punkte erzeugen oder die vom Programm vorgeschlagenen verändern.

Der eigentliche Quantisierungsalgorithmus geht nun so vor, dass zunächst die Match-Punkte auf das Raster verschoben werden. Genau wie bei der Quantisierung von MIDI-Events haben Sie hierbei die Wahl zwischen verschiedenen Quantisierungsarten: Verschiebungen rigoros auf die exakten Rasterwerte, dezent mehr oder weniger stark in deren Richtung oder gemäss eines vorgegeben Timing-Muster (Groove-Quantisierung). Sogar eine mit Match-Punkten vorbehandelte andere Audiodatei kann als Vorlage zur Quantisierung dienen.

Damit durch das Verschieben einzelner Abschnitte der Audioregion keine hörbaren Lücken entstehen, ermittelt das Programm aus der Verschiebung der Match-Punkte unterschiedliche Streck- oder Stauchungsfaktoren für jeweils zwischen zwei Punkten liegende Abschnitte. Mit diesen Faktoren wird nun ein Time-Stretching der einzelnen Abschnitte durchgeführt.

Sie sehen: Die Sache ist längst nicht so einfach wie bei MIDI-Daten, aber auch nicht unmöglich. Letztlich wird das Resultat von der Art des jeweiligen Audiomaterials abhängen. Einzelne, deutlich voneinander abgesetzte Töne lassen sich leichter korrigieren als legato gespielte Streichermelodien. Und allgemein gilt: Je exakter das Instrument eingespielt wurde, desto weniger stark muss das Time-Stretching die Audiodaten verändern, wodurch weniger Klangverfälschungen entstehen.

Zu hoch oder zu tief

Neben zu früh oder zu spät gespielten Tönen können Sie auch mit Tönen konfrontiert werden, die etwas zu hoch oder zu tief geraten sind. Sänger, Streicher und Bläser sind hier beliebte Kandidaten, aber auch bendingfreudige Gitarristen.

Gehen wir der Einfachheit halber zunächst von einem isolierten falschen Gesangston aus. Die erste Schwierigkeit besteht darin, die Abweichung von der richtigen Tonhöhe in einem Wert zu erfassen. Da meist kein geeignetes Messverfahren zur Verfügung steht, sollten Sie die Abweichung daher mit dem Gehör grob schätzen.

Zur Korrektur von Tonhöhen wird das so genannte Pitch-Shifting verwendet. Markieren Sie also den falschen Ton, lassen Sie das Pitch-Shifting einrechnen, und beurteilen Sie das Resultat.

Bei einfachen Pitch-Shifting-Verfahren werden die Audiodaten einfach etwas schneller oder langsamer abgespielt, wodurch sich die Tonhöhe genau wie bei einem mit anderer Geschwindigkeit laufenden Tonband verändert. Eine Konsequenz dabei ist allerdings logischerweise, dass ein schneller abgespielter Ton kürzer und ein langsamerer länger wird. Bei sanft ausklingenden Tönen wird die Veränderung der Tonlänge nicht weiter auffallen, und zur Not können Sie die alte Tonlänge mittels Timestretching wieder herstellen. Viele Programme nehmen Ihnen hier insoweit einen Großteil der Arbeit ab, als sie die Einstellungen für Pitch-Shifting und Time-Stretching in einem Dialog zusammenfassen. Dort können Sie dann angeben, dass die Tonlänge bei Veränderung der Tonhöhe beibehalten werden soll, et voilà.

CD-Track 21 – Für das erste Beispiel (a) wurde ein Scat gewählt, dessen Korrektur noch aufwendiger ist als die von ›normalem‹ textbezogenen Gesang. Achten Sie besonders auf den signifikanten Intonationsfehler in Takt 5 (ab Gesangseinsatz). Mit Hilfe einigermaßen moderater Einstellungen des Autotune-Algorithmus wurden die wesentlichsten Intonationsfehler korrigiert (b, 0:39). Beim nächsten Beispiel (c, 1:13) geht es um einen vierstimmigen Chor mit Intonationsschwächen. Um Missverständnisse zu vermeiden: Die Stimmen wurden einzeln eingesungen und als diskrete Spuren durch den Autotune geschickt, denn dieser kann natürlich kein mehrstimmiges Material bearbeiten. Es folgt die bearbeitete Fassung der Background-Vocals (d, 1:42). Bei der gewählten Einstellung arbeitet der Algorithmus recht effektiv, das heißt, die Töne werden so stabil, dass sie ein wenig an Chor-Samples von Workstations erinnern.

Dass auch auf dem Gebiet der Tonhöhenkorrektur unverdrossener Forschergeist schier Unmögliches zu erschaffen vermag, beweist beispielsweise das ›Autotune‹ der amerikanischen Firma Antares, erhältlich sowohl als Plug-In als auch als Hardware (ATR-1). Sie geben Autotune einfach alle ›erlaubten‹ Töne an, beispielsweise die der C-Dur-Tonleiter, und schon werden alle vom Ideal abweichenden Töne auf die nächstgelegene korrekte Tonhöhe verschoben – in Echtzeit, wohlbemerkt.

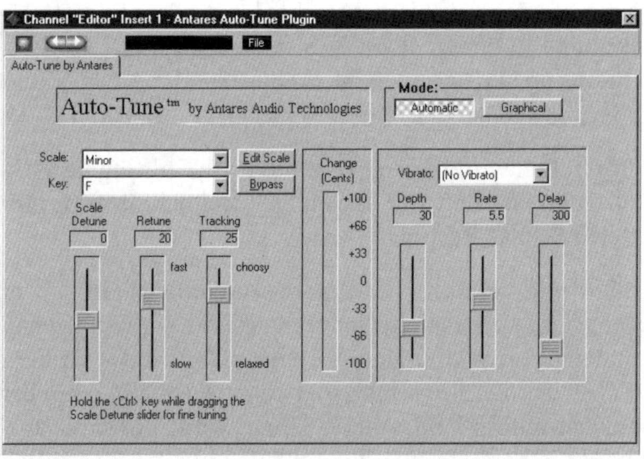

Das Plug-In Autotune von Antares ermöglicht die Korrektur falscher Tonhöhen.

So schneiden Sie Parts richtig zusammen

In diesem Abschnitt geht es um das fachmännische Zusammenschneiden verschiedener Teile einer oder mehrerer Aufnahmen zu einer einzigen, der ultimativen Spur. Denken Sie beispielsweise an eine Bass-Spur, die aus mehreren Aufnahmen mit jeweils mehreren Strophen, Refrains oder Bridges zusammengestellt wird, indem die jeweils beste Version jedes Teils ausgewählt wird.

Die sicherste Methode, unhörbare Schnitte zu erzeugen, besteht darin, nur in den Pausen zu schneiden. Durch die große Genauigkeit der Computerbearbeitung kann in fast jeder noch so kleinen Pause ein entsprechender Schnitt gesetzt werden.

Sie vereinfachen sich die Arbeit weiterhin, wenn Sie dabei noch auf einer musikalischen Zählzeit schneiden. So wissen Sie nämlich beim anschließenden Einfügen der Region an anderen Stellen der Spur genau, wo sie beginnen muss, nämlich wieder auf dieser Zählzeit.

Gestattet Ihr Programm es, Quantisierungsmarken in einer Region zu setzen, so können Sie an einer beliebigen Stelle schneiden und dann die Quantisierungsmarke auf eine Zählzeit setzen, meistens auf die Eins am Anfang einer musikalischen Einheit. Die Kopien der Region können dann mit Hilfe dieser Marke eingepasst werden. Zusätzliche kurze Fade-Ins bzw. -Outs am Anfang und Ende der Region sorgen für absolut unauffällige Übergänge.

Was aber, wenn das Instrument entweder keine Pausen macht, sondern stets legato spielt, oder nur ein kurzes Stück ausgeschnitten werden soll, welches keine Pause enthält?

Nun, Sie können natürlich einfach gehörmäßig an der musikalisch gewünschten Stelle schneiden und die Regions dann wie gehabt hintereinander setzen. Mit an Sicherheit grenzender Wahrscheinlichkeit werden jedoch an den Übergangsstellen Knackser – in der digitalen Audiowelt auch Clicks genannt – auftreten. Sehr wahrscheinlich haben Sie nämlich bei Ihrem Schnitt einen Amplitudensprung in der Wellenform erzeugt (siehe Abbildung). Ein solcher Amplitudensprung aber verlangt bei der Wiedergabe vom Verstärker praktisch Unmögliches: Von einem Sampleword zum nächsten, also innerhalb eines Bruchteils einer Millisekunde, muss der Verstärker die Ausgangsspannung sprungartig ändern, und das quittiert er mit einem unwilligen Knackser.

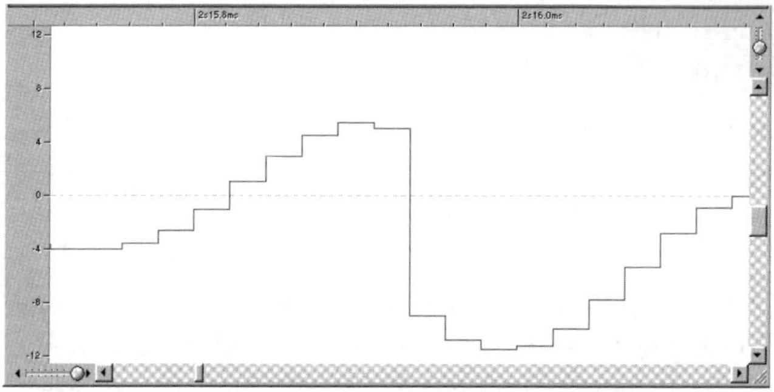

Dieser Sprung in der Wellenform, der durch einen schlechten Schnitt entstanden ist, macht sich akustisch durch einen Knackser bemerkbar.

Abhilfe schafft man dadurch, dass man grundsätzlich an Nulldurchgängen der Wellenform schneidet, denn dann sind Amplitudensprünge logischerweise ausgeschlossen. Nulldurchgänge sind die Stellen, an denen die Wellenform die horizontale Null-Linie kreuzt. Viele Programme suchen automatisch solche Nulldurchgänge und bieten sie als Schnittpositionen an. Beginnt der neue Teil mit einem deutlich abgesetzten, perkussivem Ton, so wird Ihr Schnitt nicht als solcher erkennbar sein.

Ansonsten müssen Sie unter Umständen zu einem anderen Mittel greifen, dem Crossfade. Als Crossfade bezeichnet man einen Übergang, bei dem das erste Sample ausgeblendet und gleichzeitig das zweite eingeblendet wird. Anders ausgedrückt: Beide Samples überlappen sich in einem kleinen Bereich, und innerhalb dieses Überlappungsabschnitts verringert sich die Lautstärke des einen, während die des anderen ansteigt. Am besten gelingt ein Crossfade, wenn die Lautstärke über den Überlappungsabschnitt hinweg konstant bleibt. Auch hier helfen viele Programme mit einer entsprechenden Funktion.

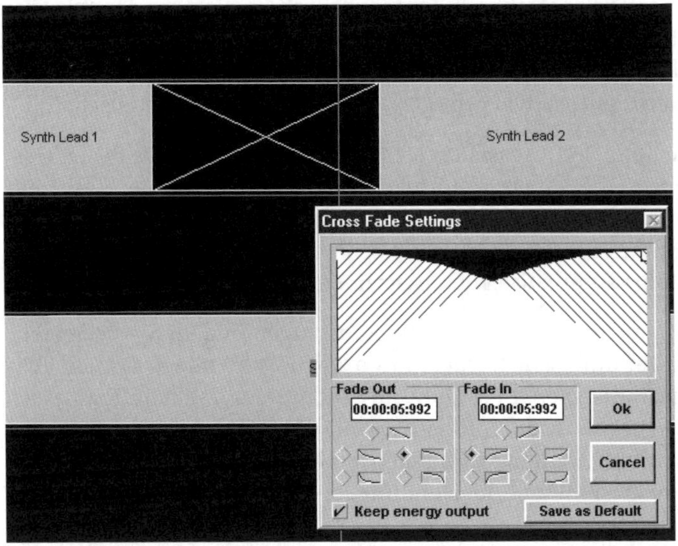

Zwei Samples überlappen sich (schwarzer Bereich zwischen den Samples). In einem Dialog (hier; *Cross Fade Settings*) lässt sich die Charakteristik beider Fades unabhängig voneinander einstellen.

Auf diese Weise können keine Klicklaute entstehen. Einzige Bedingung für einen gelungenen Crossfade: Beide Samples müssen dieselbe Tonhöhe haben.

Mittels Crossfades lassen sich auch ›weiche‹ Klänge wie Keyboard-Teppiche, Background-Chöre oder Streicher ohne hörbaren Übergang aneinanderreihen.

Bezüglich der Länge des Crossfades gibt es einige Dinge zu beachten. Auch wenn beide beteiligten Samples dieselbe Tonhöhe haben, kann es zu einer wahrnehmbaren Schwebung im Bereich des Crossfade kommen. Dazu genügt es, wenn beide Samples minimale Abweichungen bezüglich ihrer Phasenlage oder Amplitude haben, was praktisch immer der Fall ist. Von daher empfiehlt es sich, eine möglichst kurze Crossfadezeit zu wählen. Weichen die Lautstärken beider Samples jedoch recht stark voneinander ab, so kann dies zu einem hörbaren Amplitudensprung führen. Hier wäre dann eine längere Crossfadezeit gefragt, da die Lautstärkeänderung dann unauffälliger erfolgte. Sie sehen also: Auch bei Crossfades ist Ihre Experimentierfreude ebenso gefragt wie Ihre Kompromissbereitschaft.

Bei der Erstellung von Crossfades schneiden Sie zunächst beide Teile so, dass es zu einer Überlappung kommt. Sie lassen also den ersten Teil etwas später enden und den zweiten Teil entsprechend früher beginnen. In vielen Programmen legen Sie nun beide Teile auf dieselbe Spur ab, und das Programm führt automatisch den passenden Crossfade durch.

Sie können den Crossfade auch manuell erzeugen, indem Sie beide Teile überlappend auf unterschiedliche Spuren legen. Am Ende des ersten Teils erzeugen Sie nun einen Fade-Out, am Anfang des zweiten Teils einen Fade-In. Spielen Sie beide Spuren ab, und überprüfen Sie das Resultat. Sind Sie nicht zufrieden, so variieren Sie Sie die Dauer und gegebenenfalls die Kurve der Ein- und Ausblendung, bis das Ergebnis perfekt ist.

CD-Track 22 – Hier wurde eine Loop aus einer Schlagzeugaufnahme ausgeschnitten, kopiert und jeweils vier Mal aneinandergefügt. Im ersten Beispiel wurde ungenau geschnitten, wodurch die ›Eins‹ zu früh erklingt. Hierdurch läuft die Loop sehr unrund. Im anschließenden Durchgang (0:12) wurde schon genauer geschnitten, wodurch die Loop schon fast rund klingt. Aber die ›Eins‹ kommt noch immer etwa 15 ms zu früh, was man mehr fühlt als hört. Das nächste Beispiel (0:24) stimmt nun rhythmisch, aber der Attack der Bassdrum auf der Eins klingt unnatürlich, da nicht auf einem Nulldurchgang der Wellenform geschnitten wurde. Der letzte Durchgang (0:36) zeigt, wie es sein sollte.

8

Das Abmischen

In diesem Kapitel geht es darum, wie Sie aus den einzelnen Spuren Ihrer Aufnahme ein homogenes Ganzes erstellen. Diesen Arbeitsschritt nennt man Abmischung. Da bei der Abmischung gemeinhin auch unterschiedlichste Effekte zugefügt werden, möchte ich die unterschiedlichen Effekttypen und ihren Einsatz ebenfalls hier abhandeln.

Abmischen erst am Ende der Produktion?

Bei der traditionellen Vorgehensweise werden zuerst sämtliche Spuren aufgenommen, dann wird geschnitten, und zum guten Schluss mischt man ab. Zu Beginn des Abmischens zieht man alle Fader des Mischpults auf Null herunter und beginnt dann mit der Bassdrum. Es folgt etwa die Snare usw.

Diese Arbeitsweise stammt noch aus der Zeit der analogen Aufnahmetechnik ohne Automation. Nahm man in einer Aufnahmesession gleich mehrere Stücke auf, die natürlich jeweils ihre eigenen Mischpulteinstellungen verlangten, gab es dort auch keine Alternative zu dieser Arbeitsweise.

Anders mit den heute weit verbreiteten Digital- oder Software-Mischpulten: Hier lässt sich jeder Parameter speichern und zu einem beliebigen Zeitpunkt auf Knopfdruck wieder abrufen. Auch muss man nicht alle Effektgeräte manuell verkabeln, sondern kann den Zustand des virtuellen Effekt-Racks mit abspeichern. Folglich können Sie mit der Abmischung dort beginnen, wo der letzte Arbeitsgang aufhörte.

Führt man diesen Gedanken zu Ende, so kommt man zu der Erkenntnis, dass eine strikte Trennung von Aufnahme, Bearbeitung und Abmischung hier gar nicht mehr nötig ist. Ebenso gut kann man eine Spur aufnehmen, anschließend schneiden, dabei schon Lautstärke, Klang und Effekte einstellen, dann die nächste Spur aufnehmen und so weiter.

Das Abmischen wird bei dieser Arbeitsweise zum ständigen Prozess während der Produktion, ist also eine fortlaufende Anpassung und damit ein schrittweises Herantasten an den perfekten Mix.

Abmischen wird damit deutlich ›stressfreier‹ als bei der oben umrissenen traditionellen Methode. Es gibt nicht den Tag, an dem nun alles ›richtig‹ gemacht werden muss. Das Gehör wird nicht so lange ohne Pause beansprucht, entsprechend geringer ist die Gefahr, dass Sie irgend etwas übersehen oder falsch einstellen. Bemerken Sie etwa beim Schneiden des Basparts, dass die Rhythmusgitarre zu viele untere Mitten aufweist und dadurch das Keyboard überlagert, so korrigieren Sie es gleich. Am nächsten Tag werden Sie vielleicht auf ein anderes Phänomen aufmerksam usw. Ihr Mix wächst mit fortschreitender Produktion, so dass Sie schließlich eine gute Ausgangsposition für eine abschließende Feinabmischung haben.

Unabhängig davon, für welche Arbeitsweise Sie sich entscheiden, gelten die im Folgenden genannten Tipps für einen guten Mix.

Allgemeine Tipps für den guten Mix

Die wichtigste Grundlage für einen ausgewogenen, transparenten Mix ist ein stimmiges Arrangement. Aus einem Smart kann man schließlich keinen Porsche machen. Die einzelnen Instrumente sollten sich folglich frequenzmäßig wie auch in allen musikalischen Parametern zu einem großen Ganzen addieren, keinesfalls aber bekämpfen oder neutralisieren. Sind diese Voraussetzungen schon im Arrangement nicht erfüllt, so kann auch die beste Technik bei der Abmischung nichts mehr richten. Dies vorweg.

›Abmischen‹ bedeutet vereinfacht gesagt nichts anderes, als für jedes einzelne Instrument die folgenden Aspekte optimal zu regeln:

- Lautstärke
- Klang
- Stereoposition
- Effekte

Oftmals gibt es kein Patentrezept, wie Sie diese Aspekte für die unterschiedlichen Instrumente in den Griff bekommen können. Wohl aber gibt es typische Fehler, die es zu vermeiden gilt, und da möchte ich Hilfestellung leisten.

Weiterhin müssen Sie sich darüber klar sein, dass alle genannten Punkte sich gegenseitig beeinflussen. Heben Sie beispielsweise Höhen und obere Mitten an, erscheint das Instrument lauter, muss also unter Umständen im Pegel etwas abgesenkt werden. Der Einsatz eines Kompressors wird ebenfalls die Lautstärke verändern und darüber hinaus auch in einem gewissen Umfang das Klangbild beeinflussen.

Arbeiten Sie also diese Punkte nicht nach einer bestimmten Reihenfolge ab, sondern regeln Sie alles immer wieder im Gesamtzusammenhang nach. Hören Sie Instrumente einzeln ab, dann wieder im Zusammenhang mit anderen, und nehmen Sie immer wieder Veränderungen vor, um sich mehr und mehr dem perfekten Klang anzunähern.

Die Lautstärken der einzelnen Instrumente

Die Lautstärke ist sicherlich der wichtigste ›Parameter‹ eines Instrumentes im Mix. Oft setzen sich Instrumente gleich viel besser durch, wenn Sie sie etwas lauter machen. Umgekehrt fügen sich Instrumente vielfach harmonischer in das Ganze ein, sobald sie etwas heruntergeregelt werden.

Zur Beurteilung der optimalen Lautstärke aller Instrumente gibt es keine Patentrezepte, da müssen Ihre Ohren entscheiden. Im Folgenden aber eine Liste häufig gemachter Fehler und nützlicher Ratschläge, die Ihnen dabei helfen können, Ihren Mix besser, objektiver zu beurteilen.

- Spielen Sie Ihren Mix möglichst vielen Leuten vor, egal ob Musiker oder ›nur‹ Musikkonsumenten. Je mehr Paare kritischer Ohren hören, desto mehr werden Defizite auffallen.
- Viele Musiker neigen dazu, ihr eigenes Instrument lauter im Mix haben zu wollen, als es dem Stück gut tut. Es kommt auf ausgewogene Verhältnisse der Instrumente untereinander an. Alles zugleich lauter, voller, mehr, besser geht nicht.
- Setzt sich ein Instrument nicht richtig durch, so müssen Sie dieses nicht unbedingt lauter stellen. Oft ist es vielmehr besser, andere Instrumente, die sich im gleichen Frequenzbereich tummeln, leiser zu regeln. Prüfen Sie, was im jeweiligen Fall besser klingt.
- Gleichmäßige, ›unauffällige‹ Parts wie Rhythmusgitarren, Klavierbegleitung oder Synthiflächen werden gerne zu laut gestellt und matschen so alles zu. Achten Sie darauf, dass Luft für Gesang, Instrumental-Einwürfe, Soli, aber auch für einen akzentuierten Schlagzeug-Groove bleibt.
- Legen Sie beim Mischen öfter eine Pause ein, damit sich das Gehör erholen kann.
- Bassdrum, Bass, Hi-Hats und andere Becken lassen sich auch mit dem Equalizer durch Anhebung der Bässe bzw. der Höhen enorm in der Lautstärke verändern.
- Instrumente, die sich irgendwie nie richtig einfügen wollen, weil sie an einer Stelle zu laut und an anderen zu leise sind, müssen entweder mit den im letzten Kapitel beschriebenen Lautstärkekurven oder mit einem Dynamik-Kompressor ›gefügig‹ gemacht werden.
- Hören Sie zusammengehörige Gruppen – etwa Gesang und Background-Gesang, Bläsersätze, Rhythmusgitarren usw. – auch einzeln ab, und passen Sie sie zunächst relativ zueinander an.
- Hören Sie Ihren Mix auf möglichst vielen unterschiedlichen Anlagen ab. Die Gitarre, die auf der Abhöre im Studio optimal rüberkam, klingt nämlich auf Muttis Radiorecorder möglicherweise viel zu laut. Aber schließlich soll die Aufnahme später ja überall zumindest passabel klingen.

- Vergleichen Sie Ihre Mischung immer wieder mal mit einer stilverwandten Profiaufnahme. Wenn die Gitarre von Jimi Hendrix wesentlich leiser ist oder die Bassdrum des aktuellen Sommerhits nur halb so viel Dampf macht wie bei Ihrer Aufnahme, sollte Ihnen das zu denken geben.

Klangbearbeitung

Neben der Lautstärke ist der Klang der einzelnen Instrumente ein sehr wichtiger Parameter für einen guten Mix. Anders als die Lautstärke hängt der Klang allerdings ganz wesentlich davon ab, wie Sie das Instrument aufgenommen haben. Denn während Sie die Lautstärke eines Instrumentes beim Mix beliebig ändern können, ist es schier unmöglich, aus beispielsweise einer mumpfigen Gitarrenaufnahme so etwas wie Brillanz herauszukitzeln. Je besser also das Instrument bereits ohne weitere Klangbeeinflussung klingt, desto einfacher haben Sie es beim Abmischen.

Das wichtigste Werkzeug zur Klangbeeinflussung ist der Equalizer, egal ob in Form eines speziellen Gerätes oder in Form der Klangregelung Ihres Mischpults. Was aber genau ist ein Equalizer?

Equalizer

Ein Equalizer – kurz EQ genannt – ist eine technische Schaltung zur gezielten Anhebung oder Absenkung einzelner Frequenzen eines Klanges. Dies geschieht mittels spezieller Filter. Eine entscheidende Größe ist die Anzahl der Filter eines Equalizers, man spricht hier auch von Bändern. Ein EQ mit sechzehn Bändern gestattet also die unabhängige Kontrolle von sechzehn verschiedenen Frequenzbereichen. Einen EQ mit zwei Bändern kennen Sie von Ihrer Stereoanlage.

Ungeachtet der Anzahl der Bänder kann man Equalizer grob in zwei Kategorien unterteilen: Festfrequenz-Equalizer und parametrische Equalizer.

Festfrequenz-Equalizer

Beim Festfrequenz-Equalizer arbeiten die Bänder bei einer jeweils fest eingestellten Frequenz. Die Frequenzen der einzelnen Bänder werden dabei so gewählt, dass der gesamte hörbare Frequenzbereich – die berühmten 20 Hz bis 20 kHz – möglichst gleichmäßig abgedeckt ist. Bei zwei Bändern hat man eines für die Bässe und eines für die Höhen, bei drei Bändern hat man einen Bass-, Mitten- und Höhenregler.

Die folgende Tabelle zeigt die Frequenzverteilung für unterschiedliche gängige Bänderzahlen.

10 Band	31 Hz; 62 Hz; 125 Hz; 250 Hz; 500 Hz; 1 kHz; 2 kHz; 4 kHz; 8 kHz; 16 kHz
16 Band	20 Hz; 31 Hz; 50 Hz; 80 Hz; 125 Hz; 200 Hz; 315 Hz; 500 Hz; 800 Hz; 1,25 kHz; 2 kHz; 3,15 kHz; 5 kHz; 8 kHz; 12,5 kHz; 20 kHz
31 Band	20 Hz; 25 Hz; 31,5 Hz; 40 Hz; 50 Hz; 63 Hz; 80 Hz; 100 Hz; 125 Hz; 160 Hz; 200 Hz; 250 Hz; 315 Hz; 400 Hz; 500 Hz; 630 Hz; 800 Hz; 1 kHz; 1,25 kHz; 1,6 kHz; 2 kHz; 2,5 kHz; 3,15 kHz; 4 kHz; 5 kHz; 6,3 kHz; 8 kHz; 10 kHz; 12,5 kHz; 16 kHz; 20 kHz

Ein Equalizer mit zehn Bändern, bei dem die Frequenz jedes Bandes jeweils das Doppelte des vorhergehenden Bandes beträgt, wird auch als Oktav-Equalizer bezeichnet, da die Verdopplung der Frequenz musikalisch gesehen immer einem Oktavabstand entspricht. Ein EQ mit sechzehn Bändern wird folglich auch 2/3-Oktav-Equalizer genannt, ein 31-Band-EQ auch 1/3-Oktav-Equalizer.

Jedes Frequenzband lässt sich mit einem Regler anheben oder absenken, meist im Bereich um ±12 oder ±18 dB.

Eine verbreitete Form des Festfrequenz-Equalizers ist der grafische Equalizer. Hier werden die Frequenzbänder über meist senkrecht angeordnete Schieberegler geregelt. Seinen Namen hat er daher, dass die Stellung der Schieberegler grafisch den eingestellten Frequenzverlauf widerspiegelt.

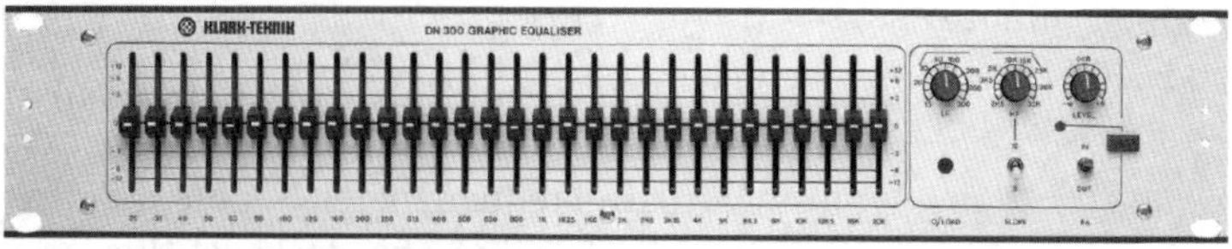

Ein 31-Band-Equalizer von Klark Teknik.

In der Praxis arbeiten Filter nie nur bei exakt einer Frequenz, sondern beeinflussen auch einen mehr oder weniger großen Bereich umliegender Frequenzen. Wie groß dieser Bereich ist, wird durch die Bandbreite des Filters – auch Filtergüte oder Q genannt – bestimmt. Einen Filter mit hohem Q-Wert bezeichnet man als schmalbandig, einen solchen mit niedrigem Q-Wert als breitbandig.

Bei einem guten EQ ist der Q-Wert der einzelnen Bänder so gewählt, dass der gesamte Frequenzbereich mit möglichst geringenen Überschneidungen der einzelnen Bänder abgedeckt wird. Folglich hat ein EQ mit 30 Bändern schmalbandigere Filter als ein Dreiband-Equalizer.

Parametrischer Equalizer

Bei einem parametrischen Equalizer lassen sich für jeden Filter alle Parameter regeln, also:

- die Frequenz
- die Stärke der Anhebung oder Absenkung der gewählten Frequenz
- die Bandbreite

Die folgenden Abbildungen verdeutlichen noch einmal, welche Rolle die einzelnen Parameter spielen.

Drei Filter mit den Frequenzen 50 Hz, 500 Hz und 5000 Hz. Die Anhebung beträgt jeweils +12 dB bei einem Q-Wert von 3.0.

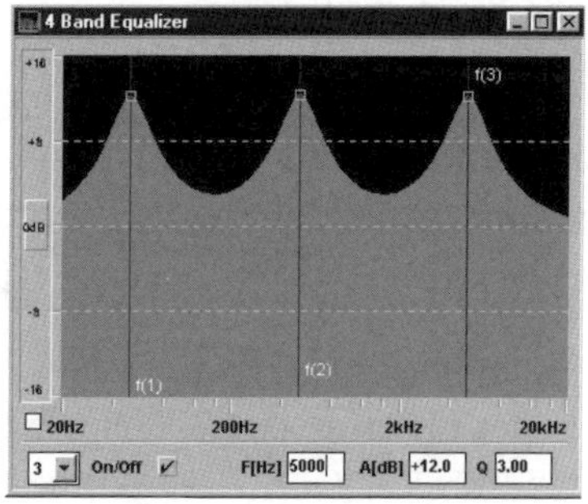

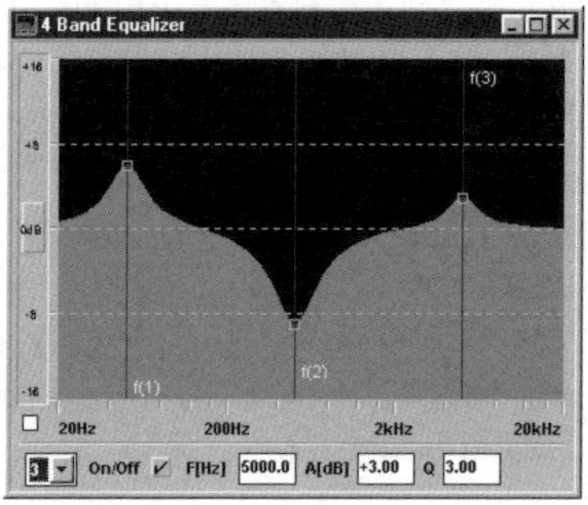

Hier wurde links um +6 dB angehoben, in der Mitte um –9 dB abgesenkt, rechts um +3 dB angehoben.

Links eine schmalbandige Anhebung (Q = 10), rechts eine breitbandige (Q = 0,7).

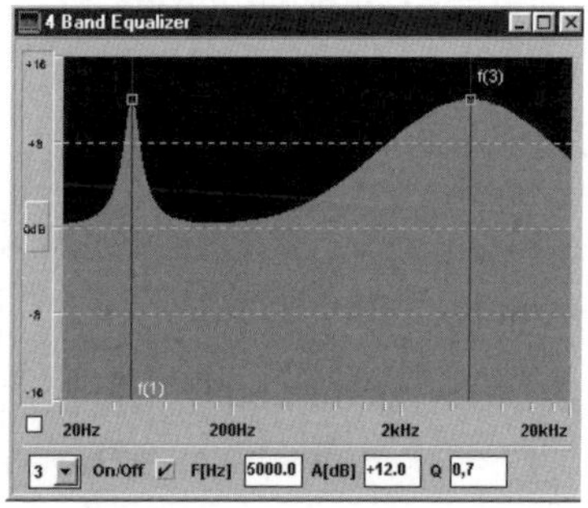

Bei einem parametrischen EQ sind die einzelnen Filter durch die variable Bandbreite sehr flexibel nutzbar. Wollen Sie etwa den gesamten Mittenbereich absenken, so müssen Sie mit einem grafischen Equalizer alle Bänder des Mittenbereichs absenken. Mit dem parametrischen Equalizer benötigen Sie nur ein Filterband, dessen Bandbreite Sie so wählen, dass es alle Frequenzen innerhalb des gewünschten Bereiches erfasst. Aus diesem Grund sind parametrische EQs fast immer mit weniger Filtern ausgestattet als Festfrequenz-EQs.

Wegen der größeren Flexibilität bei geringerer Zahl von Filtern und damit geringerer Zahl von Bauteilen ist die Klangregelung bei besseren Mischpulten meist als parametrischer Equalizer mit drei oder vier Bändern realisiert.

Bei preiswerteren Pulten findet man oft auch eine Mischform, nämlich ein oder zwei Klangregler mit parametrischen Filtern, die bevorzugt für den Mittenbereich gedacht sind, sowie einem Bass- und einem Höhenregler mit fester Frequenz.

Spezielle Filtercharakteristiken

Die Wirkung eines Filters, wie wir ihn bisher kennengelernt haben, erzeugt grafisch ausgedrückt bei der Anhebung einen Hügel und bei Absenkung eine Kuhle. Diese Filter nennt man auch Glocken- oder Peak-Filter. Will man nun beispielsweise die Frequenzen von 10 bis 20 kHz gleichermaßen anheben, so ist dies mit einem solchen Filter nicht möglich, da seine Wirkung stets bei der Mittenfrequenz am stärksten ist. Hierfür ist ein Filter mit einer Charakteristik wie in der folgenden Abbildung wesentlich besser geeignet. Diese Charakteristik wird als Shelving bezeichnet und findet sich bevorzugt bei Höhenreglern (a) bzw. Bassreglern (b) von Mischpulten.

a. Ein Shelving-Filter für den Höhenbereich. Die Frequenz wurde hier auf 1000 Hz gesetzt, um den kompletten Filterverlauf besser erkennen zu können.

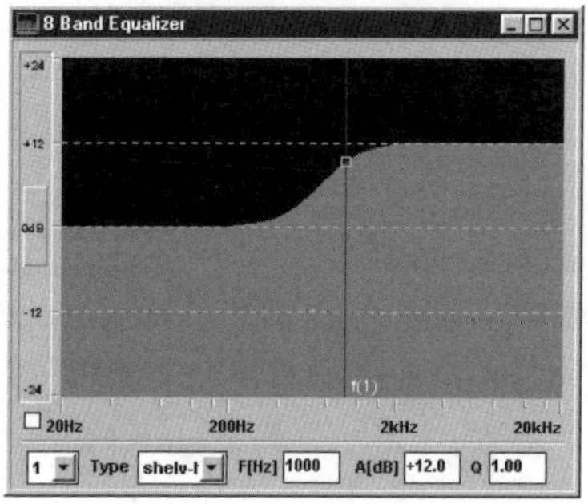

b. Das gleiche mit einem Shelving-Filter für den Bassbereich.

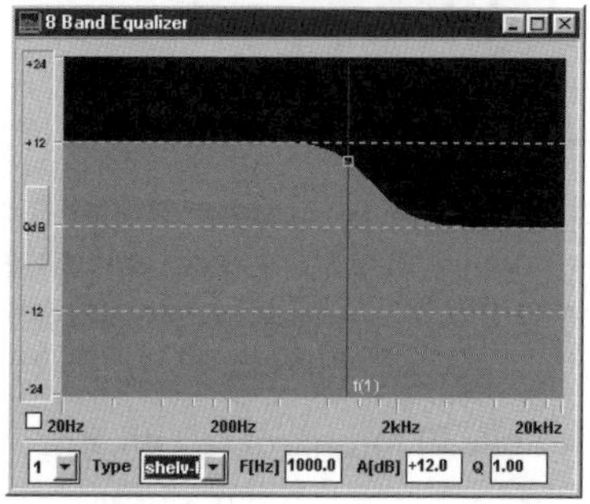

Filter, bei denen nur Frequenzen unterhalb der Filterfrequenz durchgelassen werden, heißen Tiefpass-Filter oder engl. Low-Pass. Filter, bei denen nur Frequenzen oberhalb der Filterfrequenz durchgelassen werden, heißen Hochpass-Filter oder engl. High-Pass. Lässt ein Filter nur Frequenzen innerhalb eines bestimmten Bereichs durch, so spricht man von einem Band-Pass-Filter. Bei diesen Filtertypen ist die Steilheit, mit der die Frequenzen abgeschnitten werden, ein klangentscheidender Faktor. Diese Steilheit wird in der Einheit dB/Oktave angegeben. Gängige Werte sind hier 12 dB/Oktave, 18 dB/Oktave und 24 dB/Oktave.

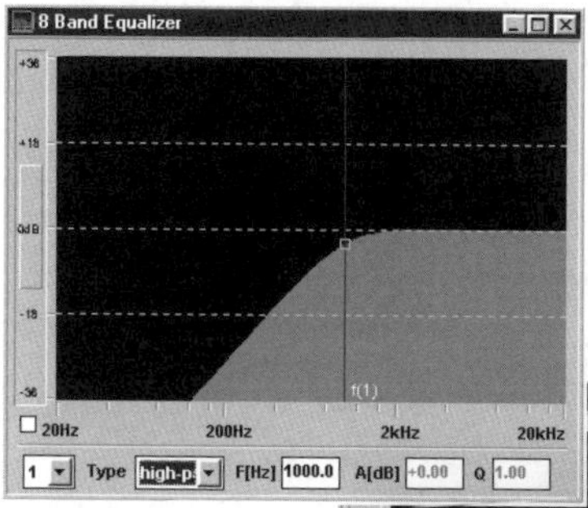

High-Pass-Filter

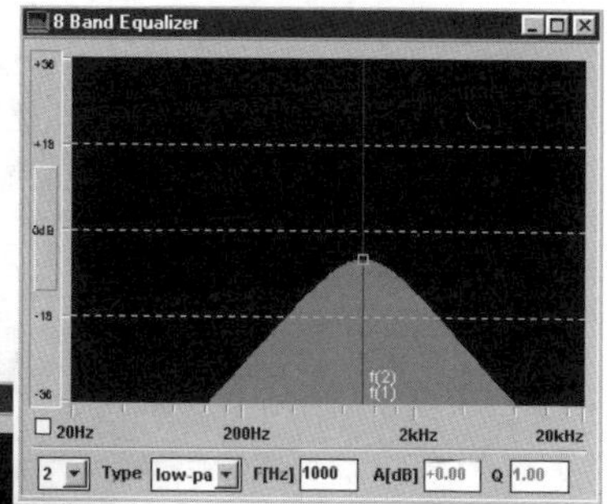

Band-Pass-Filter

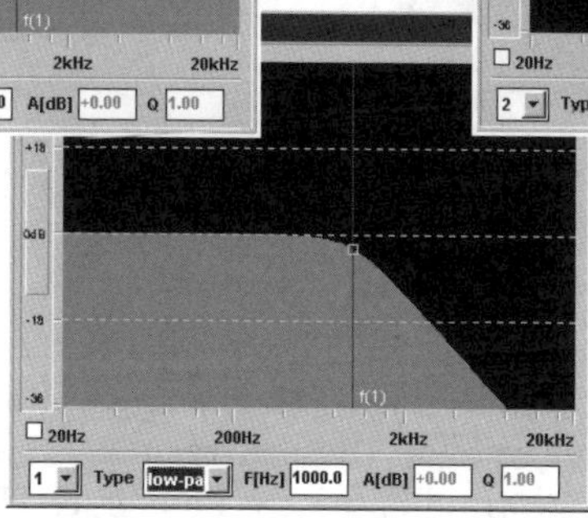

Low-Pass-Filter

Eine weitere Art von Filter, der so genannte Notch-Filter, dient zum Ausfiltern bestimmter Frequenzen, etwa von Netzbrummen, das hierzulande eine Frequenz von 50 Hz hat, von Pfeiftönen, wie sie manchmal bei Aufnahmen aus dem Radio oder Fernseher vorkommen, oder von Resonanzen, die im Inneren eines Hängetoms auftreten. Hier kommt es darauf an, die unerwünschte Frequenz möglichst weit abzusenken, ohne die umliegenden Frequenzen zu beeinflussen. Ein Notch-Filter ist trotz seines klangvollen Namens übrigens eigentlich nichts anderes als ein sehr steilflankiger Glocken-Filter mit hohem Q-Wert.

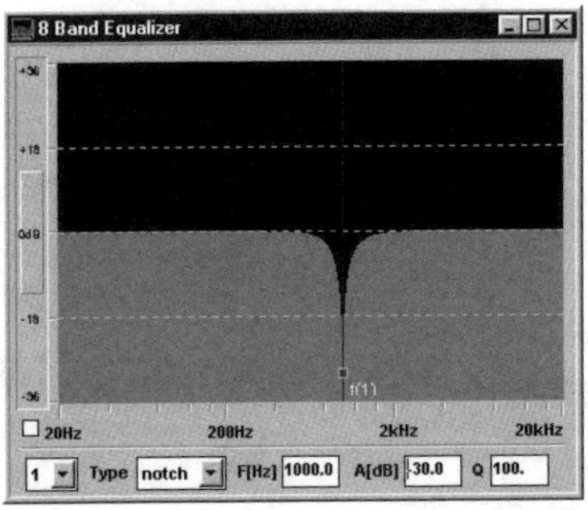

Notch-Filter.

Der richtige Einsatz des Equalizers

Vorhandene Geräte, vor allem solche, die man gerade neu angeschafft hat, müssen auch eingesetzt werden. Dieser Irrglaube – nicht nur bei Anfängern verbreitet – ist der Grund dafür, dass die ersten Produktionen nach Erwerb des neuen Hallgerätes meist nach galaktischem Badezimmer klingen.

Haben Sie ein Instrument gut aufgenommen, so klingt es vielleicht schon ganz ohne nachträgliche EQ-Bearbeitung am besten. Setzen Sie den Equalizer also nicht zwanghaft überall ein, sondern nur da, wo er bei der Behebung von Klangproblemen hilft. Klänge aus der Konserve – also Samples, Drumcomputer, Keyboard-Sounds – klingen häufig schon optimal, so dass Sie auf den Einsatz von EQs verzichten können.

Der wohl häufigste Fehler im Umgang mit dem Equalizer: Frequenzen werden viel öfter angehoben als abgesenkt. Halten Sie sich stets vor Augen, dass eine Bass- und Höhenanhebung auch durch das Absenken der Mitten und eine anschließende Lautstärkeanhebung des Gesamtsignals erreicht werden kann.

Diese Alternative wird gerne vergessen, da eine Anhebung der Bässe und Höhen scheinbar besser klingt als die Absenkung der Mitten, was jedoch nur an der damit verbundenen Lautstärkezunahme liegt. Wir empfinden nämlich das gleiche Signal als voller, satter und damit besser klingend, sobald es lauter ist.

Denken Sie bei der Klangreglung also unbedingt in relativen Zusammenhängen, und nutzen Sie die Möglichkeiten der Anhebung und der Absenkung immer im Zusammenspiel mit der Lautstärkeeinstellung.

Genau wie bei der Einstellung der Lautstärke der einzelnen Instrumente sollten Sie auch bei der Klangeinstellung das Prinzip der Nische beherzigen. Das heißt: Schaffen Sie Freiräume für charakteristische Frequenzen einzelner Instrumente, indem Sie diese Frequenzen bei anderen Instrumenten zurücknehmen. So vermeiden Sie Überlagerungen und damit Klangbrei.

Soll also die Sologitarre im oberen Mittenbereich prägnanter klingen, so ist es oftmals angezeigt, nicht nur die entsprechende Frequenz der Sologitarre anzuheben, sondern diese Frequenz zusätzlich bei Instrumenten abzusenken, die ebenfalls in diesem Frequenzbereich stark vertreten sind, also etwa Rhythmusgitarren oder Keyboardflächen.

Soll der Bass voluminöser klingen, so heben Sie ihn bei 100 Hz etwas an, und machen Sie dafür die Bassdrum dort etwas schlanker.

Sind spezielle Frequenzen generell überbetont, weil viele Instrumente gleichzeitig diese Frequenzen erzeugen, so sollten Sie versuchen, diesen Frequenzbereich insgesamt herunterzuregeln. Dieses Problem tritt oft im unteren Mittenbereich auf, etwa wenn zwei Gitarren ein Riff auf den Basssaiten spielen und zudem das Klavier in der gleichen Oktavlage spielt. Kommt dann noch eine Synthifläche im gleichen Frequenzbereich hinzu, ist der Brei vorprogrammiert.

In diesem Falle sollten Sie übrigens das ganze Arrangement nochmals überdenken, bevor Sie zu den Reglern der EQs greifen. Vielleicht reicht es aus, ein Instrument in etwas anderer Oktavlage neu einzuspielen. Das Resultat wird so oft besser als durch noch so intensives Schrauben an noch so vielen EQs.

Analyzer

Ein Analyzer ist ein ein Messinstrument, mit dem Sie Klang ›sehen‹ können. Dadurch sind Sie bei der Einstellung des Equalizers nicht allein auf Ihre Ohren angewiesen, sondern erhalten ein objektives Bild der Frequenzverteilung. Analyzer sind als Software-Plug-Ins und in Form von Hardware-Geräten erhältlich.

Ein Analyzer analysiert die Lautstärke einzelner Frequenzbereiche und stellt sie grafisch dar. Da sich diese Lautstärken ständig verändern, ist die Darstellung nicht statisch, sondern verändert sich dynamisch in Echtzeit, das heißt, auf dem Display flackern mehr oder weniger alle Anzeigen im Takt der Musik.

Der Analyzer ist so etwas wie das Gegenstück zum grafischen Equalizer. Es gibt eine Reihe von Frequenzbändern, die gleichmäßig über den gesamten Frequenzbereich verteilt sind und deren Lautstärken in Form einer LED-Kette, einer Kurve o. ä. dargestellt werden.

Wenn Sie sich nun ein Musikstück auf dem Analyzer ansehen und erkennen, dass das 500-Hz-Band ca. 6 dB mehr ausschlägt als alle anderen, so müssen Sie nur am Equalizer das 500-Hz-Band um 6 dB absenken, um einen gleichmäßigen Frequenzverlauf zu erzielen.

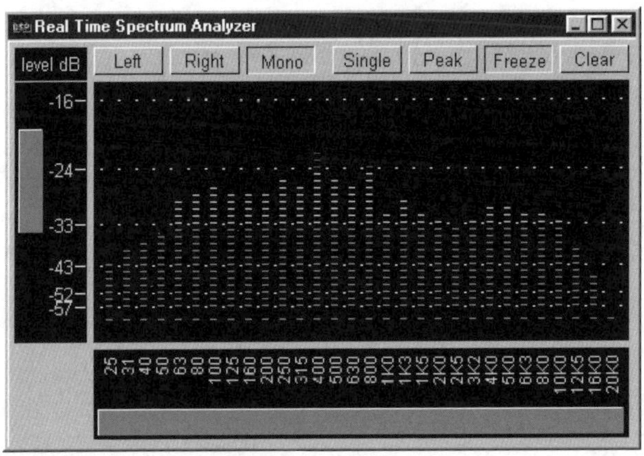

Ein Echtzeit-Spektralanalyzer.

Sinnvollerweise sollte der Analyzer hinter den Equalizer geschaltet sein, damit Änderungen am Equalizer unmittelbar zu einer Änderung der Anzeige führen. Bei Einsatz eines grafischen EQs ist es optimal, wenn Analyzer und Equalizer übereinstimmende Frequenzbänder haben. Da parametrische Equalizer ohnehin jede beliebige Frequenz beeinflussen können und sich die Anzahl der Bänder bei Software-Analyzern einstellen lässt, ist hier das Zusammenspiel von Analyzer und Equalizer meist problemlos.

Viele Programme bieten keinen Echtzeit-Analyzer, der sich ständig während der laufenden Wiedergabe verändert und so stets die aktuelle Frequenzverteilung anzeigt, sondern einen statischen FFT-Analyzer. FFT steht für Fast-Fourier-Transformation und bezeichnet ein mathematisches Verfahren, mit dem aus dem Audiomaterial Informationen über dessen Frequanzanteile gewonnen werden.

Entweder wird die durchschnittliche Frequenzverteilung der analysierten Audiodatei angezeigt, oder die Zeitachse wird neben der Frequenz und der Lautstärke als zusätzliche Dimension in einer dreidimensionalen Ansicht berücksichtigt. Es entsteht ein ›Gebirge‹, wie es die nachfolgende Abbildung zeigt.

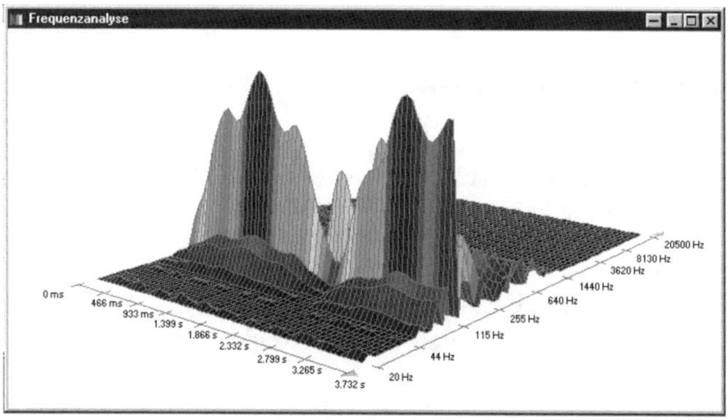

Ein Synthesizerton in der 3D-Analyzer-Ansicht von WaveLab. Schaut man von vorne rechts auf das Frequenzgebirge, so sieht man die Lautstärke in Abhängigkeit von der Frequenz, schaut man von vorne links, so wird der zeitliche Verlauf der einzelnen Frequenzscheiben deutlich.

Sie sollten grundsätzlich die Möglichkeiten des Analyzers nicht überschätzen. Er ist ein zusätzliches Anzeigeinstrument, welches das Gehör nie ersetzen kann. Bei kompletten Musikstücken kommt man mit Hilfe des Analyzers zwar übermäßig bass- oder höhenlastigen Mischungen gut auf die Spur, analysiert man jedoch einzelne Instrumente, so sieht man zwar deren Frequenzverteilung, kann daraus jedoch keinen direkten Nutzen ziehen, da einem ja der Zusammenhang mit den anderen Klangkomponenten im Mix fehlt.

Dennoch kann der Analyzer auch hier von großem Nutzen sein. Beispielsweise können Sie damit schmalbandige Überbetonungen einzelner Frequenzen gezielt aufspüren, wie sie etwa durch Raumresonanzen oder durch schlechte Mikrofone entstehen. Zeigt also der Frequenzgang der Rhythmusgitarre eine auffällige Überhöhung der Frequenzen um 1 kHz herum, so sollten Sie auf jeden Fall probeweise diese Frequenz absenken. Lassen Sie Ihr Gehör entscheiden – und zwar im Zusammenhang mit allen anderen Instrumenten –, ob es sich hier um einen unerwünschten Effekt handelt, etwa weil sowohl der Gitarrenlautsprecher als auch das Mikro bei 1 kHz eine leichte Anhebung aufweisen und sich nun beide summieren, oder ob diese Überhöhung wichtig für die typische Charakteristik des Sounds ist und beibehalten werden sollte.

Der parametrische EQ als Analyzer

Verfügen Sie über einen parametrischen Equalizer, so möchte ich Sie mit einer alternativen Methode zum Auffinden von Frequenzüberhöhungen bekannt machen, bei der Sie keinen Analyzer benötigen.

Stellen Sie als erstes den Q-Faktor auf einen nicht zu niedrigen Wert (etwa 3 oder mehr), den Regler für die Stärke der Anhebung bzw. Absenkung (Gain) auf maximale Anhebung und den Frequenzregler ganz nach unten.

Drehen Sie nun den Frequenzregler, um den gesamten Frequenzbereich langsam zu durchfahren. Weist der Frequenzverlauf des Instrumentes an einer Stelle eine auffällige Überhöhung auf, so wird diese Überhöhung in dem Moment, wo Sie sie mit dem Equalizer zusätzlich anheben, besonders unangenehm auffallen. Achten Sie also auf plötzlich auftretende resonanzartige Verschlechterungen des Klanges. Haben Sie eine derartige Stelle gefunden, senken Sie diese Frequenz einfach ab. Mit diesem Trick bekommen Sie beispielsweise unerwünschte Resonanzen in den Griff.

CD-Track 23 – Bei dieser Gitarrenaufnahme entstand durch die perkussive Spieltechnik ein leichtes Dröhnen der Gitarrendecke, welches mit einem Equalizer gedämpft werden soll. Sie hören die Aufnahme zunächst ohne Veränderung, ab etwa 0:14 wird ein parametrischer Equalizer zugeschaltet, dessen Gain-Regler auf Maximalposition steht. Die Bandbreite hat einen mittleren Wert. Die Filterfrequenz wird nun variiert, bis etwa bei 0:34 diejenige Frequenz gefunden wurde, bei der das Dröhnen am stärksten ist. Anschließend (0:37) wurde der Gain-Regler auf –5 dB gestellt, um das Dröhnen abzusenken. Zum Vergleich hören Sie danach (0:45) nochmals die Originalaufnahme.

9

Klangbearbeitung einzelner Instrumente

Für die Klangbearbeitung einzelner Instrumente im Mix kann es keine allgemeingültigen Regeln geben. Ein Instrument, das sich klanglich optimal in den einen Song einfügt, kann in einem anderen Song völlig fehl am Platze wirken. Dennoch gibt es Punkte, die man grundsätzlich beachten sollte. Einige davon habe ich im Folgenden zusammengetragen.

Schlagzeug

Bassdrum

Für viele ist die Bassdrum gleichbedeutend mit tiefem, dumpfem Klang. Das ist nicht ganz richtig. Eine Bassdrum hat auch einen nicht unerheblichen Anteil höherer Frequenzen (bis ca. 5 kHz). Hebt man diese an, so gewinnt der Bassdrum-Sound an Prägnanz und Transparenz.

Wenn Sie den unteren Frequenzbereich anheben, um die Bassdrum voller erklingen zu lassen, so bedenken Sie, dass ein impulsstarkes, tieffrequentes Signal die Abhöranlage erheblich fordert. Mischen Sie über große, leistungsstarke Boxen ab, so mag Ihnen dies nicht als Problem erscheinen. Behalten Sie aber stets im Hinterkopf, dass Ihre Musik auch auf kleineren Anlagen oder im Autoradio gut klingen soll. Vermeiden Sie aus diesem Grund extreme Anhebungen der Tiefbässe. Sub-Bässe, also Frequenzen unterhalb von etwa 40 Hz, sollten Sie gegebenenfalls sogar absenken.

Mehr Fülle bekommt die Bassdrum durch eine Anhebung bei ca. 100 Hz, mehr Punch können Sie durch Absenken der Mitten bei etwa 400 Hz erzielen. Der Kick, also das Schlaggeräusch des Schlegels, kommt bei einer Anhebung im Bereich um 1 kHz deutlicher heraus, mehr Prägnanz erhalten Sie durch eine Anhebung bei 2 bis 3 kHz.

Klingt die Bassdrum topfig oder wummernd, sollten Sie durch Durchstimmen des Frequenzreglers bei maximal angehobenen Gain den störenden Frequenzbereich aufspüren und anschließend absenken.

Kommt die Bassdrum von einem MIDI-Klangerzeuger, bei dem Sie einen Sound ja jederzeit auch noch während der Abmischung wechseln können, so ist es bei Klangproblemen möglicherweise einfacher, einen passenderen Sound auszuwählen, als stundenlang mit dem EQ zu experimentieren.

Snare

Soll eine Snare schön fett klingen, so können Sie den Bassbereich breitbandig anheben. Durch eine gleichzeitige Anhebung der Höhen gewinnt der Sound an Transparenz. Die typischen voluminösen Snaresounds der 70er und frühen 80er erzielen Sie durch eine schmalbandige Anhebung der Frequenz des Grundtons der Snare. Bei modernen Produktionen setzt man dagegen meist auf harte, trockene Snaresounds, deren Charakter durch eine Anhebung der oberen Mitten betont werden kann.

Achten Sie darauf, dass der spezifische Frequenzbereich der Snare nicht durch andere Instrumente verdeckt wird. Ist die Snare sehr dominant in den unteren Mitten, sollten Sie bei den anderen Instrumenten diesen Frequenzbereich absenken.

Ansonsten ist erlaubt, was gefällt. Experimentieren Sie nach Lust und Laune mit Anhebung und Absenkung unterschiedlicher Frequenzen, bis Sie Ihren Wunschsound haben.

Toms

Toms haben meist wenig Höhen und – mit Ausnahme des Standtoms – wenig Bässe. Durch Anhebung der oberen Mitten oder des unteren Höhenbereichs können Sie das Schlaggeräusch herauskitzeln und dadurch mehr Transparenz erzielen. Resonanzen und Wummern sollten wieder mit dem Durchstimm-Trick per Frequenzregler aufgespürt und eliminiert werden.

Sind auf den Tom-Spuren Übersprechungen von anderen Trommeln oder den Becken hörbar, können Sie diese durch Absenkung der Höhen und tiefen Bässe reduzieren, ohne dass der Tom-Sound zu sehr beeinträchtigt wird.

Hi-Hat und Becken

Auch wenn Hi-Hats und Becken ein Gemisch aller Frequenzen von den Bässen bis hinauf jenseits des hörbaren Bereichs erzeugen, kommt es innerhalb eines Mixes meist nur auf die oberen Frequenzen an, da der untere Bereich schon durch andere Instrumente mehr als gut abgedeckt ist.

Für einen natürlichen Hi-Hat- und Beckensound können Sie weitgehend auf die Klangregelung verzichten. Wenn Sie den unteren Frequenzbereich absenken, gleichzeitig die Höhen etwas anheben und dafür die Lautstärke reduzieren, erhalten Sie einen sehr feinen, brillanten Sound. Vorsicht dabei mit der Höhenanhebung: Tun Sie hier zuviel des Guten, wirkt der Sound auf Dauer ermüdend.

CD-Track 24 – Ein kurzer Drum-Groove erklingt zunächst ohne Bearbeitung durch Equalizer. Danach hören Sie vier weitere Durchgänge, bei denen Bassdrum, Snare und Hi-Hat mit verschiedenen Equalizereinstellungen verändert wurden. Wie Sie hören, kann der Klang von Schlaginstrumenten mit der parametrischen Klangregelung in großem Maße beeinflusst werden.

Bass

Auch wenn ein Bass naturgemäß vorwiegend tiefe Frequenzen produziert, ist der Mittenbereich ebenso entscheidend für die Klangcharakteristik des Basses und für die Ausgewogenheit innerhalb der Gesamtmischung. Hier sollten Sie besonders auf überlaute, wummernde oder dröhnende Resonanzen und auf Frequenzüberlagerungen mit anderen Instrumenten achten.

Bei geslappten und knurrigen Bass-Sounds sind auch die oberen Mitten und unteren Höhen bedeutsam, ansonsten können Sie diese Frequenzbereiche beim Bass vernachlässigen.

Für den Kontrabass gilt das gleiche wie für den E-Bass. Je nach Mikrofon oder Tonabnehmer können einige Korrekturen erforderlich sein, insbesondere im Bereich der Bässe und unteren Mitten.

Gitarren

E-Gitarren haben einen Frequenzbereich von ca. 80 Hz bis hinauf zu 5 bis 8 kHz, je nach verwendetem Lautsprecher. Der Frequenzbereich von Akustik-Gitarren reicht noch deutlich weiter hinauf.

Dröhnenden, verwaschenen E-Gitarren-Sounds rücken Sie erfahrungsgemäß durch eine Absenkung der unteren Mitten erfolgreich zu Leibe. Matten Sounds ohne Durchsetzungsvermögen verhilft eine Anhebung im Bereich von 2 bis 5 kHz zu unerwartetem Glanz. Klingt eine verzerrte Gitarre zu kratzig, sollten Sie die oberen Höhen reduzieren.

Möchten Sie, dass eine direkt ins Pult gespielte Gitarre mehr so klingt, als sei sie über einen Verstärker gespielt worden, dann imitieren Sie einfach den Klang des Gitarrenlautsprechers mit dem Equalizer. Heben Sie dazu den Bereich von 3 bis 5 kHz deutlich an, und schneiden Sie alles über 6 kHz möglichst steilflankig ab.

Bei akustischen Gitarren sollte man bei der Klangregelung mit mehr Bedacht zu Werke gehen. Höhenkorrekturen sind grundsätzlich unauffälliger, wenn Sie mit einem breitbandigen Filter arbeiten. Störende Resonanzen im Gitarrenkorpus spüren Sie am besten wieder mit dem Durchstimmtrick der Filterfrequenz auf und senken dann die betreffende Frequenz ab. Geschlagene Rhythmusgitarren klingen brillanter, wenn die Bässe nicht zu stark vertreten sind. Versuchen Sie es einmal mit einer breitbandigen Absenkung bei ca. 100 Hz.

Klavier und Keyboards

Wenn Sie bei der Aufnahme sauber gearbeitet haben, sollte das Klavier schon ohne weitere Bearbeitung einigermaßen gut klingen. Falls Sie Bass- und Diskantsaiten auf unterschiedliche Spuren aufgenommen haben, so sollten Sie zuerst mit dem Lautstärkenverhältnis der beiden Signale spielen, wenn es an die klangliche Feinabstimmung geht. Ansonsten können Sie das Bass/Höhen-Verhältnis nachregulieren, wobei Sie mit möglichst breitbandigen Filtern arbeiten sollten. Verdeckt das Klavier andere Instrumente, kann eine Absenkung einzelner Mittenbereiche erforderlich sein.

Die meisten Keyboardklänge aus der Konserve klingen bereits recht ausgeglichen. Hier werden Sie sich vermutlich darauf beschränken können, Verdeckungen durch Absenken einzelner Frequenzen zu beseitigen.

Gesang

Die Equalizer-Regel für den Gesang lautet schlicht: Je weniger, desto besser. Schmalbandige Eingriffe in den Frequenzgang sollte man beim Gesang meiden, da die Stimme dann schnell unnatürlich klingt. Nehmen Sie also möglichst nur leichte Korrekturen der Bässe und Höhen mit breitbandigen Filtern vor.

Störende Zischlaute bei Konsonanten wie etwa ›s‹, ›sch‹, ›z‹ unterdrücken Sie am besten mit einem De-Esser. Mehr dazu im Effekte-Kapitel auf Seite 209.

Die Stereoverteilung der einzelnen Instrumente

Die Stereoverteilung oder Panorama-Position der einzelnen Instrumente im Mix entscheidet wesentlich mit über ein transparentes Klangbild Ihrer Aufnahmen. Hier gibt es eine Reihe von Erfahrungswerten, die auch Sie beherzigen sollten.

Jeder Mischpultkanal hat einen Panorama-Regler, der am linken Anschlag das Signal dieses Kanals nur auf den linken Ausgang des Pultes leitet und am rechten Anschlag nur auf den rechten Ausgang. Bei allen Zwischenpositionen wird das Signal der Reglerstellung entsprechend mehr oder weniger auf beide Ausgänge verteilt. Steht der Regler in der Mitte, so wird das Signal auf beiden Ausgängen gleich laut ausgegeben. Mit Hilfe der Panorama-Regler können Sie also die Signale von Mono-Spuren so auf den linken und rechten Ausgang verteilen, dass als Summe ein Stereosignal entsteht.

Abmischen von Stereospuren

Spuren, die in Stereo aufgenommen wurden, benötigen beim Mix zwei Mischpultkanäle. Stellen Sie zunächst den Panorama-Regler des einen Kanals ganz nach links, den des anderen Kanals ganz nach rechts. Ob Sie nun das Instrument weiter links oder weiter rechts hören, hängt zum einen von der Lautstärke beider Einzelspuren und zum anderen von den Mikrofonabständen ab, da das Gehirn die durch unterschiedliche Abstände entstehenden Verzögerungen bei der ›Berechnung‹ der Stereoposition berücksichtigt.

Sie können nun beide Panorama-Regler etwas mehr zur Mitte stellen, um das Sterobild des Instruments ›enger‹ zu machen. Wollen Sie das Instrument mehr nach links schieben, so drehen Sie den Panorama-Regler der rechten Spur mehr zur Mitte, während Sie den der linken Spur am linken Anschlag belassen. Für Verlagerungen nach rechts verfahren Sie entsprechend. Alternativ können Sie auch die Lautstärken beider Spuren verändern, wobei die klanglichen Auswirkungen jedoch anders sind.

Verfügt Ihr Mischpult über Stereokanäle, so finden Sie dort anstelle des Panorama-Reglers einen Balance-Regler. Die klangliche Wirkung ist dieselbe wie beim Panorama-Regler, auch wenn die technischen Abläufe hier anders sind.

CD-Track 25 – Die Gitarre wurde mit zwei Mikrofonen stereo aufgenommen. Zum Vergleich hören Sie danach (b, 0:08) beide Mikrofone mono zusammengemischt. Auch wenn das Instrument beim Mix im Stereobild nach außen gelegt werden soll, klingt die Stereoabnahme (c, 0:15, ein Mikrofon mit der Panoramaeinstellung 100:0 links, das andere 80:20) räumlicher als die Monoversion (d, 0:23, beide Mikrofone nach links mit einer Einstellung von 85:15).

Das Fundament gehört in die Mitte

Zunächst müssen Sie wissen, dass tiefe Frequenzen grundsätzlich schlechter räumlich zu orten sind als hohe. Schon von daher macht es wenig Sinn, Bässe nur nach links oder rechts zu legen. Da die Basswiedergabe zudem bei größerer Lautsprecheroberfläche besser ist – und bei zwei Boxen ist die Oberfläche natürlich größer als bei einer –, gehören Bassdrum und Bass grundsätzlich in die Mitte des Stereobildes. Dasselbe gilt für die Snare.

Auch der Gesang als besonders wichtiger – wenn nicht wichtigster – musikalischer Bestandteil eines Songs sollte in die Mitte gelegt werden.

Symmetrie ist schön

Nachdem nun also Bassdrum, Bass, Gesang und Snare in der Mitte des Stereobildes liegen, können Sie sich daran machen, die restlichen Instrumente sinnvoll um dieses Fundament herum zu verteilen.

Die Toms werden normalerweise gleichmäßig von links bis rechts verteilt. Ob Sie dabei das erste bzw. letzte Tom extrem außen anordnen oder das Ganze insgesamt etwas enger zusammenrücken, ist eine Geschmacksfrage.

Die beiden Overheadspuren legen Sie ganz nach links und rechts. Ihre Stereoverteilung ergibt sich somit durch die Aufstellpositionen der Mikrofone bei der Aufnahme. Es ist ratsam, Toms und Becken nicht über Kreuz anzuordnen, also nicht das rechte Tom auf die Seite des linken Beckens zu legen. Die Overheadmikrofone werden nämlich stets auch zumindest ein wenig Signal von den Toms eingefangen haben, so dass bei Überkreuzanordnung unnatürliche Effekte auftreten würden. Im Übrigen ist es egal, ob Sie das Schlagzeug so anordnen, wie es ein davor stehender Hörer empfindet oder wie es ein Drummer selber hört.

Die Hi-Hat schließlich kann entweder in der Mitte oder leicht zur Seite versetzt platziert werden.

Nachdem das Schlagzeug somit steht, machen wir uns an die restlichen Instrumente. Hier gibt es weniger feste Regeln, außer vielleicht dass Solo-Instrumente tendenziell weiter in die Mitte gehören, aber selbst da gibt es genügend Ausnahmen.

Ein grundlegendes Prinzip ist jedoch die Symmetrie der Anordnung. Damit ist gemeint, dass zum einen beide Kanäle etwa gleich viele Instrumente erhalten, so dass die Gesamtlautstärke beider Kanäle möglichst ausgewogen ist. Zum anderen heißt dies, dass einem rechts liegenden Rhythmusinstrument ein links liegendes gegenübergestellt werden sollte.

Haben Sie also zwei Rhythmusgitarren, so legen Sie eine mehr nach rechts und die andere mehr nach links. Gibt es in Ihrem Song eine Rhythmusgitarre und eine Klavierbegleitung, so können Sie auch diese beiden Instrumente symmetrisch anordnen.

CD-Track 26 – Sie hören zunächst diejenigen Instrumente eines Mixes, die in der Mitte des Stereobildes liegen (Bassdrum, E-Bass, Stereofläche und Flügel). Danach (0:14) hören Sie neben dem Ride-Becken auf dem ersten Schlag (halb rechts) die Hi-Hat (links) und einen Shaker (rechts), die sich durch ihren ähnlichen Sound ›ein gutes Team bilden‹. Danach (0:21) erklingen links kurz angestrichene Streicher und rechts eine hohe Streicherstimme. Zum Schluss (0:34) hören Sie alles zusammen.

Haben Sie ein Instrument gedoppelt, also zweimal eingespielt, um es voller klingen zu lassen, so können Sie diese beiden Parts extrem weit außen gegenüberstellen. Insbesondere bei Rhythmusgitarren führt dies zu einem breiten, transparenten Klang.

Bewährt hat sich auch das Gegenüberstellen von Hi-Hat und anderen höhenreichen Instrumenten, die ebenfalls einen durchgehenden Rhythmus spielen, wie akustische Rhythmusgitarre, Shaker oder Schellenkranz. Das klangliche Ergebnis ist meist besser, wenn beide Instrumente nicht extrem nach außen gelegt werden.

Kommen mehrere Soloinstrumente vor, so verteilen Sie diese bevorzugt auf verschiedene Positionen zwischen der Mitte und außen, wobei Sie auch wieder auf Symmetrie achten sollten.

Vermeiden Sie unbedingt, dass mehrere Instrumente mit ähnlichem Frequenzspektrum an derselben Position liegen. Im Proberaum oder auf der Bühne stehen sich die Musiker schließlich auch nicht gegenseitig auf den Füßen.

Übrigens gibt es auch ein Gerät, das die Stereoverteilung sichtbar macht. Dieses wird sinnigerweise als Stereosichtgerät bezeichnet. Die Abbildung zeigt die Realisierung eines solchen Gerätes im Rahmen des Programms Samplitude. Ein Monosignal nur auf dem linken Kanal wird als diagonaler Strich von links oben nach rechts unten angezeigt, ein Signal auf dem rechten Kanal entsprechend als Strich von rechts oben nach links unten. Ein Monosignal in der Mitte, welches also auf beiden Kanälen gleich laut ist, wird als senkrechter Strich in der Mitte dargestellt. Haben unterschiedliche Signalteile unterschiedliche Stereopositionen, so wird aus dem senkrechten Strich eine pulsierende Wolke (siehe Abbildung). Diese sollte symmetrisch sein, andernfalls hat Ihre Mischung ein Übergewicht auf einer Seite.

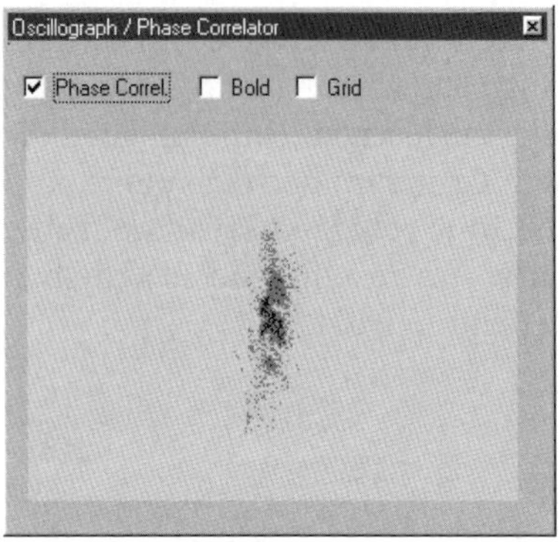

Monokompatibilität

Haben Sie ein Signal stereo aufgenommen, so kann es passieren, dass sich bei der Monowiedergabe beide Spuren mehr oder weniger stark auslöschen. Nun mögen Sie sagen, dass Sie das wenig schert, da Sie ja ohnehin Ihren Song in Stereo hören wollen. Was aber, wenn Sie nun wirklich den dicken Hit landen, und der tönt nun aus Millionen Mono-Radios, wobei aber die Hälfte aller Instrumente fehlt? Aus diesem Grunde müssen Sie alle Ihre Aufnahmen auf so genannte Monokompatibilität überprüfen, bevor Sie sie herausgeben.

Zur Erklärung des Phänomens, dass sich bei Monowiedergabe Signale gegenseitig neutralisieren können, muss ich Sie mit ein wenig Theorie konfrontieren. Betrachten wir dazu das Beispiel einer Sinusschwingung. Wird dieselbe Schwingung nun zusätzlich leicht verzögert wiedergegeben – die Verzögerung kann in der Praxis etwa aus unterschiedlichen Mikrofonabständen zur Schallquelle resultieren –, so kann sich die Signalstärke dadurch ändern. Ist nämlich die eine Welle im negativen Bereich der Amplitude, während sich die andere im positiven Bereich befindet, so kommt es zu einer Auslöschung. Sind beide Wellen jeweils im positiven oder negativen Bereich, man sagt auch ›in Phase‹ oder ›phasensynchron‹, so kommt es zu einer Anhebung, da sich die Signale addieren. Je nach Phasenlage kann es sogar zu einer völligen Auslöschung kommen, nämlich wenn die eine Welle genau ›verkehrt herum‹ läuft oder – wie man auch sagt – in der Phase gedreht ist.

Da die Verzögerung zwischen beiden Spuren normalerweise konstant ist, aber jede Frequenz eine andere Wellenlänge hat, sind manche Frequenzen exakt in Phase, während sich andere völlig auslöschen. Nun enthalten die Töne der meisten Instrumente neben dem Grundton noch Obertöne, und so werden nur in seltenen Fällen einzelne Töne völlig unhörbar, wohl aber ändern sich der Sound und die Lautstärke. Im resultierenden Klangbild dröhnen bestimmte Töne, während andere dünn wirken.

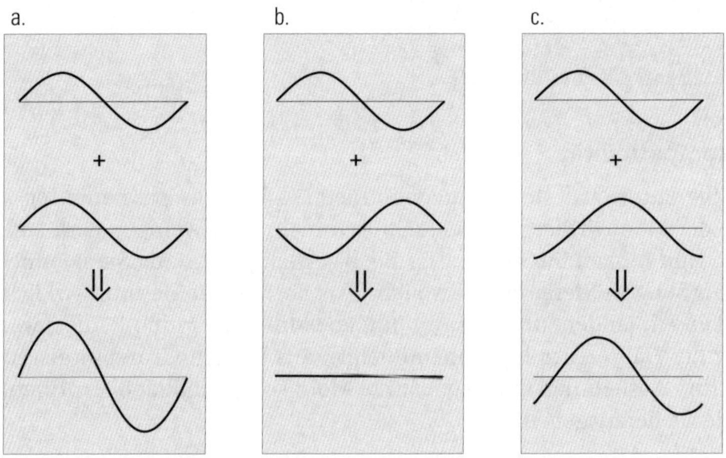

a. Sind zwei Signale phasensynchron, so verstärken sie sich.
b. Ist ein Signal gegenüber dem anderen in der Phase gedreht, so löschen sich die beiden Signale vollständig aus.
c. Bei allen anderen Phasenlagen liegt die resultierende Schwingung zwischen den Extremformen der völligen Auslöschung (b) und der maximalen Verstärkung (a).

Wie nun aber stellt man eine optimale Monokompatibilität her? Zunächst einmal: Keine Panik. Eine gewisse Phasenauslöschung ist in der Praxis nämlich unvermeidbar und tritt auch bei den professionellsten Aufnahmen auf.

In extremen Fällen können Sie den Effekt abschwächen, indem Sie eine der Spuren leiser drehen. Falls Ihr Mischpult einen Schalter zum Invertieren der Phasenlage bietet, so können Sie auch probeweise einmal die Phase eines der beteiligten Kanäle umdrehen.

Auch beim Aufspüren von Phasenauslöschungen sind Sie übrigens nicht nur auf Ihr Gehör angewiesen, sondern können sich eines technischen Hilfsmittels bedienen, des so genannten Korrelationsgradmessers. Ein solcher findet sich als Plug-In etwa in tripleDAT. Eine Balkenanzeige schlägt dabei entweder im ›grünen Bereich‹ zwischen 0 und 1 oder im ›roten Bereich‹ zwischen –1 und 0 aus. In letzterem Fall treten Auslöschungen bei Monowiedergabe auf. Kurzes Hineinflackern in den roten Bereich ist kein größeres Problem. Klebt der Balken jedoch bei –1 am Anschlag, so sollten Sie Gegenmaßnahmen ergreifen.

CD-Track 27 – Diese Fläche ist nicht monokompatibel. Schaltet man sie auf Mono (b, 0:08), so verändern sich Klang und Lautstärke. Im dritten Durchgang (c, 0:17) wird mehrfach zwischen Stereo und Mono umgeschaltet, um den Lautstärke- und Bassverlust im direkten Vergleich zu verdeutlichen.

10

So setzen Sie Effekte ein

Es gibt wohl kaum eine Mischung, bei der nicht eine ganze Reihe unterschiedlicher Effekte zum Einsatz kommen. Eine Definition des Begriffs ›Effekt‹ ist angesichts der Vielzahl unterschiedlicher Geräte nicht einfach. Allen gemeinsam ist jedenfalls, dass sie den Klang des Originalsignals verändern.

In diesem Kapitel möchte ich Ihnen einen Überblick über die Einsatzmöglichkeiten unterschiedlicher Effekte geben.

Plug-Ins oder externe Hardware?

Noch vor einigen Jahren kamen Effekte ausschließlich aus eigenständigen Effektgeräten. Heute sieht die Situation deutlich anders aus: Zwar gibt es selbstverständlich immer noch Effektgeräte, vor allem Digitalmixer und externe Harddisk-Recorder bieten aber häufig auch eingebaute Effekte. Der Vorteil ist der günstigere Preis (schließlich benötigen integrierte Effekte kein eigenes Gehäuse und Netzteil, und teure Kabel benötigt man auch nicht). Der Nachteil ist die geringere Flexibilität bei der Auswahl der Effekte. Man kann zwar immer noch sein Lieblingshallgerät zusätzlich kaufen, hat dafür aber einen integrierten Hall mitbezahlt, der einem möglicherweise gar nicht zusagt.

Die Alternative zu Effektgeräten sind heute jedoch Software-Effekte, die sich in den letzten Jahren zunehmend durchsetzen. Ihr Einsatz erfordert natürlich, dass Ihr Aufnahmesystem auf dem Computer basiert. Diese Software-Effekte werden auch Plug-Ins genannt. Der Name kommt daher, dass es sich meist nicht um eigenständige Programme handelt, sondern um Module, die sich über eine Schnittstelle in Ihre Recording-Software einklinken.

Viele etablierte Hersteller externer Geräte sind auch auf dem Plug-In-Markt vertreten. Dies liegt daran, dass heute eh die meisten Effekte digital erzeugt werden. Im Effektgerät arbeiten also ein oder mehrere DSPs (Digital Signal Processors), die mittels Algorithmen den jeweiligen Effekt rechnerisch erzeugen. Das eigentliche Know-how steckt dabei im Algorithmus, der nur an den jeweiligen Prozessortyp angepasst werden muss.

Verbreitete Schnittstellen für derartige Plug-Ins sind am PC die DirectX-Schnittstelle von Windows und die VST-Schnittstelle von Cubase. Auf dem Macintosh sind neben VST vor allem die Schnittstellen Audio Units (AU), Audiosuite (AS und RTAS) sowie TDM bedeutsam.

Sowohl Hardware-Geräte als auch Plug-Ins haben spezielle Vor- und Nachteile.

Vorteile von Plug-Ins sind:

- Ein relativ günstiger Preis.
- Die Möglichkeit, per Software-Update Fehler zu beseitigen und neue Features zu implementieren,
- Die Möglichkeit, mehrere Instanzen des Effekts zu laden. Benötigen Sie also mehrere Kompressoren, so brauchen Sie nur ein Kompressor-Plug-In zu kaufen und laden dieses mehrfach mit unterschiedlichen Einstellungen.
- Sie können alle Einstellungen mit Ihrem Song abspeichern.
- Es gibt keine Verkabelungsprobleme (Brummen).
- Unzerstörbarkeit (wo keine Hardware ist, können auch keine Hardware-Defekte auftreten).
- Die Möglichkeit, eine Demo-Version der Software vor dem Kauf in Ruhe zu Hause auszuprobieren.

Vorteile von Hardware-Effekten sind dagegen:

- Größere Betriebssicherheit. Alle Vorgänge laufen im Gerät ab und funktionieren damit unabhängig vom restlichen System.
- Garantierte Leistung. Der Effekt wird immer berechnet, und es kann nicht wie beim Computer zu Engpässen der Rechenleistung kommen, wenn das System gleichzeitig noch andere Aufgaben erfüllen muss.

- Hardware kann sowohl im Studio als auch auf der Bühne eingesetzt werden.
- Die Optik: Ein Rack voll Technik, Knöpfen und Leuchtanzeigen macht sich immer gut.

Letztlich ist die Entscheidung meist schon mit der Wahl des Aufnahmesystems getroffen. Arbeitet man mit dem Computer, sind Plug-Ins normalerweise die bequemere Variante.

Insert-Effekte und Aux-Effekte

Bevor ich die einzelnen unterschiedlichen Effekte näher vorstelle, möchte ich kurz auf die Frage eingehen, wie und wo ein Effektgerät eigentlich angeschlossen werden sollte. Wenngleich alle Geräte Ein- und Ausgänge haben und klar ist, dass diese mit entsprechenden Ein- und Ausgängen des Mischpults verbunden werden müssen, ist die Sache doch nicht ganz so trivial. Es gibt nämlich zwei grundsätzliche Anschlussarten: Als Insert in einen Kanal oder als Aux-Effekt in den Effektweg des Mischers.

Sowohl Eingangs- bzw. Mixkanäle und Subgruppen wie auch die Masterkanäle mit der Gesamtsumme können mit Insert-Möglichkeiten versehen sein. Schließt man einen Effekt als Insert an, so wird der Signalweg des betreffenden Kanals unterbrochen und der Effekt an dieser Stelle zwischengeschaltet.

Klar ist damit, dass ein als Insert-Effekt angeschlossener Effekt nur auf den Kanal wirkt, in den er eingeschleift ist, also auf ein einzelnes Instrument, nur die Instrumente einer Subgruppe oder auf die gesamte Summe.

Die Alternative ist der Anschluss an den Effekt- oder Aux-Weg des Mixers (Aux ist die Abkürzung für ›Auxiliary‹ für ›Hilfsweg‹). Der Signalfluss wird hierzu nicht unterbrochen, wie es beim Insert der Fall wäre. Statt dessen wird das Signal im Kanal abgegriffen und an den Effekt geleitet. Eine solche Abzweigung ist allen Kanälen gemeinsam, wobei jeder Kanal einen Send-Regler hat, der die Stärke regelt, mit der der jeweilige Kanal sein Signal auf den Aux-Bus schickt. Das Signal dieses Busses wird dann dem Effektgerät zugeleitet. Aus dem Ausgang des Effektgerätes geht das Signal wieder zurück in einen speziellen Eingang des Mixers und wird dann über den Aux-Return-Regler der Gesamtsumme in der gewünschten Stärke hinzugefügt.

Die folgende Abbildung zeigt beide Varianten schematisch.

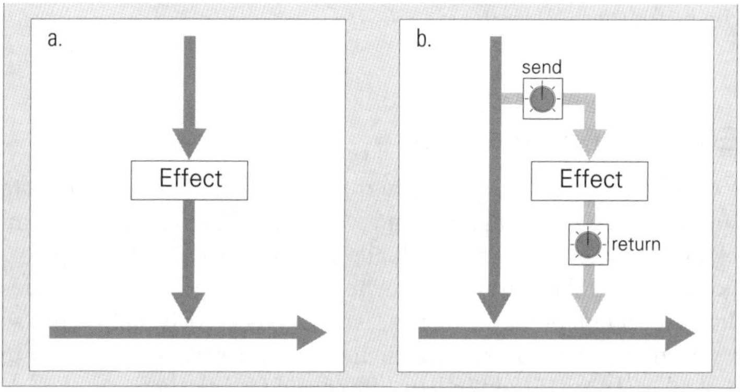

a. Der Effekt ist als Insert eingeschleift.
b. Der Effekt ist in den Aux-Weg eingeschleift.

So weit, so gut, aber warum gibt es überhaupt diese unterschiedlichen Varianten, und wann wird welche angewandt?

Ein Beispiel: Sie wollen einen Equalizer auf ein einzelnes Instrument anwenden und gleichzeitig einen Hall in unterschiedlicher Stärke auf verschiedene Instrumente legen.

Da der Equalizer nur auf ein Instrument wirken soll, wird er in den Insert-Weg des entsprechenden Kanals gelegt. Gerade bei einem Equalizer gibt es dazu ohnehin keine Alternative. Schließt man den Equalizer nämlich über einen Aux-Weg an, so wird das Signal abgegriffen, gelangt in den Equalizer, wo Frequenzen angehoben oder abgesenkt werden, und läuft dann wieder zurück in den Mixer, wo es der Summe hinzugeregelt wird. Versuchen Sie nun aber einmal, die Bässe des Instrumentes mit dem Equalizer ganz herauszufiltern. Sie werden feststellen, dass diese nicht leiser werden, egal was Sie mit dem Equalizer anstellen. Schuld daran ist die

Tatsache, dass das Originalsignal ja nach wie vor unverändert den Eingangskanal durchläuft und über den Kanalfader der Summe zugefügt wird. Der Effektanteil kommt also lediglich zum Originalsignal hinzu. Daher muss der Equalizer an den Kanal-Insert angeschlossen werden.

Im Falle des Halls ist dagegen der Aux-Weg die Lösung: Alle Instrumente bleiben unverändert erhalten, es kommt nur über den Aux-Weg etwas hinzu, nämlich der Hallanteil aller einzelnen Instrumente. So benötigen Sie nur ein einziges Hallgerät und können dennoch alle Instrumente in unterschiedlicher Stärke verhallen, indem Sie deren Signal mittels des entsprechenden Reglers an jedem Kanal mehr oder weniger stark auf den Aux-Bus schicken.

Wollen Sie mehrere Instrumente über Inserts verhallen, so benötigen Sie mehrere Hallgeräte. Im Falle von Hardware frisst derartiger Luxus Geld, im Falle von Software-Plug-Ins Rechenleistung. Dafür können Sie dann aber auch Instrumente nicht nur unterschiedlich stark mit einem Hall versehen, sondern sogar mit unterschiedlichen Halltypen. So könnten Sie einen kurzen Hall auf die Snare legen und einen langen auf den Gesang.

Um auch mit der Aux-Variante mehrere unterschiedliche Effekte einsetzen zu können, besitzen die meisten Mischpulte mehrere Aux-Wege, das heißt, in jedem Mischpultkanal gibt es mehrere Abgriffe mit jeweils einem eigenen Send-Regler. Schließen Sie einfach das Hallgerät mit dem langen Hall an Aux-Weg 1 und das mit dem kurzen an Aux-Weg 2 an. Drehen Sie dann an jedem Kanal, der mit dem langen Hall versehen werden soll, den Aux1-Regler in der gewünschten Stärke auf und an allen Kanälen, die den kurzen Hall bekommen sollen, den zweiten Regler. Natürlich können Sie ein Instrument auch mit beiden Halltypen zugleich versehen und dies sogar mit unterschiedlichem Anteil, indem Sie einfach beide Regler entsprechend einstellen.

Aux-Wege können mono oder stereo ausgelegt sein. Im zweiten Fall wird das Signal zweimal abgegriffen und über einen zusätzlichen Panorama-Regler mehr auf die rechte oder linke Leitung des Aux-Weges geschickt. Andernfalls können Sie zwei Mono-Aux-Wege verwenden, um ein Stereoeffektgerät auf beiden Kanälen unterschiedlich stark anzusprechen. Da mit beiden Varianten letztlich dieselbe Wirkung erzielt wird, sind viele Mischpulte einfach mit mehreren Mono-Aux-Wegen ausgestattet. Benötigen Sie einen Stereoweg, so nehmen Sie einfach zwei Monowege.

Je nachdem, ob Sie ein Effektgerät als Insert- oder Aux-Effekt anschließen, müssen Sie verschiedene Regler am Effektgerät unterschiedlich einstellen. Bei fast allen Effekten lässt sich das Verhältnis von direktem, unverändertem Signal und dem Effektsignal regeln. Entweder gibt es dazu einen Überblendregler, der oft mit Mix oder Blend bezeichnet wird, oder zwei getrennte Regler für das direkte Signal (Direct oder Dry) und den Effektanteil (Effect oder Wet).

Während beim Insert-Effekt diese beiden Regler so eingestellt werden, dass Direkt- und Effektsignal im richtigen Verhältnis zueinander stehen, sollte bei einem Aux-Effekt der Regler für den direkten Signalanteil auf Null gestellt werden. Schließlich bleibt bei einem Aux-Effekt das Originalsignal des Mischpultkanales ohnehin erhalten, da der Signalfluss ja nicht unterbrochen, sondern lediglich abgegriffen wird. Der Aux-Effekt wird im Mischpult dem Originalsignal hinzugefügt. Es macht keinen Sinn, dem Originalsignal eine Mischung aus Original und Effekt zugeben zu wollen. Im Gegenteil, ein Erhöhen des Aux-Anteils würde in diesem Fall auch das Originalsignal verändern.

Pre oder Post

Wie gesehen, wird bei einem Aux-Weg das Signal des Kanals abgegriffen und zum Effektgerät geleitet. Dieser Abgriff kann an unterschiedlicher Stelle in der Signalkette des Mischpultkanals erfolgen. Wird hinter dem Volume-Fader abgegriffen, so arbeitet der Aux-Weg ›post‹ (engl. post = nachher). Regeln Sie den Volume-Fader nach unten, so wird auch gleichermaßen weniger Signal an den Aux-Weg geleitet. Erfolgt der Abgriff vor dem Fader, so arbeitet der Aux-Weg ›pre‹ (engl. pre = vorher). Das Signal gelangt also stets mit derselben Stärke auf den Aux-Weg, unabhängig von der Stellung des Volume-Faders.

Wenn Sie ein Instrument in der Lautstärke herunterregeln, so soll normalerweise dessen Hallanteil im gleichen Maße reduziert werden. Dies verlangt einen Post-Abgriff.

Entweder hat Ihr Mischpult sowohl Pre- als auch Post-Aux-Wege oder aber einen Schalter, mit dem Sie den Abgriff für den jeweiligen Aux-Weg umschalten können. Benutzen Sie normalerweise die Post-Variante für Effekte und den Pre-Betrieb bei der Erstellung von Monitormixen oder ähnlichem.

Die unterschiedlichen Effekte und ihre Verwendung

Hall

Der Hall – oder englisch: Reverb – ist vermutlich der meistbenutzte Effekt. Hall besteht aus verschiedenen zeitlichen Verzögerungen, die einen Raumeindruck simulieren.

CD-Track 28 – Zunächst hören Sie einen Sidestick ohne Hall und anschließend (0:03) zweimal nur mit den frühen, diskret wahrnehmbaren Echos verhallt (Early Reflections). Danach (0:09) ist zweimal der ›komplette‹ Hall zu hören, bei dem die Early Reflections in eine Hallwolke übergehen – auch Tail genannt. Zuletzt (0:16) hören Sie zur Verdeutlichung den Hall bei halbem Abspieltempo, wodurch sein zeitlicher Verlauf besser erkennbar wird.

Für ein besseres Verständnis dieser Verzögerungen und damit der einzelnen Parameter des Hallgerätes müssen Sie sich vorstellen, dass Sie sich in einem Raum befinden und dort ein Schallsignal produzieren, also etwa kräftig in die Hände klatschen. Sie hören dann unmittelbar das Klatschgeräusch, also das so genannte Direktsignal.

Alle weiteren Vorgänge stellen wir uns nun einmal in extremer Zeitlupe vor: Die Schallwellen breiten sich in alle Richtungen aus und treffen auf die Wände des Raumes. Von dort werden sie reflektiert und zu Ihnen zurückgeschickt.

Das zweite Schallereignis, das Ihre Ohren erreicht, ist die Reflektion der nächstgelegenen Wand, da wegen der geringsten Entfernung der Schall diese zuerst erreicht und die Reflektion natürlich auch den kürzesten Rückweg hat. Diese Reflektion ist leiser als das Direktsignal, da die Schallwelle auf ihrem Weg durch die Luft und durch die Reflektion an der Wand gedämpft wurde, wobei die Dämpfung erheblich vom Material der Wände abhängt. Daher klingt ein gekachelter Raum völlig anders als einer mit Teppichen an den Wänden. Grundsätzlich werden zudem hohe Frequenzen stärker bedämpft als tiefe.

Etwas versetzt treffen die Reflektionen der anderen Wände ein, wobei die Reihenfolge von den jeweiligen Entfernungen abhängt.

Diese bisher genannten Reflektionen werden als Early Reflections bezeichnet. Sie sind für den Raumeindruck wichtig, da das Gehirn aus ihnen die Position der Wände rekonstruiert. In einem großen Raum treffen die Early Reflections später ein als in einem kleinen, in einem würfelförmigen Raum sind die zeitlichen Unterschiede anders als in einem langen, schmalen Raum.

Es bleibt aber nicht bei diesen Reflektionen. Da der Schall sich in alle Richtungen gleichmäßig ausbreitet, trifft er auch schräg auf die Wände, wird dadurch schräg etwa gegen die Decke reflektiert, gelangt von dort zu weiteren Wänden oder zurück. Der Weg ist dabei länger als bei einer geradlinigen Reflektion, und so erscheint ein solches Signal etwas später. Da das Schallsignal in allen erdenklichen Winkeln auf die Wände trifft, kommt es entsprechend mit den unterschiedlichsten Verzögerungszeiten zu Ihnen zurück. Sie werden also in immer kürzeren Abständen von immer weiteren Reflektionen bombardiert. Dazu mischen sich Reflektionen, die – nachdem sie Ihr Gehör schon einmal erreicht hatten – nochmals an anderen Wänden reflektiert wurden und nun erneut eintreffen. Das Resultat sind nicht mehr einzelne, relativ deutlich voneinander abgesetzte Reflektionen, sondern eine diffuse, dichte ›Hallwolke‹.

Trägt man die einzelnen Reflektionen auf einer horizontalen Zeitachse ein und ihre Lautstärken auf einer vertikalen Achse, so ergibt sich die folgende Abbildung.

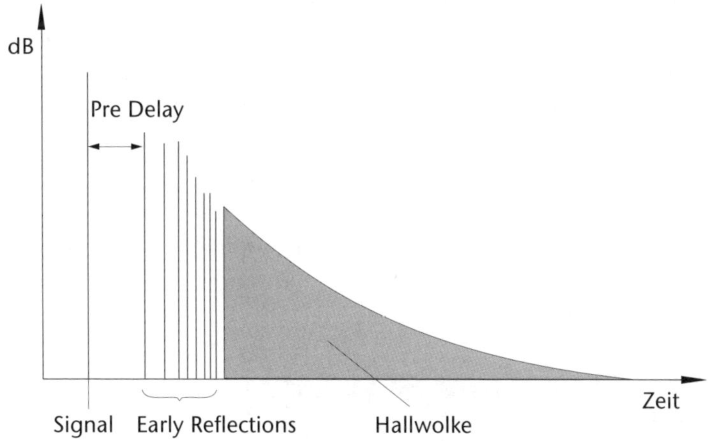

Hall besteht aus vielen einzelnen Verzögerungen, die immer dichter aufeinander folgen.

Parameter des Halls

Wurde Hall früher mit unterschiedlichen technischen Schaltungen erzeugt, so trifft man heute nur noch digitale Raumsimulationen an, die praktisch alle relevanten Größen eines Raumes als Parameter zugänglich machen.

Die Gesamtdauer des Halls wird mit dem Parameter Decay oder Time eingestellt und kann mehrere Sekunden betragen. Sie hängt auch von der Raumgröße (Room Size) ab, die oft ebenfalls als Parameter vorliegt. Die Dämpfung hoher Frequenzen regeln Sie mit dem Parameter High Damp. Unabhängig von der Raumgröße lassen sich damit leere Räume mit glatten Wänden (geringe Höhendämpfung) und Räume mit vielen ›schluckenden‹ Flächen (starke Höhendämpfung) nebst allen Zwischenformen nachbilden.

Bei manchen Geräten kann man auch das Muster der Early Reflections auswählen, und damit unterschiedliche Räume mit verschiedenen Positionen der Wände erzeugen.

Da digitale Geräte zwar viele individuelle Reflektionen errechnen können, niemals aber unendlich viele, kann der erzeugte Hall leicht ›körnig‹ klingen, also nie so dicht und diffus wie der echte Raumklang. Bei manchen Geräten können Sie daher die späteren Reflektionen mit dem Diffuse-Regler ›glätten‹.

Die Zahl der Parameter weicht bei unterschiedlichen Hallgeräten stark ab. Die folgenden Abbildungen zeigen beispielhaft den Wunderverb von Cubase, der nur die wichtigsten Einstellmöglichkeiten bietet, und den Trueverb von Waves, einen Klassiker unter den Software-Plug-Ins mit einer Vielzahl an Parametern.

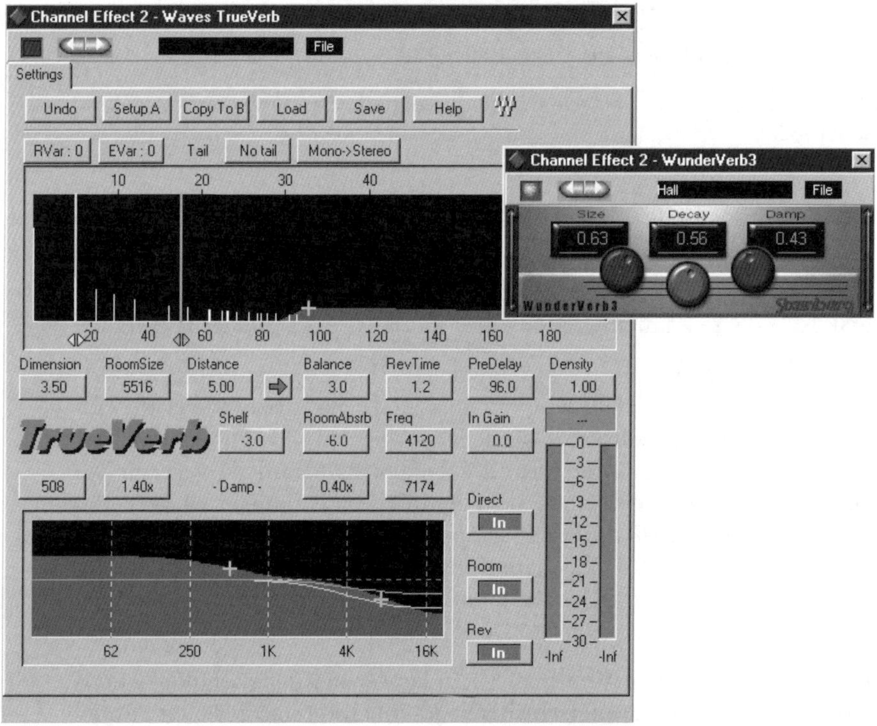

Die Parameterzahl bei Hallgeräten kann sehr unterschiedlich sein.

Bedenken Sie hier stets, dass Sie mit vielen Parametern zwar Flexibilität gewinnen, aber auch die Anforderungen an Ihre Programmierkünste steigen, da für einen guten Hallklang sämtliche Parameter fein aufeinander abgestimmt sein müssen. In der Praxis wählen Sie am besten immer ein Preset als Ausgangsbasis, das Sie dann nach Wunsch mehr oder weniger modifizieren.

Die Berechnung eines guten Halls erfordert viel Aufwand. Multieffektgeräte vermögen daher bei Verwendung des Halls in maximaler Qualität oft nur noch wenige andere Effekte gleichzeitig zu berechnen. Software-Plug-Ins wiederum fressen eine gehörige Portion der Gesamtrechenleistung des Prozessors.

So setzen Sie Hall richtig ein

In der ›natürlichen‹ Situation spielen alle Instrumente gemeinsam in einem Raum, sollten also eigentlich mit dem gleichen Hall versehen werden. Bei modernen Musikproduktionen wird von diesem Prinzip allerdings immer öfter abgewichen. Tiefe Frequenzen klingen verhallt schnell verwaschen, so dass Bass und Bassdrum oft recht trocken gemischt werden. Schlagzeug, speziell die Snare, klingt mit einem kürzeren Hall knackiger und prägnanter.

Um sowohl die Transparenz als auch die räumliche Tiefe zu vergrößern, können Sie durch unterschiedliche Einstellung des Effektwegreglers die einzelnen Spuren unterschiedlich stark verhallen. Rhythmusinstrumente klingen erfahrungsgemäß besser, wenn sie weiter vorne stehen, Soloinstrumente und Gesang vertragen auch einen kräftigeren Schuss Hall.

Balladen werden oft mit insgesamt mehr Hall gefahren als Powersongs, da durch das geringere Tempo zwischen den Tönen mehr Luft für den Hall bleibt.

Da ein guter Hall meist als schön und wohlklingend empfunden wird, neigt man schnell zur Übertreibung, wodurch der Mix an Durchsetzungskraft und Transparenz verliert. Seien Sie also sehr kritisch, und vergleichen Sie immer wieder Ihren Mix mit einigen Ihrer Lieblings-CDs der gleichen Musikrichtung.

CD-Track 29 – Sie hören einen Sidestick-Schlag der Snare zunächst im Original, anschließend verhallt mit den folgenden Hall-Plug-Ins: Wunderverb3 von Cubase (0:01, die Hallfahne flattert periodisch), TC Native (0:13, weniger dicht und somit etwas ›körnig‹), Trueverb von Waves (0:23, warm und tief) und Sonic Timeworks (0:34, gut und preiswert).

Delay

Das Delay – früher oft auch als Echogerät bezeichnet – erzeugt wie der Hall zeitliche Verzögerungen eines Signals. Anders als beim Hall sind beim Delay aber die Verzögerungen stets deutlich getrennt wahrnehmbar, verwischen also nicht zu einer diffusen Hallwolke. Durch die vergleichsweise wenigen Verzögerungen ist die Einstellung des Delays auch ohne Verständnis physikalischer Hintergründe sehr einfach. Denken Sie beim Delay schlicht an den ›Bürgermeister von Wesel‹.

Parameter des Delays

Der wichtigste Parameter des Delays ist die Verzögerungszeit (Delay, Time), die sich stufenlos je nach Gerät bis in den Bereich einiger Sekunden einstellen lässt. Die sinnvollste Verzögerungszeit hängt ganz von der Situation ab.

Einzelne, deutlich wahrnehmbare Wiederholungen sollen häufig im Takt der Musik erfolgen, also beispielsweise exakt im Abstand von Achtel- oder Viertelnoten. Die entsprechende Verzögerungszeit hängt dann vom Tempo des Songs ab und lässt sich durch Ausprobieren finden oder berechnen.

CD-Track 30 – Sie hören zunächst eine Vibrafon-Figur ohne Effekt. Anschließend (b, 0:08) wurde ein Delay eingesetzt, dessen Verzögerung exakt eine Achtelnote beträgt. Original und Delay sind im Panorama unterschiedlich verteilt, wodurch der Klang mehr Breite gewinnt. Zuletzt (c, 0:15) wurde die Delay-Zeit auf drei Achtelnoten gesetzt. Hierdurch wird die Figur sowohl rhythmisch als auch melodisch wesentlich interessanter.

Das Songtempo wird in Beats per Minute (bpm) angegeben, also Viertelnoten pro Minute, so dass man mittels Dreisatz und Taschenrechner leicht den gesuchten Wert erhält. Die Formel für die Länge t einer Achtelnote (in Millisekunden) lautet $t = 30000/T$, wobei T das Tempo Ihres Songs in bpm ist.

Sie können aber auch die folgende Tabelle benutzen. Für langsamere bzw. schnellere Tempi können Sie einfach den Wert für das doppelte bzw. halbe Tempo der Tabelle entnehmen und dann halbieren bzw. verdoppeln. Für andere Notenwerte ergibt sich die Zeit ebenfalls leicht durch Verdoppeln oder Halbieren der Werte für die Achtelnote.

Songtempo in bpm	*Achtelnote in ms*	*Songtempo in bpm*	*Achtelnote in ms*
80	375	122	246
82	366	124	242
84	357	126	238
86	349	128	234
88	341	130	231
90	333	132	227
92	326	134	224
94	319	136	221
96	313	138	217
98	306	140	214
100	300	142	211
102	294	144	208
104	288	146	205
106	283	148	203
108	278	150	200
110	273	152	197
112	268	154	195
114	263	156	192
116	259	158	190
118	254	160	188
120	250		

Länge einer Achtelnote bei verschiedenen Songtempi.

Im Datenteil der CD-ROM zum Buch finden Sie den ›WizCalc‹, mit dem Sie Delay-Zeiten und vieles mehr jederzeit und mitten in der Produktion berechnen können.

Oft will man nicht nur eine einzelne, sondern mehrere aufeinander folgende Wiederholungen. Dazu bieten alle Geräte einen Feedback-Regler, mit dem man das verzögerte Signal mehr oder weniger stark wieder in den Eingang des Delays schickt, so dass es erneut verzögert ausgegeben wird. Die Verzögerungszeiten der einzelnen Echos sind somit allesamt Vielfache der eingestellten Delay-Zeit. Je nach Stellung des Feedback-Reglers verlieren die Echos schneller oder langsamer an Lautstärke, oder sie werden sogar lauter.

Mit dem meist vorhandenen Höhendämpfungsregler (High Damp) können Sie erreichen, dass die einzelnen Verzögerungen wie beim natürlichen Echo fortschreitend dumpfer im Klang werden.

So genannte Multitap-Delays können auch mehrere Wiederholungen mit voneinander unabhängigen Verzögerungszeiten erzeugen. Diese lassen sich dann ebenfalls mittels Feedback-Regler rückkoppeln. Das Resultat sind mehrere ›Echoketten‹, die sich in der Praxis meist auch noch auf die Ausgänge des Delays verteilen lassen.

So setzen Sie Delays richtig ein

Ein Delay kann sowohl als Insert- wie auch als Aux-Effekt eingesetzt werden. Bei der Verwendung als Aux-Effekt haben alle Instrumente dieselbe Verzögerungszeit. Optimal sind ein oder zwei Delays für die Aux-Wege und weitere Delays für spezielle Effekte als Inserts. Bei Software-Plug-Ins ist das normalerweise kein Problem, da Delays vergleichsweise wenig Rechenpower benötigen.

Delays können für die unterschiedlichsten Aufgaben eingesetzt werden. So können Sie einzelne Instrumente doppeln und dadurch im Klang breiter machen (Doubling). Wählen Sie dazu eine kurze Verzögerungszeit (15 bis 40 ms). Gut klingt es, wenn Sie das originale und das verzögerte Signal auf unterschiedliche Kanäle im Stereobild legen. Beurteilen Sie das Ergebnis auch mit Kopfhörer, und vergessen Sie nicht, es auf Monokompatibilität abzuhören.

CD-Track 31 – Hier hören Sie ein Gitarren-Riff, welches mit einem kurzen Delay (8 ms) gedoppelt wurde. Das Original und das verzögerte Signal sind auf die linken und rechten Kanäle verteilt.

Für die Stereoortung ist das früher erklingende Original maßgebend, so dass – obwohl Original als auch Verzögerung gleich laut sind – die Gitarre von links zu kommen scheint. Dennoch ist der Klangeindruck ganz anders als eine entsprechend im Panorama angeordnete nicht gedoppelte Gitarre (b, 0:16). Im nächsten Beispiel (c, 0:32) wurde die Delay-Zeit erhöht (26 ms), wodurch der Eindruck zweier Gitarren entsteht. Spielt man die Gitarre tatsächlich zweimal ein (d, 0:48), so ist der Klangeindruck anders, allerdings können leichte spielerische Abweichungen (wie bei dem gezogenen Ton am Ende der Phrase bei 0:57) interessante bis seltsam klingende Effekte bewirken.

Diese Methode der Soundverdickung ist besonders für prägnante Gitarren- oder Keyboardriffs geeignet.

In den frühen Tagen der Rockmusik benutzte man Bandechos, die das Signal auf einer Endlos-Tonbandschleife aufnahmen, von der es mit mehreren Tonköpfen wieder abgenommen wurde. Typischerweise produziert ein solches Gerät mehrere kurze Echos, die ähnlich einem Hall dem Signal mehr Räumlichkeit und Tiefe verleihen. Diese Art von Echo wird auch als Slap-Back-Echo bezeichnet und wurde in der guten alten Zeit manchmal sogar auf einen kompletten Mix losgelassen.

Sie können einen derartigen Effekt natürlich auch mit einem modernen Digitaldelay erzeugen. Stellen Sie dazu das Delay auf eine Verzögerungszeit von 70 bis 200 ms, drehen Sie den Feedback-Regler nach Geschmack auf, und dämpfen Sie den Höhenanteil der Verzögerungen.

Mit Slap-Back-Echo bekommen Gitarren den für Rock'n'Roll und Rockabilly typischen ›Twang‹, Gesang und Bläser die charakteristische Färbung der Musik jener Tage. Am authentischsten klingt Slap-Back-Echo übrigens in Mono.

CD-Track 32 – Sie hören verschiedene Gitarrenphrasen abwechselnd ohne Effekt, dann mit einem Slap-Back-Echo. Die Verzögerungszeit beträgt 100 ms, der Feedback-Regler steht auf einer mittleren Position. Damit das Echo mehr nach analogem Bandechogerät klingt, wurden die Höhen des Echos gedämpft. The Sound of Rock'n'Roll!

Längere Echos können in Form einer einzelnen Wiederholung eines Tons oder einer Phrase wie auch als komplexe Echokaskaden für spacige Sounds eingesetzt werden. Da alle Zwischenstufen denkbar sind, möchte ich Sie einfach zum Experimentieren ermuntern, statt Ihnen hier Rezepte zu geben.

Sie können mit Hilfe von Delays Melodielinien auch eine völlig neue Rhythmik verpassen. Besonders interessant klingen gleichmäßig in Viertelnoten gespielte Linien, wenn man die Verzögerungszeit auf eine punktierte Viertelnote bzw. drei Achtelnoten stellt. Dieser Trick wird häufig vom Gitarrenvirtuosen Albert Lee benutzt. Unbedingt ausprobieren!

So kombinieren Sie Hall und Delay

Da sowohl Hall als auch Delays einen Eindruck von Räumlichkeit und Tiefe erzeugen, klingen beide gut in Kombination. Wenn Sie das Delay als Aux-Effekt einsetzen, entsteht allerdings das Problem, dass die Wiederholungen nicht verhallt werden und dadurch unnatürlich weit vorne im Mix stehen. Das können Sie vermeiden, indem Sie den Ausgang des Delays nicht in den Aux-Return-Eingang leiten, sondern in ein freies Kanalpaar. Mit dem Aux-Regler für den Hall in diesen Kanälen können Sie dann auch das Delay-Signal verhallen. Achten Sie darauf, dass der Aux-Regler für das Delay in diesem Kanalpaar zugedreht ist, da es sonst zu einer Rückkopplungsschleife kommt.

Bei der Verwendung des Delays als Insert-Effekt sollten Sie den Aux-Weg für den Hall auf Post stellen, damit das Echo mit verhallt wird.

CD-Track 33 – Die Sologitarre ist verhallt, ihr Echo jedoch nicht. Danach (b, 1:07) wurde das Echo-Signal in zwei (stereo) weitere Mischerkanäle eingespeist, so dass es mit dem Effekt-Reglern ebenfalls verhallt werden konnte. Im dritten Durchgang (c, 2:12) wurde auf das Echo sogar mehr Hall gegeben als auf das Originalsignal, zudem wurden die Höhen des Echos abgesenkt. Die Details kommen besonders bei der Wiedergabe über Kopfhörer zur Geltung.

Effekte zur Dynamik-Bearbeitung

Dynamik ist grob gesagt der Unterschied zwischen leisen und lauten Signalen. Im Folgenden möchte ich Ihnen Geräte vorstellen, die die Dynamik in irgendeiner Weise verändern. Zu ihnen gehört der Kompressor, der Limiter, der De-Esser, der Expander und das Gate.

Kompressor

Vielleicht kommt Ihnen das folgende Phänomen ja bekannt vor: Sie haben mit dem Abmischen Ihres Songs begonnen und bereits einige Instrumente grob justiert. Plötzlich fällt Ihnen auf, dass die Gesangsspur an einer Stelle viel zu laut ist, obwohl sie eben noch optimal eingebettet schien.

Ein Stück weiter hinten ist dann eine Zeile plötzlich zu leise, und manche Zeilen sind gar am Anfang zu laut und am Ende zu leise. Was tun? Die Lautstärke von Silbe zu Silbe per Hand nachregeln?

Keine Angst, das ist nicht nötig. Vielmehr haben wir hier einen typischen Einsatzfall für einen Kompressor vor uns.

Der Kompressor verringert den Dynamikumfang eines Signals, also den Abstand vom leisesten zum lautesten Pegel. Auch wenn es zunächst vielleicht paradox klingt, einem Signal seine Dynamik zu nehmen, so kann das durchaus sinnvoll, ja sogar notwendig sein. Viele Instrumente haben nämlich einen enorm großen Dynamikumfang.

Nehmen Sie allein die menschliche Stimme, und bedenken Sie einmal den Unterschied zwischen Flüstern und Brüllen. Da, um beim Beispiel der Stimme zu bleiben, der Gesang mit einer gewissen Lautstärke in die Musik eingebettet sein sollte, ist es weder sinnvoll, dass leise gesungene Wörter im Background verschwinden noch dass sich kraftvoll gesungene Passagen zu weit aus dem Rest der Musik herausheben.

Mit einem Kompressor behandelte Signale können durch die reduzierten Lautstärkespitzen insgesamt lauter abgemischt werden, ohne an anderer Stelle durch zu hohe Lautstärke unangenehm aufzufallen. Daher erscheinen sie insgesamt druckvoller.

Einen Kompressor nach Gehör einzustellen ist relativ schwierig, da sich dessen Parameter gegenseitig beeinflussen. Erlauben Sie mir daher zunächst ein paar Sätze zum theoretischen Hintergrund der Arbeitsweise und der Parameter des Kompressors.

Einfach gesagt senkt ein Kompressor die Lautstärke eines Signals um einen bestimmten Faktor ab, sobald diese einen vorgegebenen Wert übersteigt. Der Lautstärkewert, ab dem der Kompressor eingreift, wird meist mit Threshold (engl. für Schwelle) bezeichnet.

Ferner können Sie einstellen, wie stark der Kompressor die Signale absenken soll, die den Threshold-Wert übersteigen. Dieser Parameter heißt meist Ratio und wird in Form eines Verhältnisses angegeben (also 2:1, 10:1). Ein Wert von 2:1 bedeutet, dass ein Signal, das den Threshold-Wert um beispielsweise 6 dB übersteigt, so heruntergeregelt wird, dass es diesen nur noch um 3 dB übersteigt. Überstiege das Signal den Threshold-Wert um 10 dB, so wären es nach der Kompression nur noch 5 dB. Die Lautstärke wird also nicht einfach ab einem gewissen Punkt begrenzt, sondern im Verhältnis reduziert. So wird also die natürliche Dynamik nicht zerstört: Was lauter war, bleibt lauter, nur sind die Unterschiede nicht mehr so groß.

Trägt man in einer Grafik die Ausgangslautstärke (vertikale Achse) des Signals gegen die Eingangslautstärke (horizontale Achse) ein, so erhält man eine Kennlinie, die die Wirkung des Kompressors beschreibt. Ohne Kompressor wäre diese Linie eine einfache Diagonale. Mit Kompression wird diese Linie ab dem Threshold-Wert entsprechend der gewählten Ratio mehr oder weniger stark abgeknickt (nächste Abbildung links).

Um die Wirkung des Kompressors gleichmäßiger einsetzen zu lassen, bieten manche Geräte eine so genannte Soft-Knee-Funktion. Dabei wird die Linie nicht abgeknickt, sondern sanft abgebogen (nächste Abbildung rechts). Ein solcher Verlauf klingt bei manchen Signalen ein wenig natürlicher.

Kennlinien eines Kompressors für unterschiedliche Kompressionsstärken

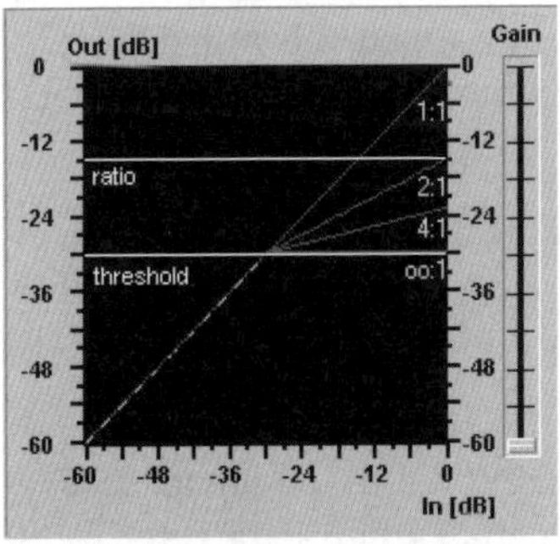

Mit der Soft-Knee-Funktion setzt die Wirkung des Kompressors weicher ein, die Kennlinie knickt nicht mehr ab.

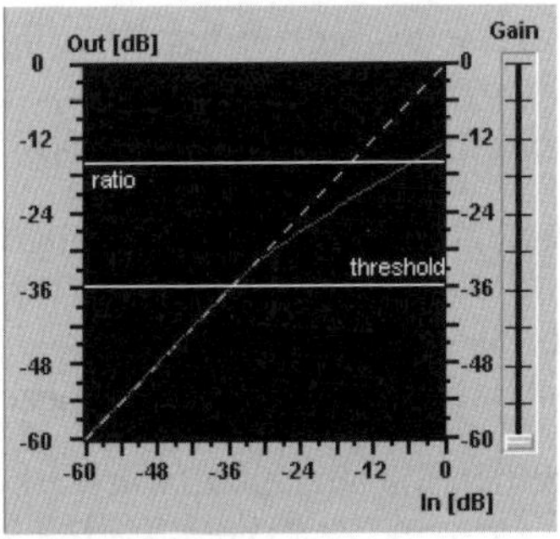

Mit dem Attack-Regler legen Sie fest, wie schnell der Kompressor eingreift. Bei einer kurzen Attack-Zeit regelt er eine Spitze, die den eingestellten Threshold-Wert übersteigt, rasch herunter, bei längerer Attack-Zeit setzt die Wirkung erst verzögert ein, wodurch der Attack des Instrumentes, also beispielsweise ein Anschlags- oder Anblasgeräusch, unverändert erhalten bleibt.

Der Release-Regler wiederum bestimmt, wie schnell der Kompressor nach einer Lautstärkenabsenkung wieder in den Ausgangszustand zurückfährt, sobald das Signal den Threshold-Wert nicht mehr überschreitet. Kurze Release-Zeiten führen zu einem ›Pumpen‹ des Signals, also einer wahrnehmbaren kurzen Anhebung des Signals. Dies klingt bei manchen Instrumenten sogar gut, wirkt bei Gesang zum Beispiel aber eher störend.

Nun fragen Sie sich möglicherweise, wie denn das Signal durch den Kompressor druckvoller klingen kann, wenn doch der Kompressor die Lautstärke oberhalb einer gewissen Schwelle absenkt. Die Antwort ist, dass durch die Absenkung der lauten Spitzen das Signal anschließend insgesamt stark angehoben werden kann, der durchschnittliche Pegel des Signals also höher wird. Diese Anhebung des Ausgangssignals erfolgt über den Gain-Regler.

Ein Kompressor muss immer als Insert eingeschleift werden. Der Anschluss als Aux-Effekt hat keinen Sinn, da in diesem Fall ja das unveränderte Signal des Kanalzugs im Mix erhalten bleibt. Egal wie sehr der Kompressor im Aux-Weg die Spitzen herunterregelt, durch das Originalsignal wären sie immer noch ungedämpft vorhanden.

Zur Glättung der ungleichmäßigen Dynamik von Instrumenten wählen Sie einen recht hohen Threshold-Wert, damit nur besonders laute Passagen betroffen werden, und eine eher geringe Ratio für eine unauffällige Wirkung. Die Attack-Zeit sollte kurz sein, die Release-Zeit auf einen mittleren Wert gesetzt werden.

Sie können mit dem Kompressor aber auch richtig Sound machen, z. B. unverzerrte Gitarren regelrecht ›singen‹ lassen. Hierzu stellen Sie den Threshold auf einen niedrigen Wert und drehen die Ratio recht weit auf. Die Attack-Zeit stellen Sie nach Gehör so ein, dass die Anschlagsphase knackig klingt, die Release-Zeit wählen Sie so, dass der Kompressor beim Ausklingen des Instruments den Pegel anhebt. Damit wird das Sustain, also das Ausklingen, verlängert, das Instrument ›singt‹.

Instrumente mit geringerem Dynamikumfang bzw. gleichmäßigem Dynamikverhalten wie etwa Flächen, Streicher, Orgel oder stark verzerrte Gitarren erfordern keine oder nur wenig Kompression.

Die folgende Tabelle bietet Ihnen einige Erfahrungswerte zur Einstellung des Kompressors für unterschiedliche Einsatzgebiete. Übernehmen Sie diese Werte bitte nicht sklavisch, sondern betrachten Sie sie als Ausgangspunkte für Ihre Arbeit.

Instrument	*Attack*	*Release*	*Ratio*
Vocals	50 ms	0,3–0,5 s	2:1–6:1
Bass	50–80 ms	0,5 s	3:1–10:1
E-Gitarre	10–50 ms	0,3–0,5 s	4:1–10:1
Snare und Toms	5–20 ms	150 ms	4:1–6:1
Bassdrum	10–30 ms	200 ms	4:1–8:1
Summensignal	10–50 ms	0,5 ms	2:1–4:1

Typische Kompressor-Einstellungen für unterschiedliche Einsatzgebiete.

CD-Track 34 – Hier wurde ein geslappter E-Bass (a, Original) mit einer moderaten Kompressoreinstellung geglättet (b, 0:17). Beim dritten Mal (c, 0: 35) wurde der Kompressor übertrieben stark eingesetzt, wodurch einige Töne leblos und gepresst klingen.

Limiter

Der Limiter ist ein naher Verwandter des Kompressors. Er dient allerdings ausschließlich zur Begrenzung von Lautstärkespitzen. Im Grunde ist ein Limiter nichts anderes als ein Kompressor mit einer Ratio-Einstellung von 1:∞ bei nicht allzu niedrigem Threshold-Wert und kurzen Attack- und Release-Zeiten. Daher vereinen viele Geräte beide Funktionen und tragen dann eine Bezeichnung wie Kompressor/Limiter.

Der eigentliche Limiter ist auf das Begrenzen der obersten Spitzen spezialisiert, während der Kompressor auch zur Formung des Tonverlaufs eingesetzt werden kann. Da der Limiter somit bevorzugt für die Bearbeitung der Summe bzw. für das Mastering eingesetzt wird, werde ich im Mastering-Kapitel noch einmal auf einige Besonderheiten des Gerätes eingehen.

CD-Track 35 – Dieser geslappte E-Bass erzeugt starke, kurze Lautstärkespitzen, die die Abhöranlage stark fordern. Diese Spitzen können mit Hilfe eines Limiters abgeschnitten werden, ohne dass das Dynamikempfinden wesentlich beeinträchtigt wird (b, 0:14). Dadurch lässt sich bei Bedarf der Bassmix lauter drehen, ohne dass Übersteuerungen auftreten. Gegenüber dem bereits auf 0 dB ausgesteuertem Originalbeispiel ließ sich die Lautstärke um 9 dB erhöhen (c, 0:28). Im Folgenden Beispiel (d, 0:42) wurde der Limiter zu stark eingesetzt, wodurch der Bass unnatürlich flach klingt. Außerdem ist die Release-Zeit zu lang eingestellt (200 ms), so dass ein hörbares An- und Abschwellen einzelner Töne (Pumpen) entsteht.

De-Esser

Der De-Esser wird bevorzugt dazu eingesetzt, störende Zischlaute bei bestimmten Konsonanten (›s‹, ›sch‹, ›ss‹, ›z‹) zu dämpfen. Im Grunde ist ein De-Esser ein Kompressor, in dessen Lautstärke-Detektor ein Equalizer geschaltet ist, der je nach Einstellung Frequenzen im Bereich von etwa 2 bis 8 kHz stark anhebt. Dadurch erscheinen dem Kompressor Signale mit deutlichem Anteil dieser Frequenzen lauter als andere, und er regelt sie stärker herunter.

Der De-Esser sollte mit Bedacht eingesetzt werden, da bei zu starker Dämpfung sämtlicher S-Laute der Sänger zu lispeln scheint. Sinnvoll ist es daher, schon bei der Aufnahme auf eine Mikrofonposition zu achten, die S-Laute nicht zu stark hervortreten lässt. Zur Not sollte der Sänger bei besonders extremen Passagen leicht seitlich am Mikro vorbei singen.

CD-Track 36 – Sie hören zunächst eine Gesangspassage mit unangenehm starken Zischlauten. Mit einem De-Esser wurden diese dann gedämpft (b, 0:09). Bei der folgenden Einstellung (c,

0:17) wurde der Effekt übertrieben, wodurch der Gesang bei den S-Lauten insgesamt kurzzeitig leiser wird, was etwa bei dem Wort ›Song‹ deutlich zu hören ist.

Expander

Der Expander ist das Gegenteil des Kompressors. Er reduziert nicht die Dynamik des Signals, sondern vergrößert sie. Während der Kompressor Signale absenkt, die den Threshold-Wert übersteigen, senkt der Expander Signale ab, die unterhalb des Threshold-Wertes liegen. So werden leise Signale noch leiser, die Dynamik folglich größer. Die Regelungsmöglichkeiten entsprechen denen des Kompressors, wobei man bei der Einstellung natürlich die andere Arbeitsweise des Expanders berücksichtigen muss.

Expander werden bevorzugt zur Unterdrückung von Störgeräuschen eingesetzt. Bearbeitet man beispielsweise die Dynamik einer Sprachaufnahme mit einem Kompressor, so erscheinen Hintergrundgeräusche in den Sprachpausen lauter. Schalten Sie nun einen Expander hinter den Kompressor, so können Sie mit seiner Hilfe diese Störgeräusche wieder reduzieren.

Auch hier ist Vorbeugen allerdings die effektivere Maßnahme. Schalten Sie Spuren in den Pausen stumm, so können Sie auf den Einsatz des Expanders verzichten.

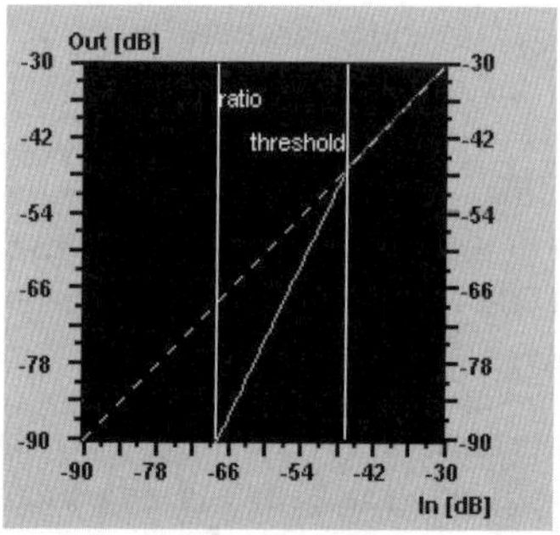

Kennlinie eines Expanders.

Gate

Das Gate gehört im strengen Sinne nicht zu den Dynamik-Effekten, steht diesen jedoch technisch nahe und soll daher auch hier vorgestellt werden. Das Gate lässt Signale oberhalb eines einstellbaren Threshold-Wertes unverändert passieren. Fällt das Signal unter den Threshold-Wert, so schaltet das Gate das Signal stumm. Ein Gate (engl. für Tor) kennt somit zwei Zustände: Offen und geschlossen.

Das Gate kann also einerseits wie der Expander zur Unterdrückung unerwünschter Nebengeräusche dienen (man spricht dann von einem Noise-Gate). Dabei schaltet es selbst in kürzesten Pausen das Signal stumm. Die passende Einstellung zu finden ist dabei oft nicht ganz leicht, denn schließlich darf ein Ton ja nicht zu früh abgeschnitten werden, und das erfordert gerade bei langsam ausklingenden Tönen viel Fingerspitzengefühl.

CD-Track 37 – Durch das Snare-Mikrofon sind deutlich auch andere Teile des Schlagzeugs zu hören. Mit einem Gate (b, 0:08) wurden diese entfernt.

Ein andere Verwendung des Gates ist die Unterdrückung von Übersprechungen beim Einsatz mehrerer Mikrofone, etwa bei der Schlagzeugabnahme. Das Gate öffnet sich, wenn auf die jeweilige Trommel geschlagen wird, die Signale der übersprechenden Trommeln übersteigen dagegen den Schwellenwert nicht, so dass das Gate geschlossen bleibt. So nimmt jedes Mikrofon nur die Trommel auf, zu deren Abnahme es eingesetzt ist.

Weiterhin kann man mit dem Gate Drumsounds kürzer und damit knackiger machen, indem man das Gate so einstellt, dass es sich noch vor dem völligen Verklingen der Trommel schließt.

Beliebt ist schließlich auch das Nachschalten eines Gates hinter den Hall. Das klangliche Ergebnis kennen Sie von vielen Phil-Collins-Titeln her. Man kann so die Trommel stark verhallen, wodurch sie Tiefe gewinnt, das lange Ausklingen des Halls wird jedoch abgeschnitten, wodurch auch bei starkem Hall der Sound nicht zu verwaschen wird.

All diese Einsatzgebiete erfordern in der Praxis viel Fingerspitzengefühl, und häufig geht es nicht ohne Kompromisse ab. Sie müssen nämlich stets eine Einstellung finden, die das komplette ›Nutzsignal‹ ungehindert passieren lässt, andere Geräusche oder Klänge jedoch nicht. Das heißt bei der Verwendung des Gates für die Snare, dass selbst die leisesten Ghost-Notes der Snare durchgelassen werden müssen, während ein laut gespieltes Tom das Gate nicht öffnen darf, eine oft unmögliche Aufgabe. Bringen Sie daher bei problematischen Fällen das Mikrofon möglichst nahe an die Schallquelle, da hierdurch die Lautstärkeunterschiede größer werden.

Neben dem Threshold-Regler zur Einstellung des Schwellwertes, bei dem das Gate sich öffnet bzw. schließt, verfügen bessere Geräte über weitere Regler. So finden Sie meist auch Attack- und Release-Regler, die bestimmen, wann das Gate sich nach Überschreitung des Schwellwertes öffnet bzw. nach Unterschreitung wieder schließt. Komplexere Ausführungen von Gates bieten sogar getrennte Threshold-Regler für das Schließen und Öffnen.

Modulations-Effekte

›Modulation‹ bedeutet zunächst einmal lediglich, dass etwas nach irgendwelchen Regeln verändert wird. Bei Modulations-Effekten wird häufig das Signal geringfügig verzögert und die Verzögerungszeit periodisch verändert. Zu den Modulationseffekten gehören Chorus, Flanger, Phaser, Leslie-Effekt, Vibrato und Tremolo.

CD-Track 38 – Die Gitarre ist zunächst ohne Effekt, dann mit Stereo-Chorus (b, 0:31), Stereo-Flanger (c, 1:02), Stereo-Phaser (d, 1:33), Tremolo (e, 2:04) und Vibrato (f, 2:35 und g, 3:07 mit übertriebener Stärke) zu hören. Der Chorus sorgt für mehr Fülle und Breite, während der Flanger dem Klang eine metallische Komponente verleiht. Der Phaser klingt dem Chorus ähnlich, zeichnet sich aber durch eine periodische Veränderung des Klangs aus.

Chorus

Der Chorus klingt ähnlich wie zwei unisono gespielte Instrumente. Der Klang weist in diesem Fall eine mehr oder weniger leichte Schwebung auf, die durch die – sei es auch nur leicht – unterschiedliche Stimmung beider Instrumente entsteht.

Ein Chorus erzeugt eine solche Schwebung ebenfalls durch geringe Frequenzunterschiede, in diesem Fall zwischen dem Originalsignal und einem um ca. 20 bis 50 ms verzögerten Signal, dessen Stimmung periodisch leicht nach oben und unten variiert wird. Manche Geräte arbeiten sogar mit mehreren Verzögerungen, die individuell moduliert werden können.

Ein besonders breiter, schöner Klang ergibt sich, wenn Original- und Effekt-Signal auf beide Stereokanäle verteilt werden. Entsprechend sind die meisten Chorus-Geräte auch in Stereo ausgelegt.

Geregelt werden kann fast immer die Intensität der Schwebung (Depth, Intensity, Width) und die Geschwindigkeit der Tonhöhenmodulation (Rate, Frequency, Speed). Oft findet man auch einen Regler zur Einstellung der Verzögerungszeit (Delay, Time). Aufwendigere Chorus-Ausführungen bieten noch einen Feedback-Regler für die Verzögerungsschaltung, um das Signal so erneut zu modulieren, einen Panorama-Regler zur Verteilung der einzelnen Delays im Stereobild oder zusätzliche Klangregler.

Chorus ist gewinnbringend einsetzbar bei Gitarren, E-Pianos, Flächen und Background-Chören. Je nach Spielweise – etwa bei zweistimmigen Linien in höheren Lagen – kann auch ein Bass vom Chorus profitieren.

Phaser

Beim Phaser wird ebenfalls ein Signal leicht verzögert und wieder zugemischt. Durch die Verzögerung und die dadurch veränderte Phasenlage entstehen Auslöschungen bestimmter Frequenzen, während andere angehoben werden. Welche Frequenzen wie durch die Phasenverschiebung verändert werden, hängt von der eingestellten Verzögerungszeit ab. Moduliert man nun diese Verzögerungszeit, so verschieben sich periodisch die Stellen der Frequenzauslöschung und -anhebung, die Bögen der Abbildung werden also gleich einer Zieharmonika schmaler und breiter.

Die meisten Geräte bieten Regler für die Verzögerungszeit (Delay, Offset), für die Geschwindigkeit der Verzögerungszeit-Modulation (Speed, Frequency, Rate) und die Stärke der Modulation (Depth, Intensity).

Flanger

Der Flanger ist dem Phaser sehr verwandt. Der Unterschied besteht in der Hauptsache darin, dass das verzögerte Signal wieder auf den Eingang des Geräts gegeben und erneut verzögert wird. Dementsprechend kommt zu den Reglern des Phasers noch ein Feedback-Regler hinzu. Der Klang verändert sich dadurch noch extremer als beim Phaser.

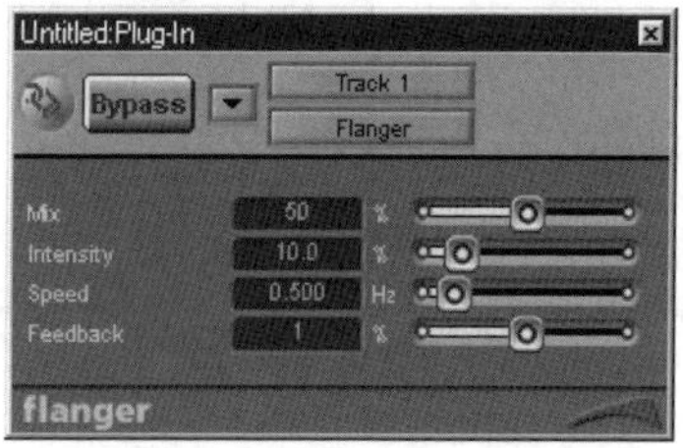

Flanger in Logic: Einfach, aber alles, was man braucht.

Leslie

Der Leslie-Effekt ist in Verbindung mit den Hammond-Orgeln berühmt geworden. Richtig, Leslies sind diese schweren Kästen mit rotierenden Lautsprechern, die zu einer echten Hammond gehören wie Salz und Zitrone zum Tequila. Abgesehen davon macht sich das Leslie aber auch gut bei anderen Flächensounds oder Gitarre.

Wem der Platz bzw. das Geld fehlt, sich das Original ins Studio zu stellen, der findet heute glücklicherweise eine Vielzahl elektronischer bzw. virtueller Simulationen des Leslies. Hier wie dort können Sie die Geschwindigkeit und Stärke des Effekts einstellen, oft wird sogar das allmähliche Anlaufen und Abbremsen der rotierenden Lautsprecher simuliert.

Tremolo

Beim Tremolo wird die Lautstärke moduliert, also periodisch abgesenkt oder angehoben. Hierdurch kann ein mehr oder weniger stark pulsierender Sound erzeugt werden. Gut klingt es, wenn das Pulsieren im Takt der Musik erfolgt. Die Einstellung der Geschwindigkeit des Effektes erfordert dabei viel Fingerspitzengefühl, zumal sich die Geschwindigkeit des Stücks wie auch des Effektes immer mal leicht ändern können. Praktisch ist deshalb die Möglichkeit, die Modulationsfrequenz etwa per MIDI-Clock synchronisieren zu können.

Vibrato

Vibrato bezeichnet die periodische Veränderung der Frequenz. Ausgehend von der Originalfrequenz wird also das Signal mal etwas nach oben, mal etwas nach unten verstimmt. Damit kann man natürliches Vibrato imitieren, wie es bei gehaltenen Gesangstönen, Leadgitarren oder Streichern vorkommt, man kann jedoch auch ganze Akkorde ›schwingen‹ lassen. Der Effekt sollte allerdings nur sehr dezent eingesetzt werden, da das Ganze doch schnell ›eiert‹. Gängige Parameter bei Vibrato-Effekten sind Geschwindigkeit und Stärke der Modulation.

Psychoakustische Effekte: Exciter und Enhancer

Der Exciter wurde in den 70er Jahren von der Firma Aphex erfunden. Anfangs gab es ihn nicht zu kaufen, sondern man konnte ihn nur stundenweise mieten. Dadurch wurde das Gerät schnell zum Mythos, zumal niemand so recht wusste, wie es genau arbeitete. Bekannt war nur, dass der Mix mit Exciter transparenter und frischer klang als ohne.

CD-Track 39 – Die direkt ins Pult eingespielte Gitarre hat zu wenig Höhen. Ein Exciter (b, 0:14) sorgt für Abhilfe.

Heute sind Geräte mit der Wirkungsweise des Exciters von verschiedenen Herstellern erhältlich, zum Teil sogar sehr preiswert. Die Bezeichnung ›Exciter‹ gehört allerdings der Firma Aphex und darf auch nur von ihr verwendet werden. Andere Hersteller nennen ihre Geräte daher Enhancer, Vitalizer oder Spectralizer, wobei es Unterschiede in der technischen Realisation gibt, die Wirkung aber stets ähnlich ist.

Ein Klassiker unter den Enhancern: Der Aural Exciter C2 mit zusätzlichem Subbass-Prozessor.

Ein Enhancer erzeugt künstliche Obertöne, die dem Originalsignal zugemischt werden können. Die dadurch entstehende Transparenz des Klangs kann mit einem Equalizer nicht vergleichbar erzeugt werden, da der Equalizer beim Anheben der Höhen zwar Obertöne verstärkt, aber halt nicht erzeugt. Wo diese also fehlen, gibt es für den Equalizer nichts zum Verstärken. Bei der Höhenanhebung mittels Equalizer steigt zudem das Rauschen, ein Nachteil, der bei der Erzeugung künstlicher Obertöne mittels Enhancer nicht auftritt. Selbst extrem matte Signale oder alte, muffig klingende Aufnahmen können mit dem Enhancer sehr effizient aufgefrischt werden.

Neuere Geräte bieten oft zusätzlich einen Subbass-Effekt, mit dem sich auf ähnliche Weise Tiefbässe künstlich erzeugen und dem Signal zufügen lassen.

Der helle, kristallklare Sound, der sich beim Einsatz des Enhancers einstellt, verführt schnell dazu, des Guten zuviel zu tun. Da das Gehör aber durch ein übermäßiges Bombardement mit hohen Frequenzen stark ermüdet, sollte man Enhancer nur ›messerspitzenweise‹ einsetzen.

Exciter und Verwandte werden auch beim Mastering eingesetzt. Im Mastering-Kapitel ab Seite 219 finden Sie daher weitere Informationen zu diesen Geräten.

Emulation von Bandsättigung und Röhren

Plug-Ins wie Magneto von Steinberg versuchen den typischen warmen, komprimierten Klang zu imitieren, der entsteht, wenn eine analoge Bandmaschine sehr hoch ausgesteuert wird. Das Band gerät dabei in den Bereich der magnetischen Sättigung. Das bedeutet: Fast alle Partikel des Bandes sind magnetisiert, und eine weitere Erhöhung der Lautstärke ist nicht mehr möglich. Der dadurch entstehende Klang lässt Drums satter und Instrumente wärmer wirken. Dies ist ein Hauptgrund, weshalb man analogen Geräten mehr Klangwärme und digitalen eine analytische Kälte nachsagt.

Um dieser Kälte der digitalen Audiowelt entgegenzuarbeiten, setzen viele Toningenieure Röhrengeräte wie Röhrenmikrofone, Röhrenvorverstärker oder Röhrenkompressoren ein. Besitzen Sie derartige (meist ziemlich teure) Gerätschaften nicht, können Sie hilfsweise auch ein Plug-In zur Simulation von Röhren einsetzen, auch wenn Röhrensimulationen das Original nicht perfekt erreichen.

Verzerrer

Verzerrer werden normalerweise bereits bei der Aufnahme als Instrumentaleffekt eingesetzt und nicht erst beim Mix. Es gibt eine Fülle von Geräten und Software-Plug-Ins, die sich dem Thema Verzerrung widmen. Die oft gesuchte, warme Röhrenverzerrung lässt sich aber nach wie vor nur schlecht simulieren, auch wenn viele Hersteller behaupten, gerade dies zu können.

Bei Techno und verwandten Stilen werden aber gerade auch stinknormale Gitarrenverzerrer in Fußpedalausführung zur Erzeugung des typischen, dreckigen Klangs für die unterschiedlichsten Instrumente eingesetzt. Lassen Sie mal probeweise einen alten Ibanez Tubescreamer auf die Hi-Hat Ihres Drumcomputers los, und Sie werden sich wundern.

Oktaver und Harmonizer

Oktaver und Harmonizer sind Geräte, die dem Originalsignal eine zweite Stimme zufügen, die entweder um eine Oktave (Oktaver) oder um ein anderes Intervall (Harmonizer) versetzt ist. Damit lassen sich sehr interessante klangliche und harmonische Effekte erzielen.

Will man echte, ›musikalische‹, zweite Stimmen erzeugen, so darf das Gerät allerdings nicht einfach sämtliche Töne um ein festes Intervall verschieben. Eine echte zweite Stimme bewegt sich nämlich nicht in einem starren, sondern in einem angepassten Intervallabstand gemäß der Harmoniefolge des Songs.

Viele moderne Geräte arbeiten deshalb mit ›intelligenten‹ Algorithmen und vermögen sich der eingestellten Tonart anzupassen. Damit können Sie dann echte mehrstimmige Sätze erzeugen, deren klangliche Wirkung aber sehr vom musikaischen Kontext abhängt. Schließlich hat ein echter zweiter Sänger immer eine andere Stimmcharakteristik, zudem sind die Einsätze der einzelnen Töne bei der Stimme oft ein paar Sekundenbruchteile versetzt, und auch kleine Intonationsunterschiede tragen das ihrige zu einem unverwechelbaren Sound bei. Ob Ihnen die perfekte, künstliche Stimme des Harmonizers oder die ungenauere echte Stimme besser gefällt, müssen Sie also jeweils im konkreten Fall entscheiden.

11

Mastering

Das Mastering ist der Arbeitsgang, der dem Abmischen folgt. ›Wie bitte?‹ mögen Sie fragen. ›Ich hab doch alles schon so abgemischt, wie es klingen soll.‹ Richtig. Bedenken Sie aber, dass eine CD-Produktion oder ein Demo normalerweise aus mehreren einzelnen Songs besteht. Diese aber sind meist in unterschiedlichen Aufnahme- und Mix-Sessions entstanden. Und selbst wenn alle aus einer Session stammen, werden sich die einzelnen Songs im direkten Vergleich klanglich oder in der Lautstärke mehr oder weniger deutlich unterscheiden. Ziel des Masterings ist es daher unter anderem, alle Songs so anzugleichen, dass sie einheitlich wirken.

Darüber hinaus kann es vorkommen, dass Ihnen einige Zeit nach dem Abmischen doch noch Details wie eine leichte Überbetonung der Höhen oder etwas zu geringer Druck im Bassbereich auffallen, die Sie ändern wollen, um den Mix abzurunden. Auch das ist ein Fall für Mastering.

Das Mastering ist heute eine klare Computerdomäne. Selbstverständlich können Sie auch ohne Computereinsatz den Mix mit normalen Equalizern, Effektgeräten oder speziellen Mastering-Prozessoren wie dem T. C. Finalizer oder dem L2 Ultramaximizer von Waves bearbeiten. Allerdings sind die Kosten und auch der Arbeitsaufwand dabei in aller Regel deutlich höher.

Hervorragend eignen sich zum Mastern Wave-Editoren wie Steinberg WaveLab, Adobe Audition oder Sony Soundforge, aber selbst mit vielen Shareware-Programmen lassen sich absolut professionell klingende Ergebnisse erzielen. Auch die Audio-Editoren vielr Harddisk-Recording-Programme oder Sequenzer zeigen sich für Masteringaufgaben gut gerüstet.

Der Finalizer Express von TC Electronic.

Vorbereitung

Beginnen Sie das Mastering damit, alle fertig abgemischten Songs auf Ihre Festplatte zu überspielen. Vergleichen Sie dann den Klang und die Lautstärke der einzelnen Songs. Dies geht besonders schnell und komfortabel, wenn Sie mehrere Songs gleichzeitig in Ihren Wave-Editor laden oder als einzelne Regions in Ihrem HDR-Programm platzieren, um blitzschnell zwischen den einzelnen Songs hin- und herschalten zu können.

Damit Sie bei der Beurteilung nicht allein auf Ihre Ohren angewiesen sind, empfiehlt es sich, das Klangspektrum mit einem Analyzer auch anzuschauen. Im unmittelbaren A/B-Vergleich fallen Unterschiede schnell auf. Notieren Sie sich Ihre Eindrücke zunächst auf einem Zettel, oder stellen Sie die Equalizer für die einzelnen Songs unmittelbar ein, bis auffallende Klangunterschiede ausgeglichen sind.

Vergleichen Sie Ihr Material immer wieder mit ausgewählten Referenz-CDs aus Ihrer Sammlung. Achten Sie dabei besonders auf den oberen Höhenbereich und den Tiefbassbereich! Hören Sie sowohl mit unterschiedlichen Boxen oder Anlagen als auch mit Kopfhörer in verschiedenen Lautstärken ab, und werfen Sie immer wieder mal einen Blick auf den Analyzer.

Gestatten Sie mir an dieser Stelle einen erneuten Hinweis auf die Gefahr der Ermüdung des Gehörs durch langes, lautes Abhören. Das Einhalten regelmäßiger Erholungspausen sorgt dafür, dass Sie nicht mit zunehmender Gehörbelastung Ihrem Mix immer mehr Höhen verpassen.

Die optimale Frequenzverteilung

Der Bereich zwischen 8 kHz und 20 kHz bestimmt die Brillanz der Aufnahme. Zu viele Höhen bewirken einen anstrengenden, schnell ermüdenden Klang. Ist Ihr Mischpult mit einem Festfrequenz-Höhenregler ausgestattet, so kann es sein, dass sich die Frequenzeingriffe an den verschiedenen Spuren während der Abmischung zu einer Überhöhung gerade dieses Frequenzbereichs summiert haben. Senken Sie diese Frequenz dann leicht ab, und versuchen Sie stattdessen eine dezente Anhebung im etwas höheren Bereich, z. B. bei 15 kHz, um die Höhen seidiger wirken zu lassen.

Der Tiefbassbereich sollte unterhalb von 50 Hz deutlich abfallen, da diese Frequenzen meist nicht viel zur Verbesserung des Klangs beitragen, dafür aber die Leistungsreserven der Abhöranlage sehr beanspruchen. Zur Kontrolle dieses Frequenzbereichs bietet sich wieder der Analyzer an. Der eigentliche Bassbereich zwischen 50 und 200 Hz sollte frei von auffälligen Frequenz-Überhöhungen oder -Einbrüchen sein, da ansonsten Ihre Musik auf unterschiedlichen Anlagen extrem unterschiedlich klingen kann.

CD-Track 40 – Die starken Bässe und Höhen dieses Stückes klingen auf manchen Abhöranlagen unangenehm.

Geben Sie nicht der Versuchung nach, den Bass- und den Höhenbereich überzubetonen und so die Mitten unterzubelichten. Zunächst wirkt ein Mix mit mehr Bässen und Höhen durch die damit verbundene Lautstärkeerhöhung zwar satter und brillanter, doch mit verringerter Textverständlichkeit und verschwommenen Harmonie- und Soloinstrumenten zahlen Sie dafür einen hohen Preis. Außerdem strengt ein derartiger Mix beim Hören schnell an.

CD-Track 41 – Dasselbe Stück wie zuvor, doch Bässe und Höhen wurden abgesenkt.

Die folgenden Abbildungen zeigen die Frequenzverteilungen verschiedener Musikstücke. Beachten Sie jedoch, dass ein derartiger visueller Vergleich nur bedingt möglich ist, da die Lautstärke sämtliche Frequenzbänder sich schließlich dynamisch ändert und nicht wie in den Abbildungen statisch ist. Erstellt wurden die Abbildungen übrigens mit einem Analyzer im Peak-Modus, der zu jedem Band die höchste aufgetretene Lautstärke anzeigt.

Ein Wort noch zum Analyzer. Auch wenn ich dessen Nutzung mehrfach empfohlen habe, so möchte ich das nicht so verstanden wissen, als sollten Sie dem Gerät sklavisch gehorchen. Sehen Sie den Analyzer vielmehr als Ergänzung Ihres Gehörs, als ein Helferlein, das Sie auf Missstände aufmerksam machen kann. Die letzte Instanz muss immer Ihr Gehör bleiben!

Hier nun die Darstellungen der Frequenzverteilung unterschiedlicher Stücke im Vergleich:

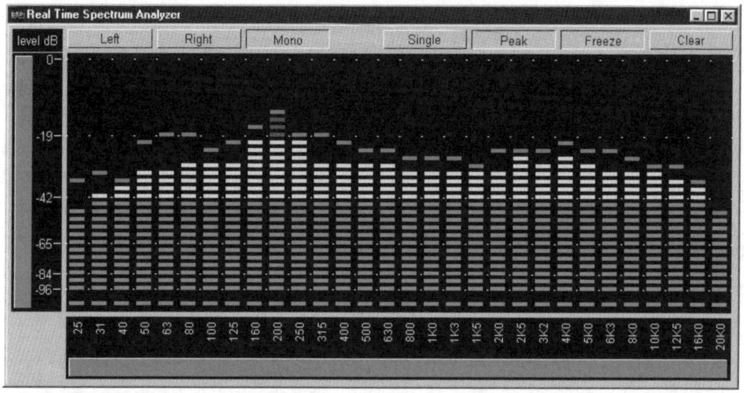

Diese Aufnahme einer kommerziellen Produktion der Siebziger hat starke Bässe (50 bis 80 Hz) und Höhen. Die Mitten um 1 kHz sind leicht zurückgenommen. Die Frequenzspitze bei 200 Hz stammt von der Snare, die in diesem Bereich stark vertreten ist.

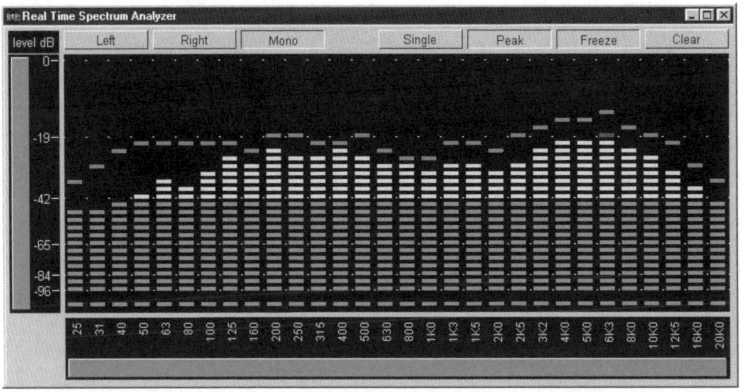

Auch hier sind die Mitten bei 1 kHz leicht abgesenkt. Die starken Höhen stammen von der Snare. Diese Mischung aus den Achtzigern klingt recht ausgeglichen.

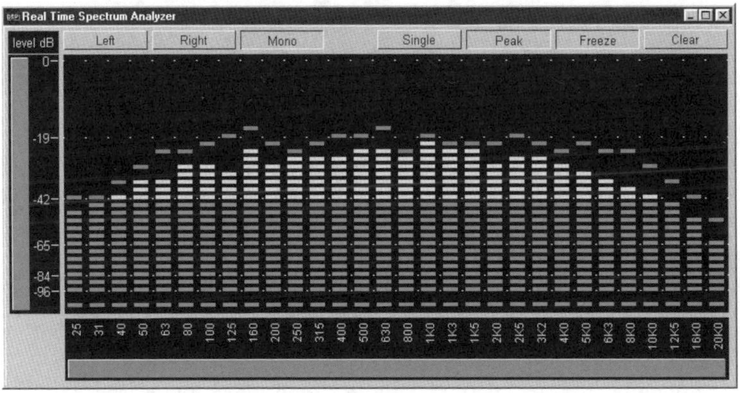

Dieser Mix fordert gerade beim lauten Hören die Anlage weniger, da die Bässe ab 50 Hz stark abfallen. Die Höhen sind ebenfalls unaufdringlich, wodurch der Mix im Vergleich zwar kompakt, aber auch ein wenig flach klingt.

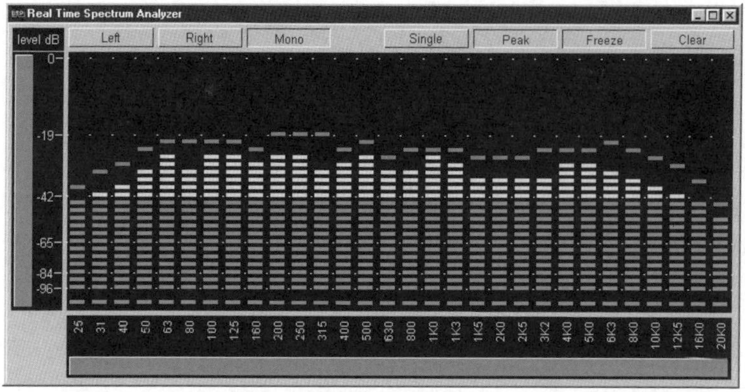

Eine Mischung mit dezenten Höhen und starken Bässen, die dennoch ausgewogen klingt.

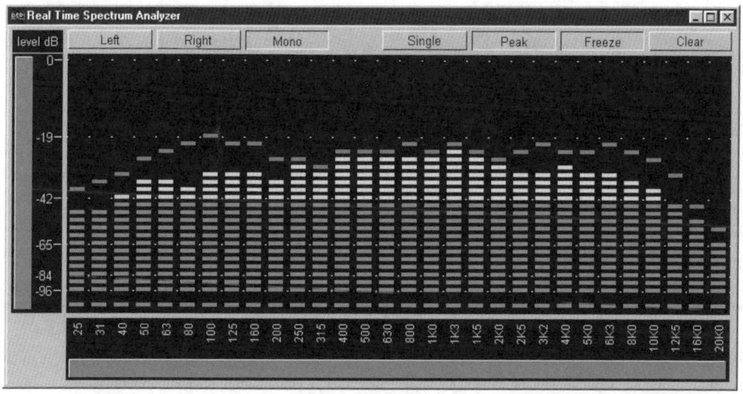

Bei dieser ungemasterten Amateuraufnahme könnte man die Bässe, die derzeit ihr Maximum bei 100 Hz haben, im Bereich um 60 Hz etwas anheben. Die Höhen fallen steil ab. Hier sollte man eingreifen, um der Mischung mehr Brillanz zu verleihen. Der Einbruch im Bereich von 200 bis 300 Hz bedarf ebenfalls einer Korrektur.

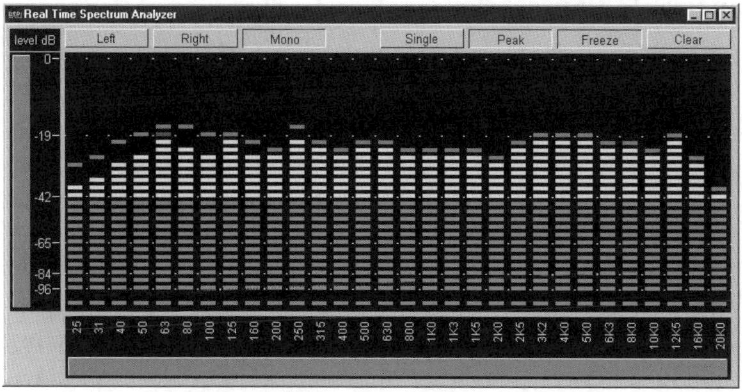

Bei dieser Amateuraufnahme wurde beim Mastering etwas übertrieben. Durch hohe Kompression ist der Gesamtpegel recht hoch, die Dynamik dadurch aber hörbar eingeschränkt. Zudem sind die tiefen Bässe und oberen Höhen überbetont. Der rechtzeitige Vergleich mit Profiaufnahmen hätte die Überbetonungen vermeiden helfen.

Exciter und Enhancer können auch beim Mastering gute Dienste tun, wenngleich sie in den letzten Jahren bei Profiproduktionen immer weniger eingesetzt werden. Mit ihnen lässt sich die Transparenz der Mischung extrem erhöhen, wodurch die Sprachverständlichkeit steigt und Soloinstrumente besser geortet werden können. Der Effekt klingt – richtig, also sparsam eingesetzt – unauffälliger als die Anhebung entsprechender Frequenzen des Höhenbereichs mit dem Equalizer. Da bei diesen Effekten die Versuchung sehr groß ist, immer mehr Effekt zuzumischen, sollten Sie gerade hier immer wieder die ein oder andere Referenz-CD gegenhören, um einen Vergleich zu haben.

Für das letzte Quäntchen Glanz kann schließlich ein Schuss Hall auf dem kompletten Mix sorgen. Dadurch klingt die Mischung unter Umständen dichter und natürlicher, die einzelnen Instrumente fallen trotz unterschiedlicher Halleinstellungen während der Abmischung weniger auseinander. Wohlbemerkt: Ein Quäntchen Hall! Gehen Sie hier also äußerst sensibel vor, sonst ist Ihr Song nur noch Klangbrei.

Die optimale Lautstärke

Ein wichtiger Aspekt des Masterings ist zumindest bei Rock- und Pop-Musik die Lautstärke, genauer gesagt das Herauskitzeln des letzten Quäntchens Druck.

Vielleicht ist Ihnen schon einmal aufgefallen, dass zwei Aufnahmen, die beide normalisiert wurden und folglich exakt dieselben Spitzenwerte im Pegel aufweisen, dennoch unterschiedlich laut klingen können. Das liegt daran, dass für den subjektiven Lautstärkeeindruck der durchschnittliche Lautstärkepegel der Musik entscheidend ist.

Nehmen wir an, dass bei Song A jeder Snareschlag nahe an 0 dB heranreicht und diesen Wert bei etlichen Akzenten sogar erreicht. Auch zwischen den einzelnen Betonungen des Schlagzeugbeats, also zwischen den Lautstärkespitzen (Peaks), erreicht dieser Song Lautstärken von –5 dB bis –2 dB.

Bei Song B dagegen ist die lauteste Stelle ein knalliges Standtom im Fortissimo-Teil am Schluss des Songs. Dieses Tom bestimmt die maximale Aussteuerung. Die Snare- und Bassdrum-Impulse der vorherigen Strophen und Refrains erreichen Werte um –4 dB, dazwischen schwankt der Lautstärkepegel im Bereich von –12 dB bis –8 dB.

Im Vergleich klingt Song A viel lauter als Song B, obwohl beide Songs auf 0 dB normalisiert sind.

Dieses Phänomen ist u. a. für den Rundfunk von Bedeutung. Man hat nämlich herausgefunden, dass Hörer, die einen Sender mit guter Musik suchen, oft bei dem mit der lautesten Musik hängenbleiben. Ähnlich ist es in Diskotheken, bei Feten, kurz: überall dort, wo mehrere Stücke mit unveränderter Lautstärkeeinstellung hintereinander gespielt werden. Der Titel mit dem höheren Lautstärkeeindruck erscheint satter, voller und dadurch besser.

Die Konsequenz daraus ist ein Trend zu möglichst hoher durchschnittlicher Lautstärke eines Mixes. Dazu dürfen einzelne Lautstärkespitzen (Peaks) nicht zu weit aus dem Durchschnittspegel herausragen. Reduzieren Sie die lautesten Peaks, so können Sie anschließend den Lautstärkepegel insgesamt und damit die Durchschnittslautstärke erhöhen.

Zur Dämpfung der Peaks können Sie beim Mastering einen Stereo-Limiter mit möglichst kurzer Attack- und mittlerer Release-Zeit verwenden. Alle Peaks oberhalb des eingestellten Threshold-Wertes werden abgeschnitten, so dass Sie anschließend maximal die Lautstärke um genau den Threshold-Wert erhöhen können.

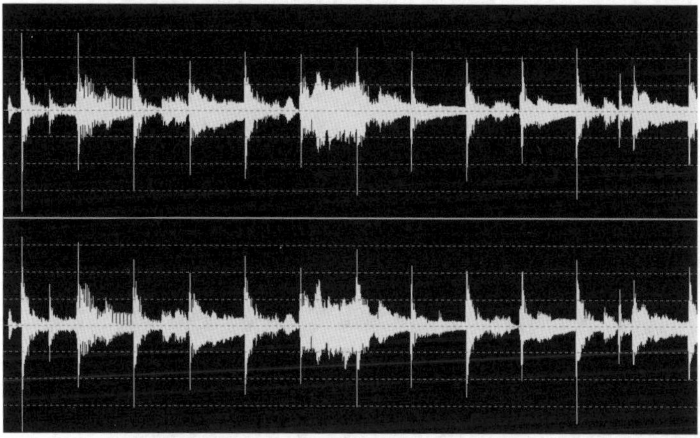

Ausschnitt einer Wellenform. Die erste Spitze ist gleich die lauteste. Auf dem rechten Stereokanal (untere Wellenform) ist sie maximal ausgesteuert.

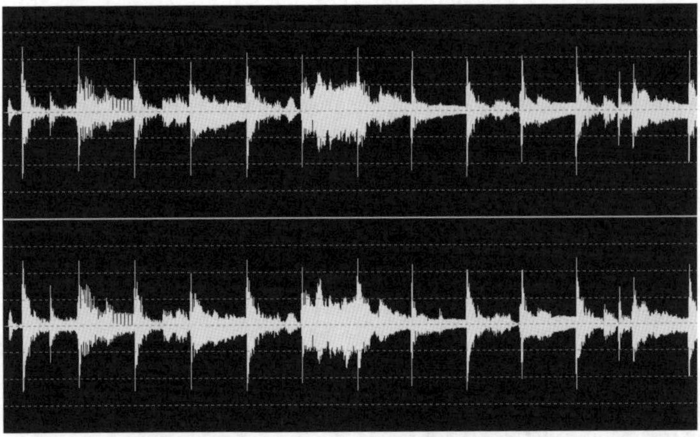

Die Spitzen wurden mit einem Limiter beschnitten. Der Threshold-Wert des Limiters war auf einen Wert zwischen der ersten und zweiten gestrichelten Linie eingestellt.

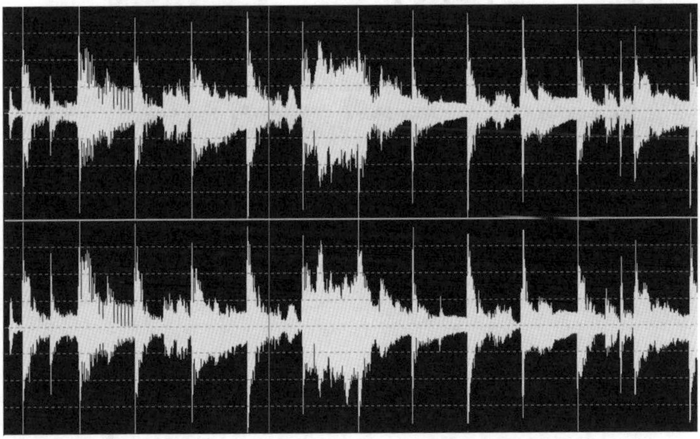

Nun wurde die Lautstärke soweit wie möglich erhöht. Achten Sie auf die Bereiche zwischen den Spitzen: Man erkennt deutlich die Zunahme der Durchschnittslautstärke.

Im Extremfall (niedriger Threshold-Wert) können Sie so den Mix ›plattbügeln‹ und anschließend auf 0 dB normalisieren. Nun werden die Aussteuerungsanzeigen ständig knapp unterhalb der Vollaussteuerung kleben, der Mix hat maximale Lautstärke. Der so erzielte Lautstärkegewinn hat jedoch seinen Preis: Der Dynamikumfang des Stückes ist erheblich reduziert, die Musik verliert Natürlichkeit und Tiefe. Zudem hört man bei extremen Eingriffen den Limiter arbeiten, was sich in einem unnatürlichen Impulsverhalten des Materials äußert.

Um diese Nachteile zu minimieren, können Sie so genannte Multiband-Kompressoren bzw. -Limiter benutzen, bei denen der gesamte Frequenzbereich in mehrere Bänder aufgeteilt wird. Diese Bänder können nun unabhängig voneinander komprimiert bzw. begrenzt werden. Bei einem starken Bassimpuls wird so nur der Bassbereich kurzfristig heruntergeregelt, während die Mitten und Höhen nicht beeinflusst werden. Auch bei starker Impulsbegrenzung bleibt mit dem Multiband-Kompressor/Limiter der Klang weitgehend frei von unerwünschten Pump-Effekten und behält sein natürliches Impulsverhalten.

Ein typischer Multiband-Kompressor/Limiter hat Regelmöglichkeiten für die Grenzen der einzelnen Frequenzbänder sowie pro Band die vom Kompressor bzw. Limiter her bekannten Regler, also Threshold, Ratio, Attack- und Release-Zeit.

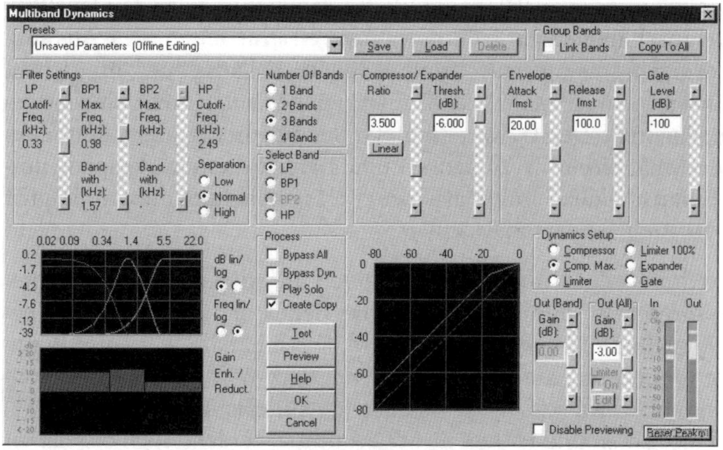

Dieser Multiband-Kompressor ermöglicht die unabhängige Dynamikbearbeitung von bis zu vier Frequenzbändern.

Es gibt gute Gründe dafür, einen Mix durch Einsatz von Kompressor/Limiter im Dynamikumfang zu begrenzen und so voller, satter und druckvoller klingen zu lassen. Prinzipiell ist für jegliche Art von Hintergrundmusik ein mehr oder weniger beschränkter Dynamikumfang sinnvoll, da dann die Lautstärke leicht auf das optimale Maß geregelt werden kann. Stark komprimierte Musik kann außerdem von kleinen, schwachen Musikanlagen wie Cassettenrekordern, Küchenradios, Radioweckern, Mini-Stereoanlagen, Fernsehlautsprechern, aber auch Walkman, Discman oder Funkkopfhörer leichter wiedergegeben werden.

Geht man allerdings von einer ›idealen‹ Situation des Musikhörens aus, so sieht das Bild deutlich anders aus. Hören Sie Musik auf Ihrer Stereoanlage, so gibt es beispielsweise keinen Grund, warum diese Musik bei gleicher Lautstärkeeinstellung lauter als andere klingen soll, denn schließlich legt man normalerweise eine CD ein und stellt die Lautstärke dann so ein, dass sie der jeweiligen Hörsituation angemessen ist. Sie werden bei geringerer Kompression in diesem Falle also keinen geringeren Lautstärkeeindruck gewinnen, dafür nun aber die Musik mit einem erhöhten Dynamikumfang hören, was das Hörerlebnis deutlich bereichern kann.

Um den Gesamtpegel nicht wegen einzelner, herausstechender Lautstärkepeaks insgesamt zu weit reduzieren zu müssen, können Sie folgendermaßen vorgehen: Lassen Sie zunächst von Ihrem Mastering-Programm die lauteste Stelle suchen. Falls Ihr Programm die Möglichkeit bietet, freie Lautstärkekurven einzuzeichnen, können Sie nun an der Stelle des Peaks weit in die Wellenform hineinzoomen und dann die Lautstärkespitze mittels der Lautstärkekurve gezielt absenken. Lassen Sie nach diesem Eingriff erneut das Programm nach der lautesten Stelle suchen, und behandeln Sie diese in gleicher Weise.

Wenn Sie nach der Absenkung der lautesten Peaks das Gefühl haben, die meisten herausragenden Stellen abgefangen zu haben (zu erkennen daran, dass nun alle weiteren Peaks ähnliche Lautstärke haben), können Sie den Gesamtpegel so anheben, dass die lauteste Stelle 0 dB erreicht. Normalerweise gewinnen Sie so einige Dezibel, ohne sämtliche Peaks brutal abgeschnitten zu haben. Das Impulsverhalten der Musik wird insgesamt praktisch nicht verändert, und Artefakte durch den Limiter haben Sie auch nicht zu befürchten.

Lautstärkeanpassung unterschiedlicher Songs

Bisher ging es darum, jedes Stück auf maximale Lautstärke zu bringen. Im Zusammenhang mehrerer Stücke, die gemeinsam auf eine CD sollen, stoßen wir jedoch auf eine ganz neue Problematik. Da sollen nämlich sowohl absolute Power-Songs als auch ruhige Balladen friedlich miteinander koexistieren und eine klangliche Gesamtheit bilden.

Nach der Lautstärkeoptimierung wird aber eine Ballade mit leisem Gesang und Klavierbegleitung sowohl bezüglich der absoluten wie auch der durchschnittlichen Lautstärke genauso laut sein wie der Power-Kracher mit Doppel-Bassdrum und Gitarren-Gewitter. Das daraus resultierende Klangerlebnis ist alles andere als natürlich, vor allem, wenn beide Stücke unmittelbar aufeinander folgen.

Es gibt zwei Ansätze zur Lösung dieses Problems. Zunächst einmal können Sie ruhigere Titel ruhig etwas leiser sein lassen als die Powerbrecher, sie also nicht auf 0 dB aussteuern. Der so entstehende Lautstärkeverlust bringt nur geringe Nachteile wie etwa ein mimimal verschlechtertes Rauschverhalten oder eine etwas geringere Detailauflösung mit sich. Die Unterschiede sind aber normalerweise kaum hörbar, dafür ist der Gesamteindruck der CD homogener und natürlicher.

Die andere Vorgehensweise, die mit der ersten Lösung durchaus kombinierbar ist, besteht darin, die Übergänge der Songs zu entschärfen. Hier fallen nämlich Lautstärkediskrepanzen am ehesten auf. Entschärfen können Sie die Problematik durch einen Fade-Out am Ende eines Stückes. Dadurch ist bei Beginn des neuen Titels der Lautstärkeeindruck des Vorgängers bereits verblasst. Oder Sie senken den Anfang einer Ballade mit einer Lautstärkekurve geringfügig ab und lassen den Pegel nach einigen Sekunden sanft auf den Maximalwert steigen. Kommt zuerst die ruhige Ballade und dann das Power-Stück, können Sie umgekehrt das Ende der Ballade leicht absenken, um so das Power-Stück durch den Kontrast am Übergang kraftvoller erscheinen zu lassen.

Bei derartigen Eingriffen ist in jedem Fall Fingerspitzengefühl gefragt. Hören Sie einen so behandelten Song allein, darf die Lautstärkeänderung nicht auffallen.

Genauso können Sie übrigens auch bei Songs vorgehen, die aus einem ruhigen Teil und einer wesentlich voller instrumentierten Hälfte bestehen. So sind im Klassiker ›In the Air Tonight‹ von Phil Collins die ersten Strophen, die kein Schlagzeug enthalten, recht hoch ausgesteuert. Gegen Ende dieses Teils wird unmerklich die Lautstärke verringert, damit der folgende Schlagzeugeinsatz am Beginn der zweiten Songhälfte kraftvoller wirkt, obwohl die Aussteuerungsgrenze eine tatsächliche Erhöhung der Lautstärke verhindert. Die Lautstärkehüllkurve eines solchen Titels könnte wie in der folgenden Abbildung aussehen.

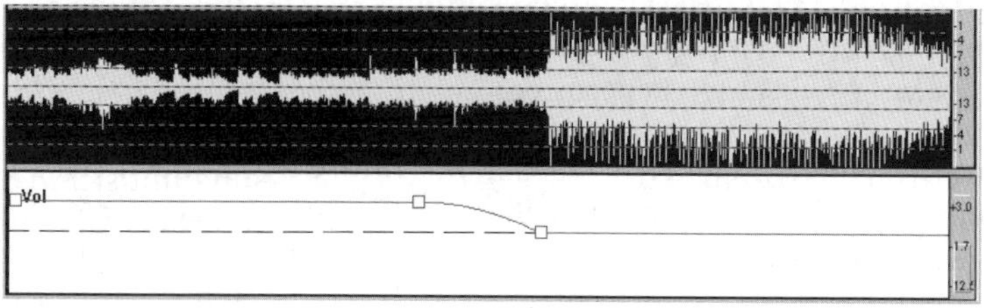

Die Reihenfolge der Songs

Sollen mehrere Songs auf eine CD oder ein Demo-Tape gebracht werden, stellt sich automatisch irgendwann die Frage nach der besten, wirkungsvollsten Reihenfolge der Songs. Ein Patentrezept gibt es dabei nicht, wohl aber ein paar Anhaltspunkte, wie Sie aus einer Reihe von Stücken ein überzeugendes Ganzes machen können.

Wie bei vielen Dingen im Leben gilt auch bei Musik, dass der erste Eindruck besonders prägend ist. Alles Philosophieren über Sinn und Unsinn von Schubladendenken und Vorurteilen wird an dieser Tatsache nichts ändern. Also ist der Einstieg der CD besonders wichtig. Das bedeutet nicht, dass der vermeintlich beste Song die CD eröffnen muss. Er muss nicht, aber er kann. Schauen Sie sich mal Ihre CD-Sammlung daraufhin an, auf wie vielen CDs die Single-Auskopplung an erster Stelle steht; Sie werden sicher etliche finden. Klar ist nur eines: Der schwächste Song hat an dieser Stelle nichts verloren.

Sinnvoll ist sicher, dass der erste Song den musikalischen Stil und die Stimmung der CD gut repräsentiert. Machen Sie vorwiegend ruhige, melodische Stücke, so sollte das einzige echte Power-Stück nicht den Anfang machen, auch dann nicht, wenn jemand meint, dieses Stück sei das beste. Vielmehr sollte es ein Song sein, der einerseits zu den gelungeneren gehört und gleichzeitig dem Hörer einen guten Eindruck von dem vermittelt, was folgt.

Gut geeignet ist also ein facettenreicher Song mittleren Tempos und mittlerer Lautstärke, wobei es von Ihrer Musikrichtung abhängt, was als mittleres Tempo und als mittlere Lautstärke anzusehen ist. Facettenreich deshalb, damit bereits viele Merkmale Ihrer Musik vorgestellt werden. Das mittlere Tempo sorgt dafür, dass Sie mit nachfolgenden Stücken noch zulegen können, also nicht bereits alles Pulver verschossen haben.

Nachdem Sie einen geeigneten Opener für Ihre CD gefunden haben, sollte der zweite Song eine etwas andere Stilrichtung präsentieren. So kommt nicht der Verdacht auf, Sie seien auf eine Richtung festgelegt, und zudem erfreut Abwechslung so ziemlich jeden Hörer. Auch hier würde ich wieder einen der besseren Songs wählen, da ja der Hörer immer noch in der Phase der Urteilsbildung ist, in der er nicht nur versuchen wird, Ihre Musik einzuordnen, sondern vielleicht auch entscheidet, ob er sie überhaupt weiter anhören will.

Nun sollten Sie diese Argumentation bitte nicht dazu benutzen, stur alle Songs in der Reihenfolge vom besten bis zum schwächsten anzuordnen. Wichtig sind nämlich auch die Aspekte Ausgewogenheit und Abwechslung.

Sie werden mir zustimmen, dass auf den meisten CDs Stücke unterschiedlicher Stilrichtungen gemischt angeordnet sind, also nicht etwa die erste Hälfte den lautstarken Power-Songs vorbehalten ist und die zweite den leisen Balladen. Bei einer derartigen Mischung der unterschiedlichen Songs sollte man sich um Ausgewogenheit und Abwechslung bemühen. Zur Ausgewogenheit gehört etwa, dass die Highlights der CD nicht direkt aufeinander folgen, sondern gleichmäßig über die CD verteilt sind, ebenso wie die schwächeren Songs. Mit anderen Worten: Vermeiden Sie es, starke und schwächere größere Blöcke entstehen zu lassen.

Die CD sollte als harmonisches Ganzes wirken. Um dies zu erreichen, ist viel Fingerspitzengefühl und ein gesundes Maß an Gefühl für eine wirkungsvolle Komposition aus Einzelteilen zu einem Ganzen angebracht. Sind Sie sich unsicher, fragen Sie andere Personen, am besten übrigens Nicht-Musiker, denn die nehmen Musik meist wesentlich unvoreingenommener auf als Musiker.

Beobachten Sie den Spannungsverlauf der gesamten CD: Die CD sollte den Hörer durch gezielten Aufbau und Auflösung von Spannung in ihren Bann ziehen. Machen Sie sich klar, ob und wo Sie durch energiereiche Stücke Spannung erzeugen und wie Sie diese Spannung mit ruhigen Stücken wieder auflösen können, damit sich der Hörer entspannen kann. Bemühen Sie sich um einen Kompromiss zwischen Abwechslung schaffenden Kontrasten und sanften, gleichförmigen Übergängen, die eine zuvor aufgebaute Stimmung nicht vollends zerstören.

Klangbeispiele zum Mastering

CD-Track 42 – Die Lautstärkespitzen der unverzerrten Lead-Gitarre dieses Stücks ragen prägnant aus dem gleichförmigen Groove heraus. Keine leichte Aufgabe für ein Mastering-Kompressor/Limiter! Hören Sie das Stück zunächst ohne Dynamikbearbeitung!

CD-Track 43 – Hören Sie nun der Reihe nach verschiedene Mastering-Kompressoren/Limiter, zwischen denen während des Stücks übergeblendet wird. Die Einstellung ist mit etwa 6 dB Lautstärkegewinn als moderat anzusehen.
(a) Sonic Timeworks Mastering Compressor Soft für Pulsar
(b, 0:20) Sonic Timeworks Mastering Compressor Hard für Pulsar, ein anderer Algorithmus mit klareren Höhen
(c, 0:40) Waves L1 Ultramaximizer, der noch stärker die Höhen betont
(d, 1:00) Dies ist ein nicht speziell fürs Mastering ausgelegter Kompressor, dessen Release-Zeit ungünstig eingestellt wurde. Bei den Spitzen der Gitarre bricht die Lautstärke der Begleitung hörbar ein, es kommt zum Pumpen.

CD-Track 44 – Nun wurde etwa zu heftig zugelangt: Sie hören mit jeweils 12 dB Lautstärkegewinn zunächst den Sonic Timeworks Hard, der mit dieser Einstellung in den Bässen zu pumpen beginnt, danach (b, 0:20) wieder den Waves L1, der hier auf die Lautstärkespitzen der Gitarre mit Verzerrungen reagiert.

CD-Track 45 – Vergleichen Sie nun Klang und Dynamik bei gleicher Lautstärke. Dazu wurden die komprimierten Teile an die Lautstärke der unbearbeiteten Originalaufnahme angepasst. Nach jeweils 10 Sekunden wird übergeblendet, damit Sie die verschiedene Varianten mehrfach unmittelbar vergleichen können: (a) Original, (0:10) Waves L1 mit 6 dB, (0:20) Sonic Timeworks Hard (STW) mit 12 dB, (0:30) Original, (0:40) L1 6 dB, (0:50) STW 12 dB. Ab 1:00 hören Sie das Original und den STW mit 12 dB im fortlaufenden Wechsel. Lassen Sie den Unterschied auf sich wirken, sowohl bei den zunächst noch ruhigeren Passagen als auch bei dem ab 1:37 einsetzenden etwas lauteren Teil. (Original 1:00, 1:20, 1:40, STW 1:10, 1:30, 1:50)

CD-Track 46 – Der Multibandkompressor wird zwischen 0:13 und 0:20 auf Bypass geschaltet, um den Lautstärkegewinn zu demonstrieren. Danach hören Sie die verschiedenen Frequenzbänder allein: Bass 0:23 bis 0:29, Mitten 0:30 bis 0:38, Höhen 0:41 bis 0:47.

12

Die eigene CD

Nachdem Sie viel Zeit und Arbeit in Aufnahme, Nachbearbeitung, Abmischung und Mastering investiert haben, möchten Sie die Früchte Ihrer Arbeit sicher mit Ihren Mitmenschen teilen, seien es Freunde und Bekannte, Konzertveranstalter oder A & R-Manager von Plattenfirmen. Dazu muss die Musik auf ein geeignetes Medium übertragen werden. Dieses Medium ist heutzutage noch immer die CD, auch wenn die Audio-DVD hier sicher zunehmend an Bedeutung gewinnen wird.

Die CD – das Medium für Ihre Musik

Früher war im Amateurbereich die Cassette das bevorzugte Medium für die Vervielfältigung und Verteilung von Musik. Hierbei gab und gibt es jedoch etliche Nachteile:

- Bei einem analogen Kopiervorgang entstehen Klangverluste.
- Durch Fehler des Bandmaterials entstehen Aussetzer (Drop-Outs). Diese werden im Laufe der Zeit durch Abnutzung des Bandmaterials zahlreicher.
- Cassetten weisen ein deutliches Bandrauschen auf.
- Bei Cassetten muss man spulen. Direktes, kurzes Reinhören in einzelne Titel ist nicht möglich.

Die Cassette war und ist also eine unbefriedigende Lösung.

Anders das digitale Audiotape (DAT). Hier hat man ein Medium, das Musik in hervorragender Qualität speichert und sich zudem verlustfrei kopieren lässt. Doch auch wenn die DAT-Cassette als Master-Medium nach wie vor eine Rolle spielt, so haben sich DAT-Recorder – nicht zuletzt wegen immer noch hoher Preise – nie auf breiter Front beim Konsumenten durchgesetzt. Und damit ist nicht sichergestellt, dass der potentielle Hörer Ihrer Musik diese überhaupt abspielen kann.

In praktisch jedem Haushalt zu finden ist dagegen ein CD-Player. Da Musik auf CD also von praktisch jedem gehört werden kann, ist die CD das ideale Medium zur Verteilung von Musik. Und seitdem CD-Brenner als Zusatzgeräte für Computer mittlerweile Standard sind und man beschreibbare CDs zu Preisen im Cent-Bereich in jedem besseren Supermarkt bekommt, muss man dazu auch gar nicht mehr ins Presswerk, sondern kann seine Kleinauflage selbst herstellen.

Was ist eine CD-R?

Anders als eine normale CD wird eine CD-R nicht gepresst, sondern ›gebrannt‹. Das funktioniert so, dass ein Laser die digitalen Informationen als kurze oder lange Vertiefungen in den CD-Rohling einbrennt. Die Unterseite des Rohlings ist mit einer speziellen Farbbeschichtung versehen, die auf den Laserstrahl entsprechend reagiert. Die Oberseite der CD ist oft mit einer goldenen oder silbernen Reflexionsschicht versehen. Da die Farbschicht meist klar oder blau ist, gibt es beispielsweise goldene (klare Schicht auf goldenem Medium), grüne (blaue Schicht auf goldenem Medium) und blaue CD-Rs (blaue Schicht auf silbernen Medium).

Mit welchem Typ man die besten Ergebnisse erzielt, hängt sehr vom verwendeten Brenner ab. Generell ist derzeit die Qualität bei allen Typen sehr gut. Allerdings sollte man grundsätzlich lieber zu Markenprodukten als zu billigen No-Name-CDs greifen. Letztere können zwar ebenfalls einwandfrei sein, müssen es aber nicht. Und bei Ihrer eigenen Musik werden Sie doch nicht ein Risiko eingehen, nur um einige Cents zu sparen, oder?

Im Vergleich zu gepressten CDs sind CD-Rs etwas empfindlicher. Sie sollten keiner großen Hitze ausgesetzt werden, außerdem verkratzen sie etwas leichter.

Besondere Vorsicht ist bei der Beschriftung der CD-R angebracht. Die Schicht mit den Daten sitzt unmittelbar unter der Oberseite der CD-R, und diese ist recht empfindlich. Beschriften Sie daher niemals eine CD-R mit einem Kugelschreiber, da sich die Kugelschreibermine in die Datenschicht durchdrücken kann. Benutzen Sie stattdessen einen Folienschreiber, oder versehen Sie Ihre CD mit einem speziellen, selbstklebenden Label. Solche Label nebst Zentrierhilfe gibt es in unterschiedlichen Ausführungen im Fachhandel. Die Zentrierhilfe ist erforderlich, da nur bei exakt mittiger Ausrichtung des Labels keine Unwucht beim Abspielen auftritt.

CD-R Audio, CD-RW und DVD

Neben CD-Rs, auf die Sie sowohl Daten als auch Musik brennen können, gibt es spezielle CD-Rs, die den Zusatz ›Audio‹ tragen. Diese sind meist etwas teurer, was jedoch nicht durch eine bessere Qualität bedingt ist, sondern dadurch, dass im Preis eine GEMA-Abgabe enthalten ist. Stand-Alone-CD-Recorder arbeiten meist nur mit diesen speziellen CD-Rs.

Weiterhin gibt es so genannte CD-RWs (RW für ›rewritable‹). Diese sind im Gegensatz zu normalen CD-Rs mehrfach beschreibbar, können also gelöscht und wieder bespielt werden. Ihr Preis ist deutlich höher, aber noch entscheidender spricht gegen ihre Verwendung, dass nicht alle Audio-CD-Player CD-RWs lesen können.

In Zukunft wird mit Sicherheit die DVD (Digital Versatile Disk) eine immer größere Rolle spielen. Von dieser gibt es unter anderem Varianten für Video, Daten und Audio. Durch die wesentlich größere Speicherkapazität eignet sie sich auch für Audioaufnahmen mit höherer Auflösung (24 Bit bei 96 kHz Samplingfrequenz).

Was ist Red Book?

Red Book bezeichnet die Spezifikationen für Audio-CDs. Darin ist unter anderem festgelegt, dass die maximale Länge einer Audio-CD bei ca. 74 Minuten liegt. Es gibt auch CDs und Rohlinge mit Überlänge (bis 80 Minuten), bei denen die spiralförmige Datenspur etwas enger ist. Fast alle CD-Player bewältigen diese leichte Abweichung vom Standard mühelos, dennoch empfehle ich für Musikaufnahmen nach wie vor normale Rohlinge.

Das Audio-Format der CD ist festgelegt auf Stereo, 16 Bit, 44,1 kHz. Haben Sie mit einer anderen Samplingfrequenz aufgenommen oder gemastert, so müssen Sie vor dem Brennen auf CD-R eine Konvertierung der Samplingfrequenz mit Ihrer Audiosoftware durchführen. Wollen Sie Musik in Mono auf CD brennen, so wird auf beide Stereokanäle das gleiche Signal geschrieben. Folglich passt auch bei Mono nur die gleiche maximale Spielzeit auf die CD.

Zwei weitere Red-Book-Vorschriften, die Sie beachten müssen: Jeder Track muss mindestens vier Sekunden lang sein, und eine Audio-CD darf maximal 99 Tracks enthalten.

Das benötigen Sie zum Brennen von CDs

Hardware

Haben Sie keinen Computer und wollen in absehbarer Zeit auch keinen anschaffen, so empfiehlt sich die Anschaffung eines Hi-Fi-CD-Rekorders. Auf ein solches Gerät können Sie auch Ihre fertig abgemischten Aufnahmen überspielen, es also als Mastermedium benutzen. Haben Sie ein digitales Aufnahmegerät mit Digitalausgängen, erfolgt diese Überspielung verlustfrei, darüber hinaus verfügen CD-Rekorder aber auch über AD-Wandler zur Digitalisierung analoger Aufnahmen.

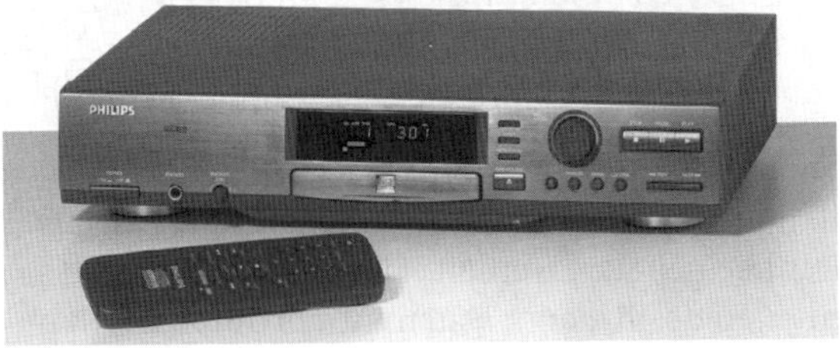

CD-Rekorder als Stand-Alone-Gerät.

Solche CD-Rekorder, die im von CD-Playern gewohnten Hi-Fi-Look daherkommen, lassen sich nicht nur als Mastermedium, sondern auch zur Vervielfältigung von CDs nutzen, haben allerdings auch einige Nachteile:

- Sie arbeiten nur mit den relativ teuren Audio-CD-Rs.
- Sie können keine Daten Ihres Computers sichern.
- Sie brennen meist nur mit einfacher Geschwindigkeit.
- Sie sind erheblich teurer als CD-Brenner für den Computer.

Der Vorteil: Sie benötigen keinen Computer, wodurch sich der Preisunterschied zum CD-Brenner für den Computer natürlich relativiert. Haben Sie aber ohnehin einen Computer, so sind Sie in der Regel mit einem CD-Brenner für den Computer besser bedient.

CD-Brenner zum Einbau in den Computer.

Ein wichtiges Kriterium für CD-Brenner ist die maximale Brenngeschwindigkeit. ›Einfache Geschwindigkeit‹ bedeutet, dass das Brennen einer CD mit einer Länge von 74 Minuten genau diese Zeit benötigt. Da man selbst bei schnellen Computern während des Brennvorganges keine anderen

Programme starten sollte, ist der Computer für diese Zeit blockiert. Daher kann die Mehrinvestition für einen schnelleren Brenner sich schnell bezahlt machen. Die angeblichen Qualitätsverluste durch höhere Brenngeschwindigkeit haben sich in jüngeren Tests übrigens nicht bestätigt.

Beim CD-Brennen müssen die Daten gleichmäßig und kontinuierlich von der Festplatte an den Brenner geliefert werden. Die gefürchteten Buffer-Underruns, also ein Leerlaufen des Brenner-Datenpuffers durch abreißenden Datennachschub treten bei modernen Festplatten praktisch nicht mehr auf. Die Anschaffung spezieller, für AV-Anwendungen (Audio/Video) geeigneter Platten ist von daher nicht erforderlich.

Auf eine CD passen etwa 700 MB Daten. Beachten Sie also, dass Sie eine entsprechende Kapazität Ihrer Festplatte für diesen Zweck reservieren. Bei den gigantischen Größen moderner Festplatten dürfte das allerdings kein Problem sein.

Software

Zum Brennen von CDs ist spezielle Software erforderlich. Manche Recording-Programme beinhalten derartige Software bereits. Hier können Sie direkt im Arrangierfenster der Audiotracks Marken für Beginn und Ende der einzelnen Songs auf der CD setzen und mit einem Knopfdruck Ihre gesamte Produktion auf CD verewigen.

Eine Alternative sind Wave-Editoren mit integriertem CD-Writing wie zum Beispiel Steinberg Wavelab.

Auch die meisten Programme zum Brennen von Daten-CDs gestatten das Brennen von Audio-CDs. Nero von Ahead beispielsweise beinhaltet sogar einen Audioeditor, mit dem Sie Änderungen an der Musik vornehmen können.

Die den CD-Brennern beiliegende Brennsoftware ist manchmal im Funktionsumfang eingeschränkt und bietet nicht immer alle für unsere Zwecke notwendigen Optionen. So wird zum Beispiel häufig der DAO-Modus (siehe weiter unten) nicht unterstützt.

So wird's gemacht

CD-Writing mit dem Computer

Sie haben alle Ihre Songs für die geplante CD abgemischt und gemastert und jedes Stück als eigene Datei im richtigen Format 16 Bit, 44,1 kHz auf Ihrer Festplatte gespeichert. Nun kann es also losgehen mit dem Brennen der CD. Die weiteren Schritte hängen im Detail von der verwendeten Software ab, sind im Prinzip aber stets gleich.

CD-Writing aus der Arrangier-Software

Manche Recording-Programme lassen das Brennen von CD direkt aus dem Arrangier-Fenster heraus zu. Erzeugen Sie also ein Arrangement bzw. Projekt, das mindestens so lang ist wie die Gesamtspielzeit der geplanten CD. Dann laden Sie die einzelnen Dateien als Samples in die Software und legen sie im Arrangier-Fenster ab.

Ordnen Sie die einzelnen Songs nacheinander in der gewünschten Reihenfolge auf einer Stereospur an. Diese Methode ist sehr intuitiv, da das Layout der Stücke im Arrangier-Fenster exakt ihrer späteren Position auf der CD entspricht. Daher kommt es aber auch auf die Abstände zwischen den Samples an, da diese die Pausenlänge zwischen den Stücken bestimmen. Legen Sie also alle Samples so, wie Sie sie haben wollen, und beurteilen Sie die Übergänge, indem Sie sie anhören und korrigieren, bis Sie zufrieden sind.

Liegen alle Samples an ihrer Endposition, so müssen Sie in einem weiteren Arbeitsschritt spezielle Track-Marker für die Anfänge der einzelnen Stücke einfügen. Diese sind für die Anzeige der Songnummern am CD-Player bzw. für das Springen von Song zu Song (Skipping) erforderlich.

Positionieren Sie den Locator der Software auf die Stelle, an der ein Song beginnen soll, zunächst also auf den Anfang des ersten Stückes, und fügen Sie dann den entsprechenden Marker ein. Doch Achtung: Hier lauert gleich die erste Falle. Logisch wäre es ja, den Marker exakt auf den Anfang des Songs zu setzen, was dank Zoom und Einrastfunktion der Software auch auf die Millisekunde genau möglich ist. Dabei kann aber das Problem entstehen, dass beim Abspielen der CD ein Sekundenbruchteil des

Songanfangs verschluckt wird, was daran liegt, dass manche CD-Player den Anfang eines Stückes nicht mit absoluter Genauigkeit anspringen können. Setzen Sie daher den Marker geringfügig vor den Songanfang. Ein Abstand von 0,3 Sekunden sollte ausreichen.

In diesem Zusammhang noch ein Tipp: Statt alle Marker vor die Anfänge der Samples zu positionieren, können Sie sie zunächst auch direkt auf die Anfänge setzen (was mit der Einrastfunktion sehr einfach ist). Anschließend markieren Sie alle Samples und schieben sie gemeinsam um 0,3 Sekunden nach hinten. Das geht schneller, und das Resultat ist das gleiche.

Neben den Markern für die Trackanfänge müssen Sie noch jeweils einen weiteren für das Ende der Tracks setzen. Diese Marker lassen sich genauso setzen wie die Track-Marker.

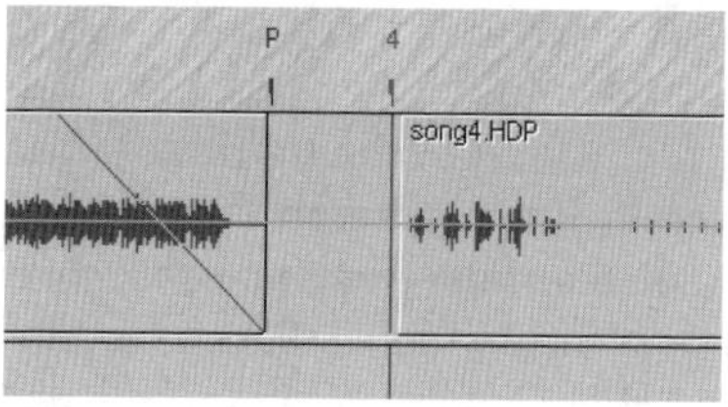

Hier sehen Sie Marker für das Ende (P) des einen und den Anfang des nächsten (4) Songs.

Eigentlich sollte laut Red Book eine Pause auch wirklich Stille enthalten, aber praktisch alle CD-Player akzeptieren auch CDs, die in einer definierten Pause Musik, Ansagen oder Applaus enthalten. Sicherheitshalber sollten Sie dennoch in solchen Fällen eine Pause mit der Länge 0 Sekunden definieren, also den Marker für das Ende des einen Songs auf den für den Anfang des nächsten schieben.

DAO und TAO

In diesem Zusammenhang ist die Unterstützung des Disk-At-Once-Modus (DAO) wichtig. Dabei wird die komplette CD in einem Rutsch geschrieben, im Gegensatz zum Track-At-Once-Modus (TAO), wo der Laser nach jedem Track das Schreiben unterbricht und danach neu ansetzt.

Der Vorteil von TAO: Sie können einzelne Songs nach und nach auf die CD brennen, allerdings können Sie sie erst in Ihrem CD-Player spielen, nachdem der letzte Song geschrieben ist und die CD finalisiert wurde. Finalisieren bedeutet bei TAO das Anlegen des ›Inhaltsverzeichnisses‹ (TOC, Tabel of Contents) der CD und das Abschließen der CD, wodurch auf ihr nicht weiter aufgenommen werden kann.

Die Nachteile von TAO: Durch das Neuansetzen des Lasers zu Beginn von jedem Song entstehen an dieser Stelle Datenfehler, die zwar vom CD-Player ignoriert werden, also unhörbar sind, jedoch dafür sorgen, dass Presswerke CD-Rs im TAO-Modus nicht als Pressvorlage akzeptieren.

Außerdem muss im TAO-Modus zwischen zwei Songs immer eine Pause mit der Standardlänge von zwei Sekunden sein. Pausen mit variabler Länge sind also nur im DAO-Modus möglich. Gehen Songs direkt ineinander über, so müssen Sie ebenfalls den DAO-Modus wählen.

CD-Writing mit Wave-Editoren und Brennprogrammen

Das CD-Brennen mit Wave-Editoren und Brennprogrammen folgt einem sehr ähnlichen Muster. Anders als bei der zuvor beschriebenen Variante aus dem Harddisk-Recording-Programm heraus fehlt die dem CD-Layout entsprechende grafische Darstellung im Arrangier-Fenster. Stattdessen arbeiten Sie mit einer Tabelle.

In Wavelab erstellen Sie als erstes eine als CD-Projekt bezeichnete Datei. Dort hinein laden Sie mit Hilfe eines Explorer-Dialogs die gewünschten Songs als WAV-Dateien in der gewünschten Reihenfolge. Die Dateien werden daraufhin in einer Tabelle angezeigt. Die Anordnung der Songs in der Tabelle kann durch Verschieben mit der Maus jederzeit geändert werden.

In einer weiteren Spalte der Tabelle wird die Länge der einzelnen Songs und ihre Startzeit angezeigt, ebenso die Pausenlänge, welche Sie direkt in der Tabelle editieren können.

Die Startmarke jedes Songs wird automatisch an den Anfang der WAV-Datei gesetzt. Um den erwähnten Sicherheitsvorlauf zu erhalten, sollte die WAV-Datei also nicht direkt mit dem Musikstück beginnen, sondern eine entsprechend lange Pause am Anfang enthalten. Ist dies nicht der Fall, fügen Sie einfach ein Stückchen digitaler Stille von beliebiger Länge an der Locatorposition ein.

Dieses Prinzip findet sich in den unterschiedlichsten Programmen wieder, egal ob es sich dabei um spezialisierte Musik- oder ganz normale Brennprogramme handelt.

Indizes, ISRC und EAN

Neben den Track-Markern für die Startpositionen der einzelnen Songs können – auch mitten in den Songs – zusätzlich so genannte Indizes (manchmal auch als Sub-Indizes bezeichnet) gesetzt werden. Es hängt von Ihrem CD-Player ab, ob diese Indizes beim Abspielen der CD nur angezeigt werden oder sich auch direkt anspringen lassen.

Indizes bieten sich bei längeren Stücken zur Kennzeichnung einzelner Abschnitte wie Strophen oder Refrains bzw. Sätzen an. Sie sind jedoch eher die Ausnahme als die Regel, wie Sie vermutlich aus eigener Erfahrung von Ihrer CD-Sammlung her bestätigen können.

Bei den beschriebenen Harddisk-Recording-Programmen mit Brennoption lassen sich Indizes genau wie Track-Marker setzen und verschieben, bei den anderen Programmen können Sie ihre Position in der Tabelle festlegen.

Für jeden Song lässt sich weiterhin häufig eine so genannte ISRC-Nummer angeben. Diese bleibt normalerweise unsichtbar, lässt sich jedoch mit einigen Programmen oder Spezial-CD-Playern anzeigen. Mit diesem Code können Rundfunksender leichter GEMA-Gebühren für das Spielen der Songs abrechnen, da durch den Code jeder Titel eindeutig identifiziert werden kann.

Der so genannte UPC/EAN-Code bezieht sich nicht auf einzelne Songs, sondern auf die gesamte CD. Er enthält etwa Informationen über Herstellungsland und -jahr und ist folglich für unsere Zwecke nicht weiter wichtig.

Das sollten Sie beim Brennen beachten

Sämtliche derzeit erhältlichen CD-Brenner für Computer können mit unterschiedlicher Geschwindigkeit brennen, wobei die Messlatte für die maximale Brenngeschwindigkeit ständig höher gelegt wird.

Viele Dinge im Leben sind bekanntlich weniger gründlich, wenn man sie besonders schnell erledigt. Gilt das auch für das CD-Brennen? Es gibt plausible Theorien, die besagen, dass beim schnelleren Brennen der CD automatisch mehr Fehler auf die CD geschrieben werden als bei niedriger Geschwindigkeit. Zwar haben alle CD-Player eine Fehlerkorrektur, so dass einzelne falsche Daten unhörbar interpoliert werden, doch wird – so die Befürworter der genannnten Theorien – ab einer gewissen Fehlermenge auch die beste Fehlerkorrektur nicht ohne hörbare Verfälschungen arbeiten, sei es in der Form von kurzzeitigen Aussetzern, Knacksern oder gar schlechterem Klang.

Tests mit aufwendigen Messmethoden ergaben jedoch, dass eine schneller gebrannte CD unter bestimmten Umständen sogar weniger Fehler hat als eine mit einfacher Geschwindigkeit beschriebene. Mit einem anderen Brenner war dagegen bei manchen Rohlingstypen die Fehlerrate bei einfach gebrannten CDs geringer. Fazit: Nichts Genaues weiß man nicht, und so würde ich grundsätzlich zu einer höheren Geschwindigkeit raten.

Voraussetzung ist natürlich, dass Ihr Rechner den damit verbundenen höheren Geschwindigkeitsansprüchen genügt. Und dabei spielt noch ein weiterer Faktor eine wichtige Rolle, wie Sie im Folgenden sehen werden.

Grundsätzlich haben Sie nämlich die Wahl, Ihre CD ›On the Fly‹ oder von einem ›Image‹ zu brennen. Im ersten Fall werden die Daten während des Brennens direkt aus den verschiedenen Dateien ausgelesen und zum Brenner gesendet. Das heißt, die Festplatte springt von WAV-Datei zu WAV-Datei und liest die Audiodaten aus, die dann über den gesamten Brennvorgang hinweg gleichmäßig zum Brenner geliefert werden müssen. Reißt der Datenstrom ab, ist die CD verloren, da der Puffer des Brenners schließlich leerläuft und der Laser keine Informationen mehr auf die CD schreiben kann. Das ist der berüchtigte Buffer-Underrun.

Beim Brennen mit Image-File erzeugt die Software ein exaktes Abbild aller Daten der CD auf der Festplatte. Dazu muss auf der Festplatte die entsprechende Speicherkapazität frei sein. Da die Audiodaten der einzelnen Songs ja ebenfalls noch auf Festplatte liegen, müssen also vorübergehend bis zu 1,4 GB an Kapazität für das Brennen der CD freigehalten werden.

Da das Image Datenblock für Datenblock der zu schreibenden CD entspricht, muss die Festplatte nur gleichmäßig diese Datei auslesen. Die Geschwindigkeitsanforderungen an die Platte bzw. den Controller sind dabei deutlich geringer.

Die Praxis zeigt, dass das Brennen ›On the Fly‹ mit fast allen aktuellen Computer-Systemen problemlos möglich ist. Anders als bei Daten-CDs, bei denen manchmal viele kleine Dateien auf CD geschrieben werden sollen, haben wir es bei einer Audio-CD nur mit wenigen, großen WAV-Dateien zu tun. Daher muss der Lesekopf der Festplatte ohnehin nicht ständig von Datei zu Datei flitzen und hier und dort kleine Datenmengen auslesen. Außerdem ist die Geschwindigkeit der Computerkomponenten mittlerweile derart hoch, dass die meisten heutigen Rechner auch bei höherer Brenngeschwindigkeit CD-Brennen ohne Image bewältigen.

Um das Risiko eines Fehlers beim Brennen zu reduzieren, können Sie den Brennvorgang vorab auch emulieren. Dabei werden alle Daten wie beim Brennen ausgelesen und an den Brenner geleitet, doch bleibt der Laser abgeschaltet, wodurch der Rohling nicht verändert wird. Es empfiehlt sich, nach der Neuanschaffung eines Systems dieses zunächst im Emulationsmodus zu testen. Weiß man einmal, was das System leistet, kann man auf die Emulation verzichten.

CD-Writing mit CD-Recordern

Möchten Sie ohne Computer CDs brennen, so benötigen Sie einen Stand-Alone-CD-Recorder. Das Brennen einer CD mit einem solchen Gerät geschieht ähnlich wie das Aufnehmen auf einen DAT- oder MD-Rekorder: Sie schließen einfach den Ausgang des Zuspielgerätes der Masteraufnahme (DAT, MD, HDR-Gerät, Tonband) an den Eingang des CD-Rekorders an. Dann stellen Sie den Zuspieler auf Wiedergabe und den Rekorder auf Aufnahme.

Haben Sie Ihr Master mit einer anderen Sampling-Frequenz als 44,1 kHz aufgenommen, etwa weil Ihr DAT analoge Quellen nur mit 48 kHz aufnehmen kann, so ist dies in aller Regel kein Problem: Die meisten CD-Rekorder besitzen einen integrierten Sample-Rate-Konverter.

Sie können wählen, ob Sie im TAO- oder DAO-Modus schreiben wollen. Die Geschwindigkeit lässt sich jedoch nicht ändern, denn schließlich kann das Zuspielgerät die Daten nur mit normaler Geschwindigkeit anliefern.

Für die Vergabe der Track-IDs gibt es unterschiedliche Möglichkeiten:

- Übernahme der Track-IDs vom Master-Medium,
- automatisches Setzen der Track-IDs nach Pausen,
- manuelle Eingabe während der Aufnahme.

Bei digitalen Zuspielern wie DAT, MD, DCC oder CD können die dort vorhandenen Track-IDs übernommen werden. Sorgen Sie also dafür, dass alle Track-IDs auf dem Master optimal gesetzt sind. Setzen Sie auch dabei wieder sicherheitshalber die IDs 0,3 Sekunden vor den eigentlichen Anfang des Stückes, damit später auch auf einfacheren CD-Playern nichts vom Anfang abgeschnitten wird.

Entscheiden Sie sich für das automatische Setzen von Track-IDs, so setzt der Rekorder immer dann eine Track-ID, wenn er eine Pause einstellbarer Länge erkennt. Somit ist dieses Verfahren auch bei Aufnahmen von analogen Quellen möglich, allerdings immer dann nicht praktikabel, wenn Stücke ineinander übergehen.

Da Track-IDs zudem nicht nachträglich korrigiert werden können, sollten Sie die Track-IDs grundsätzlich besser nicht automatisch setzen lassen.

Als dritte Methode können Sie Track-IDs während der Aufnahme manuell setzen, indem Sie einfach zum richtigen Zeitpunkt die entsprechende Taste am CD-Rekorder drücken. Die Genauigkeit ist allerdings nicht sehr hoch, so dass ich auch von dieser Methode eher abraten würde.

Manche CD-Rekorder können auch CD-RW Audio beschreiben, also wiederbeschreibbare CDs. Allerdings lassen sich diese mit vielen CD-Playern nicht abspielen, sondern nur mit dem CD-Rekorder und den meisten neueren CD-Playern.

CD-Writing mit Roland VS-Recordern

Besitzer von älteren Roland VS-Recordern wie etwa VS-880 EX oder VS-1680 können einen entsprechenden CD-Brenner für den Computer direkt an den SCSI-Port des Gerätes anschließen, um bequem fertige Aufnahmen auf eine Audio-CD zu brennen oder sämtliche Daten auf eine Daten-CD zu sichern. Bei den meisten neuen VS-Recordern ist der Brenner sogar bereits eingebaut.

Die einzelnen Songs werden entsprechend ihrer Reihenfolge vom VS direkt auf CD geschrieben, wobei die Marker der Songanfänge gleich als Track-IDs übernommen werden. Sowohl TAO- als auch DAO-Modus sind möglich, bei Aufnahmen auf CD-RW allerdings nur der DAO-Modus. Es stehen einfache und doppelte Geschwindigkeit (mit CD-RW nur doppelte) zur Auswahl.

Da Sie außerdem sämtliche Audio- und Editierungsdaten auch auf eine Daten-CD sichern können, wird das VS-Gerät durch den CD-Brenner enorm aufgewertet.

Anhang

Kabel und Stecker – so passt alles zusammen

Gute Kabel und eine ordentliche Verlegung sind entscheidende Faktoren für die Zuverlässigkeit Ihres Studios. Wenn Sie ständig hinter irgendwelchen Möbelstücken herumkriechen, um das Ende eines Kabels zu finden oder eine zusätzliche Verbindung herzustellen, sollten Sie sich klar machen, dass jeder Euro, jede Minute und jede Vorüberlegung, die Sie in eine sinnvolle Verkabelung investieren, sich im Handumdrehen rentieren wird.

Dabei sind nicht an jeder Stelle Ihres Studios höchstwertige und sündhaft teure Kabel notwendig. Mit den folgenden Tipps möchte ich Ihnen dabei helfen, an den richtigen Stellen zu investieren und an den richtigen Stellen zu sparen.

Stromkabel und Stromverteilerleisten

In einem Heimstudio kommt rasch eine beachtliche Menge verschiedenster Geräte zusammen. Alle haben eines gemeinsam: Sie brauchen Strom.

Normalerweise kommen Sie für ein kleines oder mittleres Studio mit einer haushaltsüblichen Absicherung der Steckdosen von 16 Ampere aus. Da die meisten Räume mit mehreren Steckdosen ausgestattet sind, sollten Sie diese auch allesamt nutzen, auch wenn dadurch die Gefahr von Brummschleifen wächst (mehr zu diesem Thema später).

Sehr wahrscheinlich werden Sie etliche Stromverteilerleisten einsetzen müssen. Viele Geräte sind mit kleinen, externen Netzteilen ausgestattet, die auch dann warm werden, wenn das eigentliche Gerät ausgeschaltet ist. Außerdem gibt es Geräte, die sich nicht über einen Schalter ausschalten lassen. Ich rate Ihnen daher zu Verteilerleisten mit Stromschaltern, mit denen Sie alle angeschlossenen Geräte mit einem Knopfdruck an- oder ausschalten können. Da diese Geräte nicht sehr viel Strom ziehen, belastet das gleichzeitige Einschalten das Stromnetz nicht übermäßig.

Achten Sie bei der Wahl der Verteilerleisten unbedingt darauf, dass die einzelnen Steckdosen quer oder zumindest schräg sitzen, so dass abgewinkelte Stecker oder Steckernetzteile nicht mehrere Steckdosen blockieren. Für kleine Geräte mit flachem Eurostecker kann man mit platzsparenden Dreifachsteckdosen unterverteilen, die direkt in eine Steckdose der großen Leiste gesteckt werden.

MIDI-Kabel, Kabel für Fernbedienungen und Fußschalter

MIDI-Kabel haben an beiden Enden fünfpolige DIN-Stecker. Die richtige Pin-Belegung finden Sie in der Skizze am Ende dieses Kapitels. Grundsätzlich können Sie hier die Kabel einsetzen, die zur Verbindung älterer deutscher Hi-Fi-Geräte in jedem Radio- und Fernsehhandel zu kaufen sind, längere und besser verarbeitete Ausführungen finden Sie allerdings nur im Musikfachhandel. Die maximale Länge eines MIDI-Kabels sollte fünfzehn Meter nicht überschreiten.

Solide Stecker, die sich bei Verdacht auf abgerissenen Innenleiter auch noch bequem öffnen lassen, sind leider nicht die Regel. Wenn Sie Ihre Geräte jedoch einmalig fest verkabeln, halten auch schwächere Ausführungen sehr lange.

Für Fußschalter oder Fernbedienungen werden ganz normale Standardkabel benötigt, etwa mit Klinkensteckern, oder spezielle Kabel, die mit dem Gerät geliefert werden. Passen Standardkabel, so können Sie eventuell noch solche benutzen, die Sie als Audiokabel ausgemustert haben, weil sie bei Bewegungen knistern. Solange ein einwandfreier elektrischer Kontakt garantiert ist, stört das hier nämlich nicht.

Audiokabel

Für analoge Audioverbindungen kommen im Studio symmetrische und unsymmetrische Kabel zum Einsatz. Da diese Begriffe noch mehrmals fallen werden, möchte ich sie Ihnen kurz erklären.

Verbinden Sie zwei Geräte, um ein Signal zwischen diesen zu übertragen, so fließt ein Strom. Damit ein Strom fließen kann, müssen aber wenigstens zwei Leitungen bzw. Pole vorhanden sein. Sie kennen das von der Glühbirne oder der Modelleisenbahn.

Bei der Übertragung von Audiodaten zählt nun aber nicht nur, dass das Signal irgendwie übertragen wird. Vielmehr muss es möglichst frei von Einstreuungen oder Störungen sein. Um derartige Einstreuungen abzuhalten, die meist durch elektrische Felder verursacht werden, verwendet man abgeschirmte Kabel.

Eine Abschirmung ist ein Drahtgeflecht oder eine Metallfolie, die im Inneren des Kabels den oder die Signalleiter umgibt. Damit eine derartige Abschirmung funktioniert, muss sie mit der elektrischen Masse verbunden sein.

Hierbei gibt es zwei Möglichkeiten: Da das Abschirmgeflecht ja sowieso die Massen der mit dem Kabel verbundenen Geräte verbindet, kann man es als eine der beiden notwendigen Leitungen zur Signalübertragung mitbenutzen. Also braucht man neben der Abschirmung nur noch eine weitere Leitung, um einen geschlossenen Stromkreislauf zu ermöglichen. Beispiele für solche Kabel sind die normalen Monoklinkenkabel, die Sie für die Gitarre oder das Keyboard verwenden, oder das Cinch-Kabel, mit dem Sie Ihren CD-Player an den Verstärker anschließen.

Ein derartiges Kabel erfüllt zunächst seinen Zweck und schirmt Störungen weitgehend ab. Was aber, wenn diese ›weitgehende‹ Abschirmung nicht genügt. Schließlich wollen Sie möglichst gar keine Störgeräusche hören, und außerdem nehmen Einstreuungen mit der Länge des Kabels zu.

Die Lösung besteht darin, die Abschirmung nur für ihren eigentlichen Zweck zu nutzen und zwei weitere Leitungen zur Übertragung des eigentlichen Signals zu verwenden. Dies mag auf den ersten Blick überflüssig erscheinen, hat jedoch einen wichtigen Vorteil: Es erlaubt einen speziellen schaltungstechnischen Trick, der auch der kleinsten Einstreuung den Garaus macht. Bei diesem Trick werden beide Leiter zur Signalübertragung gegenphasig gepolt, das heißt, wenn am einen eine positive Spannung von 1 Volt anliegt, liegt am anderen eine negative Spannung von –1 Volt an. Daher der Name symmetrische Signalführung. Am Eingang des folgenden Gerätes sorgt ein spezieller Eingangsübertrager, also ein kleiner Trafo, dafür, dass nur die Spannungsdifferenz zwischen beiden Leitungen ›ausgewertet‹ und an die folgenden Schaltungsstufen weitergeleitet wird.

Für die Übertragung des eigentlichen Signals ist das zunächst unerheblich. Anders sieht das für eine Störspannung aus, die durch eine Einstreuung im Kabel erzeugt wird. Da die beiden Innenleiter unmittelbarer nebeneinander liegen, erzeugt jedes Störfeld nämlich in beiden Leitern eine gleiche Störspannung, welche sich zur Signalspannung des Leiters addiert. Da der Eingangsübertrager aber nur die Differenz beider Leitungen in eine Spannung umwandelt, bleibt die Störspannung auf der Strecke: Sie ist in beiden Leitern stets gleich, ihre Differenz beträgt also Null, und sie wird folglich neutralisiert. So ist es möglich, auch schwache Nutzsignale über lange Kabel störungsfrei zu übertragen.

Da eine symmetrische Signalführung aufwendiger zu realisieren ist als eine unsymmetrische, benutzt man sie nur dort, wo es sinnvoll ist, wo also schwache und damit selbst für kleine Störspannungen empfindliche Signale übertragen werden.

Hierzu gehören vor allem die Signale von Mikrofonen. Dementsprechend haben normale Mikrofonkabel drei Anschlusskontakte, nämlich die Abschirmung und die beiden gegenphasigen Signalleitungen.

Professionelle Geräte haben oft symmetrische Ein- oder Ausgänge, häufig sogar wahlweise neben unsymmetrischen. Sie erkennen dies daran, dass es einen Ein- oder Ausgang in einer Ausführung mit drei Kontakten, häufig mit XLR-Stecker oder -Buchse, und einer weiteren mit nur zwei Kontakten als Cinch- oder Klinkenstecker gibt. Statt symmetrisch bzw. unsymmetrisch sind hier auch die englischen Bezeichnungen ›balanced‹ bzw. ›unbalanced‹ üblich.

Generell gilt: Je schwächer das zu übertragende Signal ist, desto eher sollten Sie eine symmetrische Verkabelung nutzen. Dies ist dadurch begründet, dass eine kleine Störspannung im Vergleich zu einem schwachen Signal natürlich ›groß‹ wirkt, während sie gegenüber einem starken Signal kaum ins Gewicht fällt. Je länger weiterhin das Kabel ist, desto mehr Störspannungen wird es einfangen, daher lassen sich mit symmetrischen Kabeln wesentlich längere Strecken überwinden.

In der Praxis ist es meist so, dass Ihnen die Wahl durch die Austattungsmerkmale der zu verbindenden Geräte abgenommen wird: Wenn schon symmetrische Anschlüsse vorhanden sind, sollten Sie auch eine symmetrische Verkabelung verwenden, andernfalls halt nicht.

Haben Sie bei der Anschaffung des Gerätes die Wahl zwischen einer symmetrischen und unsymmetrischen Ausführung, reicht im kleineren oder mittleren Heimstudio meist die unsymmetrische Variante. Speziell bei vielen starken Störfeldern und langen Kabeln sind Sie dagegen mit der symmetrischen Ausführung auf der sicheren Seite.

Gitarrenkabel

Hierbei handelt es sich um unsymmetrische Monokabel mit 6,3-mm-Klinkensteckern an beiden Enden. Gerade bei Kabeln für E-Gitarren oder E-Bässe wird man häufig mit der Behauptung konfrontiert, schlechte Kabel schluckten Höhen. Das ist nicht einmal unbedingt falsch, allerdings ist der Sachverhalt etwas komplizierter.

Ein Tonabnehmer einer E-Gitarre oder eines Basses hat eine so genannte Resonanzfrequenz, die er lauter überträgt als andere Frequenzen. Oberhalb dieser Frequenz fällt der Frequenzgang sehr steil ab. Lage und Höhe dieser Resonanzspitze sind zwei der Faktoren, die den spezifischen Klang eines Tonabnehmers ausmachen. Schließt man einen Kondensator parallel an den Tonabnehmer an, so wird diese Resonanzfrequenz nach unten verschoben. Nun ist aber jedes abgeschirmte Kabel technisch gesehen ein Kondensator, verschiebt also die Resonanzfrequenz des Tonabnehmers nach unten.

CD-Track 12 – Vergleichen Sie bei diesem Beispiel die zweite und dritte Version der Aufnahme (0:15 bzw 0:30). Bis auf das Kabel – zunächst ein hochwertiges Kabel der Länge 3 m, danach der Länge 9 m – wurde nichts verändert !

Diese Kapazität des Kabels ist umso größer, je länger das Kabel ist und je näher die Abschirmung am Innenleiter liegt. Folglich hat grob gesagt ein dünnes, langes Kabel eine hohe Kapazität, ein kurzes, dickes dagegen eine kleine. Hat ein Tonabnehmer eine Resonanzfrequenz von z. B. 6 kHz, so kann diese mit dem kurzen Kabel auf 4 kHz absinken, mit einem langen gar auf 2,5 kHz. Das hört man natürlich.

Allerdings sagt dies nichts darüber aus, was besser klingt. Wird die Resonanzfrequenz auf 2,5 kHz verschoben, so fehlen zum einen die höheren Signalanteile, zum anderen ist der Bereich um die 2,5 kHz aber nun angehoben. Davon kann ein verzerrter Gitarren-Sound durchaus profitieren, während Sie die glasigen Höhen einer Funk-Rhythmusgitarre eher mit einem kurzen Kabel erhalten.

Noch komplizierter wird die Geschichte, wenn man weiß, dass dieser Effekt stärker bei einspuligen Tonabnehmern auftritt als bei den doppelspuligen Humbuckern, da bei diesen die Resonanzspitze weniger stark ausgebildet ist. (Bei aktiven Tonabnehmern oder aktiver Elektronik im Instrument tritt der Effekt übrigens praktisch nicht auf, auch nicht bei niederohmigen Signalen, wie sie viele Tonabnehmer für Akustik-Gitarren liefern.)

Und es geht weiter: Da das Signal am Ausgang eines zwischengeschalteten Effektgerätes selbst im ausgeschalteten Zustand niederohmig ist, spielt es durchaus eine Rolle, ob Sie das lange Kabel vor dem Effekt und das kurze dahinter benutzen oder umgekehrt. Sie halten das vielleicht für Hokuspokus. Einfaches Probehören wird Sie eines Besseren belehren.

Fazit: Es können je nach Kabel enorme Klangunterschiede auftreten. Von schlecht verarbeiteten Kabeln abgesehen, gibt es dennoch hier keine guten oder schlechten Kabel. Vielmehr hängt es vom angestrebten Sound ab, welches Kabel Sie vorziehen. Kurzes Vergleichen mehrerer Kabel beim Soundcheck ist allemal sehr empfehlenswert.

Linekabel

Als Linekabel möchte ich alle Kabel bezeichnen, die Geräte mit Line-Level verbinden. Dazu gehören Keyboards, Sampler, Mixer, DAT-Rekorder, Hi-Fi-Geräte und dergleichen.

Während professionellere Geräte mit symmetrischer Signalübertragung arbeiten und meist zusätzlich unsymmetrische Anschlüsse besitzen, beschränken sich der Großteil der Homerecording-Geräte und fast alle bezahlbaren Hi-Fi-Geräte auf unsymmetrische Anschlüsse.

Als Steckertypen begegnen uns hier entweder Cinch oder Klinkenstecker, letztere meist in der großen Ausführung von 6,3 mm Durchmesser. Bei vielen Soundkarten kommen aber auch die labileren kleinen Klinkenstecker (3,5 mm) zum Einsatz.

Es ist grundsätzlich nicht verkehrt, solide Kabel mit Metallsteckern zu wählen, speziell zur festen Verkabelung stationärer Geräte können Sie aber auch Geld sparen und einfachere Ausführungen mit verschweißten Kunststoffsteckern einsetzen. Klangveränderungen durch schlechte Kabelqualität sind bei Line-Signalen unwahrscheinlich.

Mikrofonkabel

Mikrofonkabel sind normalerweise symmetrisch und besitzen XLR-Steckverbinder. Dabei sitzt am einen Ende des Kabels ein XLR-Stecker (auch als männlicher XLR-Steckverbinder bezeichnet) und am anderen Ende eine entsprechende XLR-Buchse (weiblicher XLR-Steckverbinder). Welches Ende wo angeschlossen werden muss, ergibt sich zwar automatisch, Sie können sich die Sachlage aber auch gut durch die Analogie zur menschlichen Natur merken: Das Signal kommt aus dem männlichen Stecker und fließt in das weibliche Gegenstück.

Ausgänge haben also einen männlichen, Eingänge einen weiblichen Anschluss. Folglich sitzt beipielsweise am Mikrofon ein männlicher XLR-Anschluss, welcher mit dem weiblichen Steckverbinder des Kabels verbunden wird, am anderen Ende dieses Kabels sitzt wieder ein männlicher Steckverbinder, der an den weiblichen Anschluss des Mixers passt. Der Ausgang am Mixer hat dann wieder einen männlichen Anschluss usw.

Als Nebeneffekt der unterschiedlichen Anschlüsse an beiden Enden können Sie Mikrofonkabel miteinander verbinden und mehrere am Stück auf eine Trommel wickeln. So ist ein Mikrofonkabel bei Bedarf schnell abgerollt und Kabelsalat ausgeschlossen.

Mikrofonsignale sind üblicherweise niederohmig und deshalb im Unterschied zu Gitarrensignalen weitgehend unempfindlich gegenüber der kapazitiven Last des Kabels. Da aber der Pegel oft sehr gering ist und dadurch anschließend eine hohe Verstärkung erforderlich ist, sollten Sie Wert auf sorgfältig abgeschirmte Kabel legen. Billige Ausführungen machen häufig durch wahrnehmbare Geräusche beim Bewegen des Kabels auf sich aufmerksam. Testen Sie verschiedene Kabel, indem Sie den Gain-Regler des Mischpults aufdrehen und das Kabel bewegen, darauf treten oder es reiben. So trennt sich schnell die Spreu vom Weizen.

Digitalkabel

Digitale Signale werden entweder durch herkömmliche, elektrische Kabel oder durch optische Lichtleiterkabel übertragen, wie Sie vielleicht schon bei Ihrer Stereoanlage schmerzlich feststellen mussten, als Sie den neuen CD-Player mit Digitalausgang nicht an den digitalen Eingang des MD-Rekorders anschließen konnten, da beide ausgerechnet jeweils die andere Variante benutzen. Gerade bei der verbreiteten S/P-DIF-Schnittstelle (Sony/Philips Digital Interface), die sich bei sehr vielen Digitalgeräten findet, kommen beide Arten vor, so dass zwei Geräte trotz Schnittstelle der gleichen Norm längst nicht ohne weiteres verbunden werden können.

Die optische Variante benutzt für beide Stereokanäle ein Lichtleiterkabel aus Kunststoff oder Glasfasermaterial mit TOS-LINK-Steckern. Diese Stecker sind meist aus Kunststoff und rasten am Gerät ein. Ich habe allerdings schon erlebt, dass sich einige derartige Kabel an manche Audiokarten nicht anschließen ließen, da sich die dicken, runden Stecker nicht weit genug durch die Slot-Aussparung des Computergehäuses stecken ließen, so dass der Stecker nicht einrastete. Dieses Problem tritt bei Steckern mit flacheren, eckigen Gehäusen nicht auf.

Die Übertragung erfolgt unidirektional, das heißt, um etwa vom Mischpult zum DAT-Rekorder – aber auch umgekehrt – überspielen zu können, sind zwei Kabel erforderlich.

Am Ausgang des Gerätes werden die optischen Signale durch das Licht einer roten Leuchtdiode (LED) übertragen, so dass man auch bei schlechter Beleuchtung Ein- und Ausgänge leicht unterscheiden kann.

In den Hi-Fi-Abteilungen bekommen Sie meist nur recht kurze Kabel, und der Verkäufer erzählt Ihnen womöglich, längere Lichtleiterkabel seien aufgrund auftretender Verluste nicht zu empfehlen. Zu Ihrer Beruhigung: In vielen Profistudios werden Lichtleiterkabel bis zu 5 m Länge problemlos eingesetzt.

Bei Verwendung von Lichtleiterkabeln können übrigens keine Brummschleifen entstehen, da die Massen der Geräte durch das Kunststoff- oder Glasfaserkabel nicht elektrisch miteinander verbunden werden.

Neben optischen Anschlüssen können Geräte mit S/P-DIF-Schnittstelle auch einen koaxialen Anschluss haben. Koaxiale Digitalkabel haben Cinch-Stecker, und so können Sie bei den größtenteils geringen Entfernungen zwischen den Geräten im Heimstudio bedenkenlos auch ganz normale Cinch-Kabel verwenden. Da auch bei koaxialen Anschlüssen beide Stereokanäle über ein gemeinsames Kabel übertragen werden, reicht dabei ein Doppelkabel zur Übertragung in beiden Richtungen.

Es gibt übrigens Konverter, die optische Signale in elektrische wandeln. Preiswerte Varianten finden Sie manchmal als Bausatz im Elektronikfachmarkt.

Eine weitere weitverbreitete Digitalschnittstelle trägt den Namen AES/EBU. Diese Abkürzung steht für Audio Engineering Society/European Broadcast Union und bezeichnet vereinfacht ausgedrückt die Profiversion der S/P-DIF-Schnittstelle. Streng genommen ist die S/P-DIF-Schnittstelle nichts anderes als ein Spezialfall der AES/EBU-Schnittstelle. Es hat sich aber eingebürgert, mit S/P-DIF die Konsumentenversion und mit AES/EBU die Profiversion zu bezeichnen, also bleiben wir dabei.

Jedenfalls kommen bei der AES/EBU mit XLR robustere Steckverbinder zum Einsatz sowie koaxiales Kabel. Viele Geräte mit derartigen Anschlüssen, etwa die beliebten Tascam DA-30 und DA-40, haben zusätzlich Anschlüsse nach S/P-DIF-Norm, so dass Sie diese auch mit Geräten ohne AES/EBU-Anschlüsse verbinden können.

Über entsprechende Konverter lassen sich aber auch beide Standards miteinander verbinden. Bei AES/EBU wird übrigens das Kopierschutz-Bit, das digitale Kopien über mehrere Generationen verhindert, nicht übertragen.

Bei den Alesis-ADAT-Rekordern findet man eine Digitalschnittstelle vor, bei der acht Monokanäle über ein optisches Lichtleiterkabel übertragen werden. Diese Schnittstelle ist mittlerweile ein Standard in der digitalen Mehrkanalübertragung und findet sich bei etlichen Digitalpulten, Wandlereinheiten oder Audiokarten.

Die Stecker und Kabel sind die gleichen wie bei der optischen S/P-DIF-Variante. Auch hier darf die Kabellänge einige Meter betragen, allerdings habe ich schon von Problemen bei großen Längen oder minderwertigen Kabeln gehört.

Die Übertragung erfolgt auch hier unidirektional. Sie benötigen also zwei Kabel, um Daten in zwei Richtungen zu übertragen. Wie bei der S/P-DIF-Schnittstelle erkennen Sie einen Ausgang am roten Leuchten.

Die TDIF-Schnittstelle (TASCAM Digital Interface) ist das TASCAM-Gegenstück zur ADAT-Schnittstelle. Hierbei kommt kein Lichtleiterkabel, sondern ein elektrisches zum Einsatz, über das ebenfalls acht Signale übertragen werden. Im Handel gibt es Konverter, die ADAT- in TDIF-Signale und umgekehrt wandeln.

Lautsprecherkabel

Bei Lautsprecherkabeln ist eine Abschirmung nicht erforderlich. Wichtiger ist hier ein geringer ohmscher Widerstand, also möglichst großer Kabelquerschnitt und möglichst kurze Kabellängen. Je niedriger die Ohmzahl der angeschlossenen Boxen, desto mehr machen sich Verluste im Kabel durch Wärme oder schlechten Klang bemerkbar. In Hi-Fi-Läden bekommen Sie daher auch extrem dicke Lautsprecherkabel, deren Preis allerdings meist deutlich größer ist als die versprochene Klangverbesserung. Mein Rat: Greifen Sie zu soliden Kabeln, aber lassen Sie sich keinen Bären aufbinden.

Steckertypen und Beschaltung

Ungeachtet der unterschiedlichen Kabeltypen finden sich im Homestudio vorwiegend die Typen XLR, 6,3-mm-Klinke und Cinch. Während XLR-Verbinder immer Metallgehäuse haben und daher recht robust sind, findet man bei Klinken- und Cinchsteckern auch schraubbare oder verschweißte Kunststoffgehäuse. Ob und wann Sie besser zu den in der Regel stabileren Metallausführungen greifen, hängt sehr von der Verwendung ab, etwa davon, wie oft Sie die Verbindung lösen.

Klinkenstecker gibt es mit zwei oder drei Kontakten, wobei die letztere Version entweder für unsymmetrische Stereosignale, symmetrische Monosignale oder als Insertkabel genutzt wird.

Manche Studio-Komponenten, beispielsweise einige Audiokarten, haben Anschlüsse für so genannte Miniklinken (3,5 mm), welche es ebenfalls mit zwei (Mono) oder drei (Stereo) Kontakten gibt.

Die folgende Abbildung zeigt die Kontaktbelegung der gängigen Kabel- und Steckertypen.

Kontaktbelegung der wichtigsten Kabeltypen. Die Kontakte sind von der Steckerinnenseite (Lötseite) gezeigt.

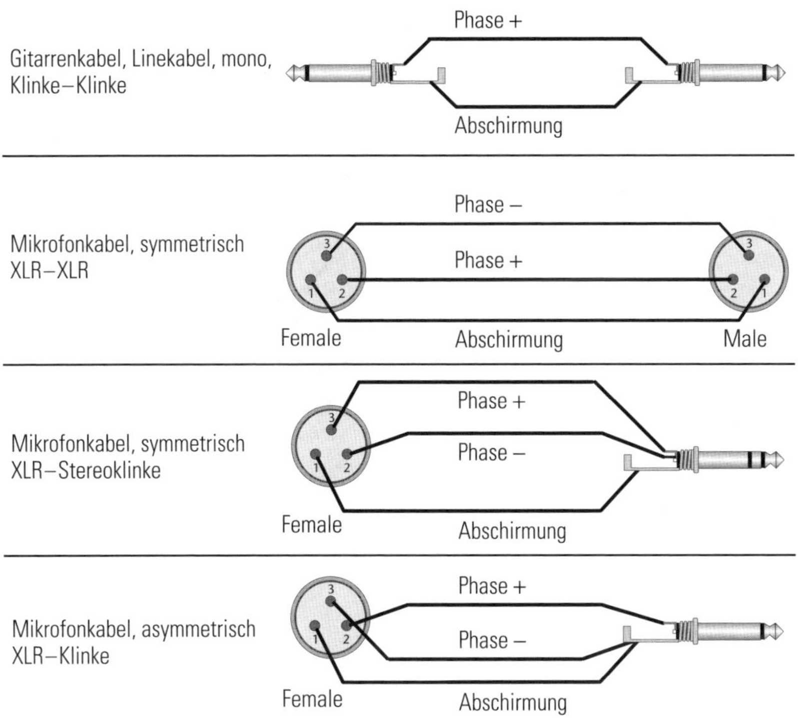

Lautsprecherkabel
XLR–XLR

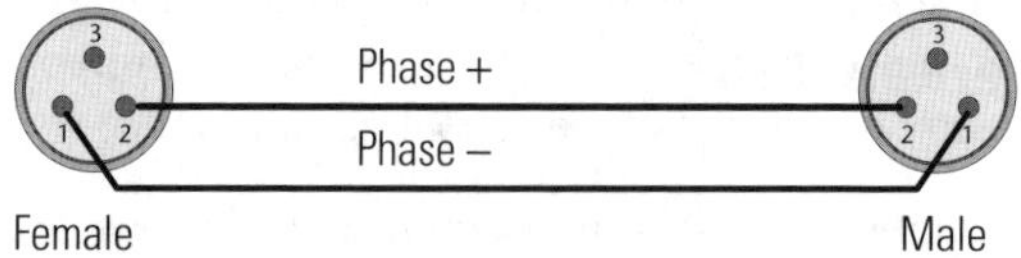

Lautsprecherkabel
XLR–Klinke

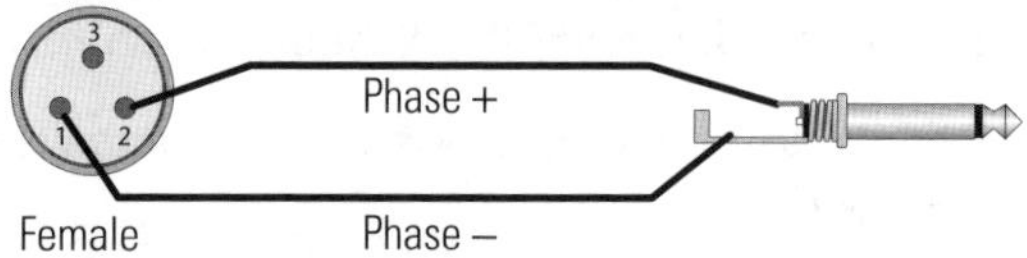

Digitalkabel AES/EBU
XLR–XLR

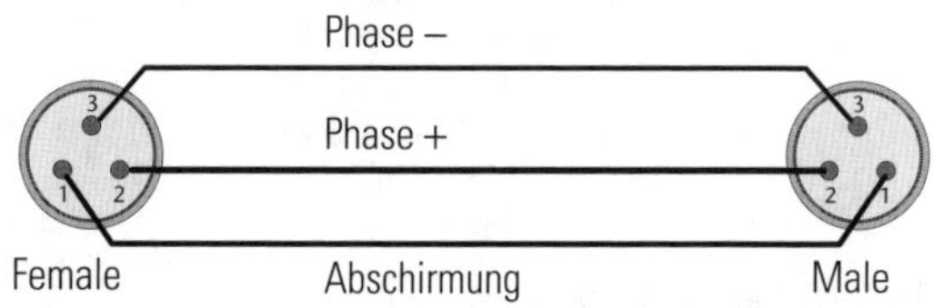

Effektinsert, Y-Kabel,
Stereoklinke– 2 × Klinke

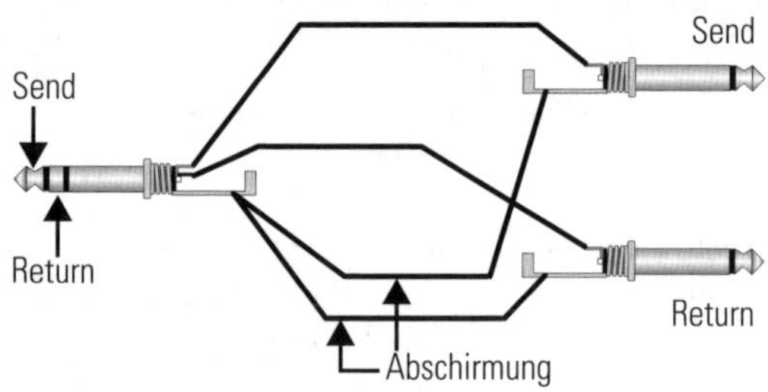

So behalten Sie den Überblick über Ihre Studio-Verkabelung

Ordnung ist das halbe Leben! Diesen Spruch haben Sie bestimmt schon häufig gehört, doch an kaum einer anderen Stelle ist er so zutreffend wie in Ihrem Studio, und dort besonders, wenn es um die ordentliche Verlegung und Beschriftung der Kabel geht.

Häufig besteht ein Studio anfangs aus nur wenigen Geräten, die irgendwie schnell miteinander verkabelt werden. Mit jedem neuen Gerät kommen Kabel dazu. Zunächst verschwinden diese vielleicht noch unauffällig hinter einem Schrank oder Schreibtisch, doch wehe, Sie möchten einmal eine Verbindung ändern. Das Herumkriechen auf dem Fußboden, unter Möbeln und hinter Racks nervt auf Dauer nicht nur ungemein, sondern raubt auch viel Zeit, die Sie zum Musikmachen hätten nutzen können.

Spätestens wenn Sie sich dabei ertappen, mit Grausen an die anstehende Neuverkabelung für die Aufnahme des nächsten Instrumentes Ihres Song zu denken, und daher dieses Vorhaben erst einmal verschieben, sollten Sie über eine Radikalkur nachdenken.

Dabei sind zunächst einmal gar keine nennenswerten finanziellen Investitionen nötig:

- Beschriften Sie Ihre Kabel! Hierzu können Sie einfach ein Stück Klebeband an beiden (!) Enden des Kabels anbringen und etwas Sinnvolles daraufschreiben. Gut sind kurze, prägnante Bezeichnungen wie ›Mix 1‹, ›Mix 2‹, ›Reverb In L‹, ›Monitor Out R‹.
- Machen Sie sich die unterschiedlichen Farben von Steckern zunutze. Konfektionierte Kabel, die paarweise aneinandergeschweißt sind, haben meist farbige Stecker. Die Farben sind zwar nicht einheitlich, meist sind es jedoch schwarz und rot oder weiß und rot. Nehmen Sie einheitlich rot für rechte Ein- und Ausgänge, die andere Farbe für linke. Sie können aber auch bei der Anschaffung gleich darauf achten, Kabel in unterschiedlichen Farben zu kaufen und diese einheitlich einsetzen, etwa blaue Kabel für Effektgeräte.
- Vermeiden Sie unnötig lange Kabel. Oft können Sie durch Vertauschen der Kabel erreichen, dass nicht viele Meter Kabel herumliegen und das Kabelknäuel immer dicker wird.

- Binden Sie Kabel zusammen. Hierzu können Sie einfache Kabelbinder oder Klettbänder benutzen. Achten Sie speziell bei Kabelbindern auf lockere Schlaufen, so dass Sie auch später mühelos weitere Kabel hindurchziehen oder Kabel herausziehen können.
- Halten Sie stets ein paar zusätzliche Kabel bereit. Wollen Sie einmal ein ausgeliehenes Gerät anschließen oder eine zusätzliche Verbindung ausprobieren, so ist es tödlich, wenn Sie zuerst irgendwo ein Kabel abmontieren müssen.
- Rollen Sie Ersatzkabel ordentlich zusammen, und hängen Sie sie möglichst an geeignete Haken in einen Schrank oder an die Wand. Müssen Sie jedesmal erst ein Kabel aus einem dicken Kabelknäuel in der Schublade entwirren, vergeht Ihnen schnell die Lust, einfach mal etwas kurz auszuprobieren oder mit verschiedenen Anschlussvarianten zu experimentieren.

Etwas mehr Aufwand erfordern die folgenden Maßnahmen:

- Bauen Sie sich Kabeltunnel. Mit zwei breiten Holzleisten können Sie leicht einen solchen Tunnel entlang der Fußleisten errichten. Bekleben Sie die Konstruktion mit Teppichbodenresten, ist auch für die Optik gesorgt. Machen Sie die Oberseite abnehmbar, damit Sie leicht weitere Kabel einlegen können.
- Arbeiten Sie mit Steckfeldern (Patchbays). Dies sind kleine Kisten mit vielen Buchsen an der Vorder- und Rückseite, wobei korrespondierende Buchsen an Vorder- und Rückseite intern verbunden sind. Wenn Sie auf den Rückseiten Ihre diversen Geräte anschließen, so können Sie auf der Vorderseite schnell durch das Umstecken kurzer Kabel, so genannter Patch-Kabel, die Geräte bequem miteinander verbinden, ohne irgendwo herumkriechen zu müssen.

Brummschleifen

Ein besonderes Übel im Studiobetrieb sind so genannte Brummschleifen, bei denen ein lautes Netzbrummen durch doppelte oder mehrfache Erdung entsteht. Zumindest Geräte mit Metallgehäusen müssen geerdet sein, damit im Falle eines Defektes nicht gefährliche Spannungen am Gehäuse anliegen und Sie beim Berühren einen Stromschlag bekommen. Bei geerdeten Geräten schlägt in diesem Fall vorher die Netzsicherung durch. Sie erkennen geerdete Geräte an den Schutzkontakten des Netzsteckers. Bei Eurosteckern fehlen diese übrigens.

Eine Brummschleife kann dann entstehen, wenn in einer Signalkette zwei oder mehrere geerdete Geräte so verbunden sind, dass durch den Masseleiter der Verbindungskabel neben der bestehenden Verbindung über die Schutzkontakte der Steckdosen eine zweite Verbindung der Erdpotentiale entsteht.

Immer wieder sieht man, dass zur Abhilfe die Schutzkontakte am Netzstecker eines der beiden Geräte (bzw. bei mehreren Geräten bei allen bis auf eines) mit Isolierband abgeklebt werden. So wird der Kreis unterbrochen, und das Brummen verschwindet.

Über das eine noch immer geerdete Gerät und die Verbindungkabel sind nun zwar nach wie vor alle Geräte geerdet, die große Gefahr besteht jedoch darin, dass, sobald Sie die Verbindungskabel herausziehen, die Erdung der anderen Geräte aufgehoben wird. Bei Defekten besteht so die Möglichkeit eines Stromschlags. Vielleicht denken Sie, das alles klinge irgendwie konstruiert und somit unwahrscheinlich. Glauben Sie mir: Sie spielen mit Ihrem Leben!

Die professionelle Lösung sind spezielle Trenntransformatoren, die im Fachhandel erhältlich sind. Diese werden zwischen die Verbindungskabel geschaltet und unterbrechen so galvanisch die zusätzliche Verbindung der Gehäuse.

In manchen Fällen lohnt auch der Versuch, die fraglichen Geräte an andere Steckdosen bzw. Steckdosenverteiler anzuschließen. Die geringsten Probleme entstehen, wenn alle Geräte Strom aus derselben Steckdose beziehen. Achten Sie aber auf eine entsprechende Absicherung der betreffenden Steckdose, sonst fliegt dauernd die Sicherung heraus.

Synchronisation – so läuft alles zusammen

Solange Sie mit nur einem Aufzeichnungsgerät arbeiten, betrifft Sie das Thema Synchronisation nicht. Das ändert sich jedoch schlagartig, wenn Sie mehrere Geräte im Verbund betreiben wollen. Die Liste der Geräte, die unter Umständen miteinander synchronisiert werden sollen, ist lang: Mehrspur-Cassettenrecorder, Bandmaschinen, MIDI-Sequenzer, Harddisk-Recorder, Drumcomputer und einiges mehr wollen da im Gleichschritt marschieren.

Bei der Synchronisation von MIDI-Geräten reicht es, wenn ein Gerät seinen ›Abspieltakt‹, die so genannte MIDI-Clock, an die anderen Geräte übermittelt und die anderen Geräte einfach diese Clock übernehmen. Oft aber sind auch aufwendigere Verfahren erforderlich, wie Sie in den folgenden Abschnitten sehen werden.

MIDI-Clock

Die Synchronisation von zwei MIDI-Geräten ist einfach. Damit beide Geräte synchron laufen, genügt es, den internen Takt des einen Gerätes über ein MIDI-Kabel an das zweite zu senden und dem zweiten Gerät zu sagen, es soll seine Daten einfach nach diesem Takt abspielen anstatt nach seinem eigenen. Dieser interne Takt wird als MIDI-Clock bezeichnet. Jede Viertelnote wird dabei in 24 Ticks unterteilt, pro Takt werden also 96 Ticks übertragen. Sobald das erste Gerät gestartet wird, empfängt das zweite die MIDI-Clock und startet ebenfalls die Wiedergabe, so dass beide Geräte synchron starten.

Geräte, die eine externe MIDI-Clock übernehmen können, lassen sich auch zu einem Audioaufzeichnungsgerät synchronisieren, indem man einfach den Clock-Takt auf einer freien Spur aufnimmt. Da MIDI-Clock eine digitale Information ist, kann sie aber zunächst nicht als analoges Audiosignal aufgezeichnet werden, sondern muss erst gewandelt werden.

Eine Variante der MIDI-Clock, die so aufbereitet ist, dass sie sich von jedem Audiorekorder aufzeichnen lässt, heißt FSK (Frequency Shift Keying). Sie benötigen einen speziellen Synchronizer wie den PPS-2 von Cooper, der dies FSK-Signal erzeugen kann. Nehmen Sie das Signal zuerst auf einer freien Spur auf. Bei der Wiedergabe wandelt der Synchronizer das FSK-Signal in eine MIDI-Clock um, die über den MIDI-Ausgang des Synchronizers an das MIDI-Gerät gesendet werden kann.

Die Vorgehensweise ist also die, zunächst mit dem Synchronizer ein FSK-Signal im richtigen Tempo zu erzeugen und aufzunehmen. Hierüber lassen sich Ihre MIDI-Aufzeichnungsgeräte synchronisieren, die etwa für den Schlagzeugpart und die Keyboards verantwortlich sind. Nehmen Sie dann dazu die weiteren Audiospuren auf. Eine nachträgliche Änderung des Tempos ist nicht möglich.

MIDI-Clock mit Song-Position-Pointer

Bei der Synchronisation über MIDI-Clock gibt es ein Problem. Sie müssen immer alles von vorn hören, weil die MIDI-Clock keine Informationen über die Position innerhalb eines Stückes enthält. Abhilfe schafft die Verwendung einer Variante der MIDI-Clock, bei der zusätzlich eine Positions-Information enthalten ist. Diese wird als Song-Position-Pointer (SPP) bezeichnet.

Die SPP-Information wird vom ersten Gerät einmalig beim Start als relativer Wert bezüglich des Songanfangs übermittelt. Starten Sie also ab der dritten Strophe, so teilt das erste Gerät mit, dass es sich soundsoviel Takte/ Schläge/Ticks hinter dem Songanfang befindet, so dass das zweite Gerät ebenfalls von dort loslaufen kann.

Eine Synchronisation zu einem Audiogerät über FSK-Signal mit Song-Position-Pointer ist unüblich, da die nachfolgend beschriebene Synchronisation über SMPTE vorteilhafter ist.

Timecodes

SMPTE-Timecode

Beim SMPTE-Timecode (die Aussprache lautet üblicherweise ›Sämti‹) wird kein Taktraster kodiert, sondern eine Zeitinformation im Format *Stunden : Minuten : Sekunden : Frames (Bilder) : Sub-Frames.* Die eigentümlich wirkende Unterteilung der Sekunden in Frames, also Bilder, stammt aus der Welt von Film und Fernsehen, bei der je nach Standard eine bestimmte Anzahl von Bildern pro Sekunde erscheint. Dieser Code wurde nämlich von der Society of Motion Pictures and Television Engineers (kurz SMPTE) entwickelt und diente ursprünglich zur Synchronisation von Ton zu Film oder Video.

SMPTE-Timecode kann mit analogen Aufzeichnungsgeräten auf eine freie Spur aufgenommen werden (üblicherweise nimmt man die letzte Spur). Es bietet sich an, am Anfang einer Aufnahmesession zunächst das komplette Band von vorne bis hinten auf dieser Spur mit einem durchgängigen SMPTE-Signal zu bespielen.

Wollen Sie zwei analoge Bandmaschinen synchronisieren, so müssen beide Bänder mit einer Synchronisationsspur versehen werden. Eine Maschine wird zum Master erklärt, die zweite zum Slave. Ein zwischengeschalteter Synchronizer vergleicht nun die beiden Timecodes der Maschinen. Bei Abweichungen regelt er die Geschwindigkeit der Slave-Maschine nach, bis die Abweichung korrigiert ist. Spult man nun die Mastermaschine vor oder zurück, so kann sie dabei keinen Timecode auslesen. Also wird die zweite Maschine nur grob mitgespult. Nach Start des Masters kann es einige Sekunden dauern, bis die zweite Maschine die exakte Bandposition der ersten angefahren hat (Chase), um dann von dort synchron zu folgen (Lock). Das Ganze geht natürlich nur, wenn der Synchronizer die Bandgeschwindigkeit der Slave-Maschine beeinflussen kann, was bei Mehrspur-Cassettenrekordern normalerweise nicht der Fall ist.

Entsprechend der unterschiedlichen Videostandards gibt es SMPTE-Timecodes mit unterschiedlicher Frame-Rate (Bildwiederholungszahl, gemessen in fps, Frames per Seconds):

- 24 für Spielfilme
- 25 EBU-Standard (Europäisches Fernsehen)

- 29,97 NTSC-Standard für (Farb-) Videos
- 30 nur Ton, und für NTSC-Schwarz-Weiß-Standard

Aufgrund unterschiedlicher Varianten der Videoformate (29,97 und 30 fps), die uns für unsere Zwecke nicht weiter interessieren sollen, konnte es zu einem Auseinanderlaufen der kodierten Zeit und der Realzeit (House-Clock der Übertragungsanstalten) kommen. Um dies auszugleichen, modifizierte man den Timecode derart, dass hin und wieder nach einem festen Muster ein Frame weggelassen wurde (drop frame), ähnlich wie es Schaltjahre gibt, um Ungenauigkeiten der Zeitrechnung unseres Kalenders auszugleichen.

Daher gibt es zwei weitere Varianten, nämlich

- 29,97 dropped und
- 30 fps dropped.

Moderne Sequenzer wie Cubase oder Logic unterstützen alle sechs Formate. Welchen Sie verwenden, ist für unsere Zwecke meist egal, nur müssen Sie Master und Slave auf das gleiche Format stellen, wenngleich oft der Slave das verwendete Format auch automatisch erkennen kann.

MIDI-Timecode

Harddisk-Recorder und Sequenzer benutzen eine Variante des SMPTE-Codes namens MIDI-Timecode (MTC). MTC ist die digitale Entsprechung zu SMPTE, kann also im Gegensatz zu diesem nicht analog aufgezeichnet werden. Die Formate und der Informationsgehalt sind aber identisch. MTC kann über ein MIDI-Kabel übertragen werden.

Wollen Sie eine analoge Bandmaschine mit einem Sequenzer synchronisieren, dann muss mit einem Synchronizer der SMPTE-Code von der Synchronsiationsspur der Bandmaschine in ein MTC-Signal umkodiert werden, welches dann über den MIDI-Ausgang des Synchronizers zum Sequenzer gesendet wird. Der Sequenzer passt seine Zeitposition der der Bandmaschine an.

So synchronisieren Sie Ihre Geräte mittels SMPTE/MTC

Die Frage, wer in einem Synchronisationsverbund Master und wer Slave ist, wird in vielen Fällen bereits durch die Möglichkeiten der Geräte beantwortet. Manche wollen sich nämlich keinem Master unterwerfen, sondern bestehen darauf, selbst diese Rolle zu spielen.

Die Standard-Variante ist vermutlich, dass ein Audioaufzeichnungsgerät (Mehrspur-Cassettenrekorder, Bandmaschine, MD-Rekorder oder Hard-Disk-Recorder) zu einem MIDI-Sequenzer synchronisiert werden soll. Mehrspur-Cassettenrekorder und einfache Bandmaschinen lassen meist keine Steuerung der Bandgeschwindigkeit durch einen Synchronizer zu, so dass man diese nur als Master betreiben kann.

Sie sollten ohnehin grundsätzlich das Audiogerät als Master definieren und den Sequenzer als Slave. Der Grund: Soll das Audiogerät sich als Slave dem Master anpassen, so muss es die Abspielgeschwindigkeit immer wieder geringfügig ändern. Eine Änderung der Abspielgeschwindigkeit führt jedoch zu einer Änderung der Tonhöhe, und da unser Ohr auf Tonhöhenschwankungen sehr empfindlich reagiert, nehmen wir bereits kleinere Schwankungen als Leiern wahr. Ein digitales System könnte versuchen, die Schwankungen mittels Timestretching auszugleichen, doch ein Stretching mehrerer Spuren in Echtzeit führt selbst ein leistungsstarkes System schnell an seine Grenzen.

Weisen Sie also Ihr Harddisk-Recording-System an, ein MTC-Signal zu erzeugen und über einen MIDI-Ausgang zu senden. Wählen Sie eine Frame-Rate aus. Sobald Sie nun die Wiedergabe starten, wird das MTC-Signal kontinuierlich gesendet.

Bei analogen Rekordern müssen Sie dazu vorher eine Bandspur mit einem SMPTE-Signal bespielt haben. Bei der Wiedergabe wird dieses Signal einem Synchronizer zugeführt, der es in ein digitales MTC-Signal übersetzt und dieses dann an den Sequenzer schickt.

Teilen Sie in beiden Fällen dem Sequenzer mit, dass er sich nach dem eingehenden MTC-Signal zu richten hat. Wählen Sie die gleiche Frame-Rate wie am Audiogerät.

Die folgende Abbildung zeigt beispielhaft den entsprechend eingerichteten Synchronisationsdialog eines Sequenzers (Cubase VST). Im Feld *Ausgang* können Sie einen MIDI-Ausgang auswählen, an den das eingehende MTC-Signal weitergereicht wird. So können Sie noch ein weiteres Slave-Gerät mit Timecode versorgen.

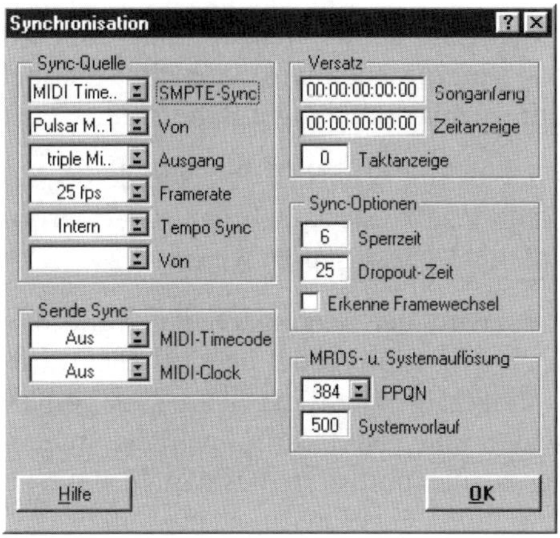

Der Sequenzer übernimmt aus dem Time-Code die Systemzeit des Masters. Auf Grundlage dieser Systemzeit generiert er den musikalischen Takt, daher steht *Tempo Sync* auf ›intern‹. *Sende Sync* ist deaktiviert, da der Sequenzer Slave ist.

Im Feld *Versatz* können Sie angeben, bei welcher absoluten Zeitposition der Song starten soll. Einen derartigen Versatz brauchen Sie etwa, wenn Sie – wie allgemein üblich – die Synchronspur der gesamten Cassette bzw. des gesamten Bandes Ihres analogen Aufzeichnungsgerätes durchgehend mit dem SMPTE-Signal bespielt haben. Beginnt der Song am Audiogerät bei einer Absolutzeit von 00:10:00:00:00 (10 Minuten), so können Sie den Sequenzer an dieser Stelle starten lassen. Somit entspricht die ›Songzeit‹ 00:00:00:00:00, also der Beginn des MIDI-Songs, der Bandzeit 10 Minuten. Das Feld *Zeitanzeige* darunter legt fest, welche Zeit – also hier die eingehende Bandzeit oder die Songzeit – während der Wiedergabe im Transportfenster des Sequenzers zu sehen ist.

Das Feld *Sperrzeit* legt fest, wie viele einwandfreie Frames des Timecodes der Sequenzer empfangen muss, bevor es sich auf die aktuelle Position synchronisiert. Eine Bandmaschine beispielsweise benötigt eine kurze Anlaufzeit, bevor das Band mit der normalen Abspielgeschwindigkeit läuft. Daher ist es sinnvoll, dass der Sequenzer wartet, bis ein stabiler, gleichmäßiger Timecode eingeht.

Mit *Dropout-Zeit* bestimmen Sie, wie lange der Sequenzer quasi ›freihändig‹ weiterläuft, falls der Timecode unterbrochen wird, zum Beispiel bei einem Aussetzer der Synchronisationsspur durch einen Bandfehler.

Die gleichen Einstellungen finden sich mit eventuell etwas anderen Bezeichnungen in praktisch allen Sequenzern, so dass Ihnen die Übertragung auf Ihr Sequenzer-Programm nicht schwer fallen wird.

Starten Sie nun Ihr Audiogerät, so wird der Sequenzer den Timecode empfangen, die Vorlaufzeit abwarten und dann an der angegebenen Position loslaufen. Stoppen Sie das Audiogerät, so läuft der Sequenzer gemäß der eingestellten Dropout-Zeit weiter und bleibt dann ebenfalls stehen. Spulen Sie das Audiogerät vor oder zurück und starten es dann erneut, so wird auch der Sequenzer an der jeweiligen Position erneut starten.

Es tönt von allen Seiten: Surround

Aus Eins mach Zwei

Das Grammofon unserer Großeltern hatte nur einen Schalltrichter, aus dem uns die Musik entgegen schallte. Und auch Radio- und Fernsehgeräte früherer Zeiten waren nur mit einem Lautsprecher ausgerüstet. Mehr wäre auch gar nicht nötig gewesen, denn sämtliche Musikaufnahmen dieser Zeit waren einkanalig, also monofon. Erst in den Sechzigern wurde die uns vertraute Stereowiedergabe populär, für die sämtliche Schallereignisse nicht auf einen, sondern auf nunmehr zwei Kanälen verteilt werden. Dadurch war es nicht nur möglich, Instrumente von der einen oder anderen Box wiedergeben zu lassen, sondern sie konnten auf der gesamten Achse zwischen beiden Boxen platziert werden, indem sie mit unterschiedlichen

Anteilen auf den linken und rechten Stereokanal gegeben wurden. Ein Signal, das im gleichen Verhältnis auf beiden Kanälen liegt, wird von uns in der Mitte zwischen den Boxen geortet, obwohl dort doch gar keine Box steht.

Über Jahrzehnte wurde zwar die Klangqualität immer weiter verbessert, die grundlegende Aufzeichnungsmethode auf zwei getrennten Kanälen änderte sich jedoch nicht. Als Konsequenz dieser Selbstverständlichkeit geht uns allen der Ausdruck ›Stereoanlage‹ vermutlich leichter über die Lippen als ›Musikanlage‹. Und schließlich haben wir auch nur zwei Ohren; für die sollten zwei Boxen eigentlich ausreichen.

Mehr muss her

Doch in unserer Umwelt können wir Geräusche nicht nur auf einer Querachse orten, also von rechts oder links hören, sondern ebenso Schall von vorne, hinten, oben oder unten unterscheiden. Hierbei macht sich das Ohr feinste Laufzeitunterschiede empfangener Schallereignisse zu Nutze und das Gehirn ›errechnet‹ daraus die Richtung des Geräuschs. Und säßen wir inmitten eines Orchesters, so würden wir alle Instrumente aus den unterschiedlichsten Richtungen hören.

Um dies zu simulieren, reichen zwei Boxen nicht mehr aus. Folglich tauchten bereits in den Siebzigern erste Quadrofonieanlagen auf, die mit vier Boxen daher kamen. Durchsetzen konnten sie sich allerdings nie so recht, was sicherlich mit an der fehlenden Unterstützung der Musikindustrie lag, denn quadrofone Medien blieben stets Exoten.

Während sich die Musikindustrie also mit der Stereo-CD zufrieden gab, waren es die eifrigen Kinogänger, die zuerst in den Genuss echter räumlicher Klangaufzeichnung kamen. Bei immer mehr Filmen schienen Düsenjäger von hinten über die Zuschauer hinweg zu donnern oder Explosionen tönten in ihrem Rücken. Die Filmindustrie hatte sich nämlich der Mehrkanaltonverfahren angenommen und zeichnete Geräusche auf zusätzlichen Spuren auf, die im Kino über rückwärtige Lautsprecher wiedergegeben wurden.

In der Folgezeit entstanden etliche Standards, die sich in Art und Anzahl der Kanäle unterscheiden. Der wichtigste ist derzeit Dolby Digital oder auch 5.1 genannt. Die 5 bedeutet dabei fünf Tonspuren, während die mit dem Punkt abgetrennte Eins für eine Effektspur mit Tiefbass-Signalen steht. Die einzelnen Kanäle werden dabei mit dem Datenreduktionsverfahren AC3 kodiert.

Mit der DVD gab es dann auch endlich ein passenden Medium für das Wohnzimmer, das neben dem Bild die verschiedenen Tonspuren aufnehmen konnte. Zur Wiedergabe benötigt man eine Surround-Anlage, die die einzelnen Tonspuren entschlüsselt und über mehrere Boxen verstärkt. Bei einer 5.1-Anlage stehen dabei im Optimalfall zwei Boxen rechts und links im 60°-Winkel vom Hörer (auch mit L und R bezeichnet), eine weitere in der Mitte (mit C für Center bezeichnet) und zwei rechts und links im Winkel von 120° hinter dem Hörer (Ls und Rs für links bzw. rechts Surround), während die Aufstellung des Subwoofers relativ egal ist, da sich tieffrequente Signale eh nicht exakt orten lassen.

Durch das Vorhandensein passender Standards, Medien und Surround-Anlagen war es kein Wunder, dass plötzlich auch in der Musikwelt vermehrt von Surround gesprochen wird. So ist es keine Überraschung, dass die noch in den Startlöchern stehende DVD-Audio mehrere unkomprimierte Audiospuren enthalten kann.

Surround-Abmischen

Damit Musik mit echtem Surround-Ton abgespielt werden kann, muss sie anders abgemischt werden. Surround-Mischpulte haben entsprechend viele Ausgänge bzw. Busse, die die Surround-Kanäle ansteuern. An die Stelle des Panoramareglers normaler Mischpulte tritt bei Surround-Mischern eine Matrix, mit der das Signal auf die unterschiedlichen Kanäle verteilt werden kann. Diese Matrix lässt sich durch ein zweidimensionales x/y-Feld verwirklichen, wie man es bei Logic findet. Hier können Sie mit der Maus einen Punkt zwischen den entsprechend angeordneten Lautsprechersymbolen verschieben, wodurch das Signal auf die Kanäle entsprechend dem Abstand des Punktes zu den Lautsprechersymbolen verteilt wird. Das Instrument scheint dann im Raum von der Position zu erklingen, die dem Punkt entspricht. Den Anteil am Effektkanal stellen Sie mit einem separaten Regler ein.

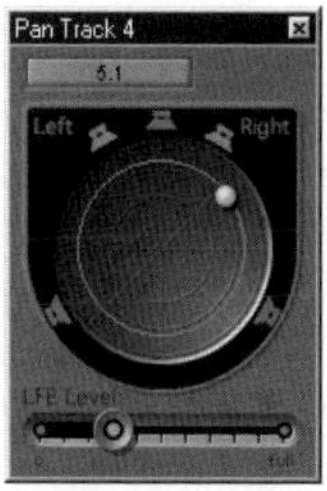

Surround-Verteilung im Mischpult von Logic.

Derzeit spielen Musikaufnahmen im Surround-Format noch keine wesentliche Rolle, doch wird sich dies schon sehr bald ändern, wie daran zu erkennen ist, dass immer mehr Hersteller ihre Produkte für Surround vorbereiten. Dann werden sich auch Regeln ergeben, wie die einzelnen Instrumente beim Abmischen auf die unterschiedlichen Kanäle verteilt werden. Derartige Hörgewohnheiten sind nämlich nicht allein durch die Natur der Sache vorgegeben, sondern ergeben sich letztlich aus Prinzipien, die sich bewährt haben. Ähnlich verhielt es sich damals bei den ersten Stereoaufnahmen. So landeten bei frühen Aufnahmen der Beatles alle Instrumente auf dem einen und der Gesang auf dem anderen Sterokanal, was sich jedoch nicht bewährte und daher für uns heute extrem ungewohnt klingt.

Man darf also gespannt sein, was uns die Zukunft bringen wird.

Die Wordclock – Vorsicht bei mehreren Digitalgeräten

Sobald digitale Audiosignale zwischen Digitalgeräten – seien es HD-Rekorder, digitale Mischpulte, Wandlereinheiten. DAT-Rekorder, CD-Player oder digitale Effektgeräte – übertragen werden, ist es erforderlich, dass alle Geräte im digitalen Gleichtakt laufen. Das heißt, die Geräte müssen die Daten nicht nur mit der gleichen Samplingfrequenz ausspielen, also etwa 44.100 oder 48.000 Samplewords pro Sekunde, sondern wirklich Tick für Tick jedes Sampleword gleichzeitig abarbeiten. Das ist nur möglich, wenn der Takt eines Gerätes direkt den anderen zugeführt wird, damit alle Geräte diesen Takt übernehmen können. Dieser digitale Takt wird Wordclock genannt.

Wird hier nicht ein gemeinsamer Takt verwendet, so erkennen die beteiligten Geräte erst gar kein gültiges Signal oder reagieren mit Verzerrungen, Prasselgeräuschen oder üblen Knacksern.

Auch hier wird das Gerät, das den anderen den Takt vorgibt, als Master bezeichnet, genauer gesagt als Wordclock-Master. Nun gibt es zwei Möglichkeiten, den Takt des Masters zum Wordclock-Slave zu übertragen, nämlich entweder direkt über das digitale Audiokabel oder über ein zusätzliches Kabel.

Die erste Möglichkeit ist in den meisten Fällen ausreichend. Der Slave generiert seinen Takt aus dem Takt der eingehenden Datenwörter. Im Verbund von mehr als zwei Digitalgeräten kann es jedoch zu Ungenauigkeiten kommen, da sich Verzögerungen zwischen der eingehenden Wordclock des Masters und der daraus generierten Wordclock des Slaves beim Durchlaufen mehrerer Geräte addieren. Deshalb sollte man in diesem Falle die Wordclock direkt durch ein zusätzliches BNC-Kabel übertragen. Diese Wordclock kann nämlich hierbei direkt von einem zum nächsten Gerät weitergereicht werden. Außerdem können Sie vom Master ausgehend alle Geräte sternförmig mit der Wordclock versorgen, statt eine Kette zu bilden.

Bei der S/P-DIF- und AES/EBU-Schnittstelle ist bereits festgelegt, wer Master und wer Slave ist: Das Daten sendende Gerät muss Master sein, das Daten empfangende Slave. Wollen Sie also beispielsweise eine CD digital auf DAT überspielen, so ist der CD-Player Master, der DAT-Rekorder Slave. Aus diesem Grunde werden Sie bei CD-Player, DAT- oder MD-Rekordern meist keine Wahlmöglichkeit des Wordclock-Masters finden. Stellen Sie nämlich eines dieser Geräte auf Aufnahme von einer digitalen Quelle, so sucht es am gewählten Eingang nach einer gültigen Wordclock-Quelle, sprich nach einem eingehenden digitalen Datenstrom. Findet es keinen, so meldet es einen Fehler bzw. ›lockt‹ nicht (eng. to lock: einrasten).

Problematisch wird es, wenn Sie versuchen, ein digitales Effektgerät mit S/P-DIF-Schnittstelle als Insert- oder Aux-Effekt anzuschließen. Dabei werden nämlich Daten beispielsweise vom digitalen Mischpult zum Effektgerät übertragen, weshalb also das ›sendende‹ Mischpult Master sein müsste und das ›empfangende‹ Effektgerät Slave. Gleichzeitig wird aber auch das Effektsignal zurück zum Mischpult übertragen, sprich das Effektgerät müsste Master sein und das Mischpult Slave. Da die Geräte nicht beides gleichzeitig sein können, ist eine einwandfreie Übertragung gemäß der S/P-DIF- bzw. AES/EBU-Norm nicht gewährleistet. In der Praxis machen einige Geräte eine derartige Daten-Loop ohne Schwierigkeiten mit, während sich andere weigern. In letzterem Falle muss man – falls die Geräte entsprechende Anschlüsse haben – auf eine zusätzliche Wordclock-übertragung mittels BNC-Kabel zurückgreifen.

Bei der ADAT- oder TDIF-Schnittstelle gilt diese Festlegung nicht. Hier kann prinzipiell sowohl das sendende als auch das empfangende Gerät Master sein. Folglich gibt es auch keine Probleme beim Einschleifen von Effektgeräten.

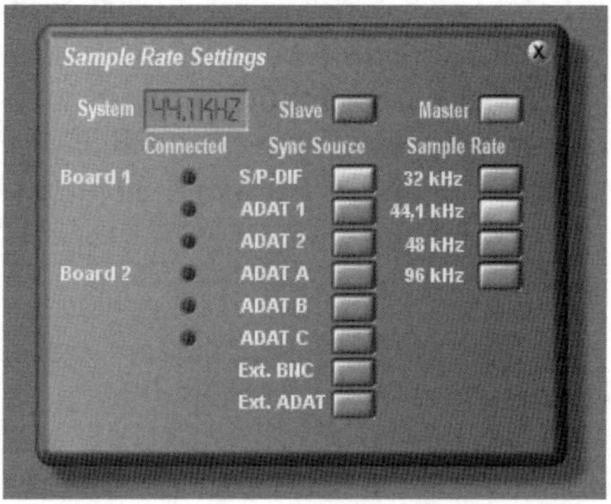

Bei dieser Audiokarte (Creamware SCOPE) haben Sie die Wahl zwischen verschiedenen Wordclock-Quellen. Ist die Karte Master, so müssen Sie die gewünschte Sample-Rate festlegen, ist sie Slave, so müssen Sie eine digitale Eingangsquelle wählen, von der die Karte die Wordclock übernimmt. Dadurch wird gleichzeitig die Sample-Rate des Masters übernommen.

Tipps & Tricks

Bereits im bisherigen Verlauf dieses Buch habe ich Sie immer wieder mit Tipps, Tricks und Hinweisen aus der Praxis versorgt. Hier nun eine Reihe weiterer Anregungen in lockerer Reihenfolge.

- Bauen Sie in Ihre Aufnahmen hier und da behutsam Geräuschaufnahmen ein, die die Stimmung der Musik und des Textes verstärken. Geeignet sind etwa Kirchenglocken, Wind- oder Meeresrauschen, Tierlaute, Schritte, Atemgeräusche, zerspringendes Glas, Donner, Dialoge oder ein vorbeifahrender Güterzug. Benutzen Sie dazu handelsübliche Geräusch-CDs, oder nehmen Sie die Geräusche mit einem tragbaren DAT-, MD- oder Cassetten-Recorder selbst auf.

CD-Track 47 – Bei dem Song ›Whales‹ wurde Walgesang und Meeresrauschen von einer Meditations-CD eingebaut, um die Stimmung des Songs zu verdichten. Der Song beginnt nur mit der Geräuschkulisse. Die Geräusche bleiben aber mit wechselnder Lautstärke während des gesamten Songs zugemischt, sie sind aber nur stellenweise bewusst wahrnehmbar, beispielsweise das Blubbern vor dem Gesangseinsatz oder die Heultöne bei 1:00. Der dezente Synthesizerton, der bei etwa 0:20 einsetzt, oder der schwirrende Flächensound imitieren zudem die Walgeräusche.

- Auf vielen Drumcomputern oder Sample-Playern sind die Hi-Hat- und Becken-Samples in Mono aufgenommen. Bei einem echten Schlagzeug klingen aber gerade die Becken schön breit und räumlich, weshalb man sie ja auch mit mehreren Mikrofonen (Overheads und Hi-Hat-Mikro) aufnehmen sollte. Sie können das nachahmen, indem Sie Hi-Hats und Becken solo über Ihre Abhöranlage wiedergeben und mit einem Mikrofon auf eine weitere Spur wieder aufnehmen. Mischen Sie dann das direkte Signal mehr auf die eine Stereoseite und das Mikrofonsignal mehr auf die andere. So erhalten Sie einen wesentlich räumlicheren Beckensound.
- Manche Stereoanlagen bieten eine ›Karaoke‹-Taste, die vorgibt, den Gesang aus einer Aufnahme zu entfernen und nur die Backgroundmusik übrig zu lassen. Auch wenn dies in der Praxis meist eher schlecht als recht gelingt, kann eine derartige Funktion nützlich sein.

  Hierbei werden nämlich alle Instrumente, die in der Mitte des Stereobildes liegen (Gesang, Bassdrum, Bass), durch eine Phasenauslöschung der beiden Stereokanäle entfernt. Übrig bleiben zum einen Instrumente, die auf den linken oder rechten Kanal gelegt wurden. Diese sind um so lauter hörbar, je weiter außen sie liegen. Zum anderen bleibt der Hallanteil übrig, da er normalerweise diffus auf beide Kanäle verteilt ist.

  Hören Sie so Ihre CD-Sammlung durch, so können Sie manche Instrumente wesentlich deutlicher als gewohnt hören. Außerdem hören Sie Details wie die Dauer des Pre-Delays des Halls oder zugemischte Choruseffekte, die Sie sonst nie wahrgenommen haben.

  Wenn Sie eine solche Anlage nicht besitzen, können Sie sich auch so helfen: Mischen Sie beide Stereokanäle mono zusammen, und invertieren Sie einen Kanal in der Phase. Bietet Ihr Aufnahmegerät oder Mischpult keine Phaseninvertierung, so können Sie auch einen speziellen Kopfhöreradapter löten. Der eine Stereokanal wird dabei mit dem Kontakt für den rechten und linken Kanal des Kopfhörers verbunden, der andere mit der Masseleitung des Kopfhörers. Die Masse der Ausgangsbuchse bleibt frei.
- Manche Percussion-Instrumente sind sehr leicht spielbar und klingen im Original besser als vom Sampler. Mit einem Schellenkranz lassen sich beispielsweise sehr viele unterschiedliche Klänge erzeugen, je

nachdem, ob Sie ihn schütteln, schlagen, mit ihm rascheln oder mit der Hand über die Schellen gehen. Füllen Sie eine kleine Dose mit Sand oder Reis, um einen wirkungsvollen Shaker zu bauen. So bekommt Ihre Musik mehr Groove und Swing als nur mit einem starren MIDI-Rhythmus.

- Benutzen Sie Bass- oder Gitarren-Sounds vom Sampler, so lässt sich ein authentischerer Sound erzielen, wenn Sie einige Griffgeräusche und das typische Saitenquietschen beim Bewegen der Greifhand absamplen und an passender Stelle in die Aufnahme einfügen.
- Hoch gespielte Instrumente (Streicher, Leadgitarren, Synthesizer-Leadsounds usw.) klingen brillanter, wenn Sie sie einige Cents höher als normal stimmen. Entsprechend können Bassfrequenzen etwas tiefer gestimmt werden.
- Spielen Sie Ihr Instrument zu einer Backgroundspur über Kopfhörer ein, so spielen Sie jeden Ton einige Millisekunden früher, als wenn Sie im Proberaum oder auf einer Bühne mit der Band zusammen spielen. Dies liegt daran, dass der Schall vom Schlagzeuger einige Meter zurücklegen muss, bevor er an Ihr Ohr gelangt. Steht das Schlagzeug beispielsweise fünf Meter entfernt, so beträgt die Laufzeit des Schalls knapp fünfzehn Millisekunden. Derartige zeitlichen Unterschiede führen zu einem etwas anderen Feeling: Kommen die Töne ein wenig später, so klingt das Ganze entspannter. Simulieren Sie diesen Effekt, indem Sie einzelne Instrumente entsprechend verzögern oder die Schlagzeugspur etwas nach vorne ziehen.
- Flächensounds wie Synthesizerteppiche, Orgeln oder Chöre lassen sich schlecht als Loop abspielen, da es immer leichte Klangschwankungen gibt, die bei der Loop dann in Form eines unnatürlichen Übergangs unangenehm auffallen. Das lässt sich ausbügeln, wenn Sie längere Loops wählen und den Übergang mit der Loop-Crossfade-Funktion glätten.
- Häufig verwendet man beim Abmischen mehrere Hallgeräte oder Hall-Plug-Ins, um einzelne Instrumente mit unterschiedlichen Hallzeiten zu bearbeiten. So können Sie einen kurzen Hall dezent auf Bass und Bassdrum legen, einen langen Hall für Gesang und Soloinstrumente verwenden und einen mittleren auf die Rhythmusinstrumente geben.

Die verschiedenen Hallräume werden dabei üblicherweise über unterschiedliche Aux-Wege zugemischt.

Statt nun für jedes Instrument den einen oder anderen Hallraum auszuwählen, können Sie auch jedem Instrument die verschiedenen Hallräume zugleich in unterschiedlicher Stärke zumischen, also bei Gesang beispielsweise den langen Hall stärker hinzugeben als die kürzeren Varianten. So lassen sich zum einen extrem viele unterschiedliche Halleindrücke erzeugen, zum anderen entsteht durch das Zusammenmischen der verschiedenen Hallräume ein sehr dichter Hall.

❖ Beim Mischen oder Mastern am Computer stehen die Nahfeldmonitore meist rechts und links des Bildschirms. Der Bildschirm ist allerdings eine große reflektierende Fläche, und solche sollten sich normalerweise nicht in der Nähe der Hörposition befinden, da durch die Schallreflektionen der Höreindruck verwaschener wird.

  Schieben Sie daher bei kritischen Arbeiten den Bildschirm so weit wie möglich nach hinten und/oder die Boxen weiter nach vorne, wodurch der Anteil des direkten Schalls erhöht wird.

Referenzteil

CD-ROM-Inhaltsverzeichnis

Track	*Beschreibung*	*Anmerkung*	*Seite*
1	Stereo- und Mono-Sampling im Vergleich	Hören Sie diesen Track auch mit Kopfhörer!	22
2	Demo-Song des Software-Samplers Emagic EXS24	Produziert von WIZOO	23, 78
3	Demosong einer Soundkarte	MIDI-File von Song 3	23
4	Ride-Becken mit unterschiedlicher Auflösung		29
5	Schlagzeugprogrammierung ohne und mit Dynamik	Drum-Sounds von WIZOO Platinum24	106
6	Swing-Wert bei Shuffle-Rhythmen	Drum-Sounds von WIZOO Platinum24	107
7	Timestretching und Pitch Shifting bei Drumloops	Drum-Sounds von WIZOO Platinum24	109
8	Gesangsaufnahme mit Nieren- und Kugelcharakteristik	Gesang: Iris Melody Jecong	115
9	Bassdrum-Abnahme: Mikrofonpositionen und Dämpfung		119
10	Snare-Abnahme mit einem und zwei Mikrofonen		120
11	Overheads: Mikrofonpositionen	Hören Sie diesen Track auch mit Kopfhörer!	122
12	Alternativen zur Aufnahme unverzerrter Gitarren, jeweils allein und im Mix		127
13	Verzerrung: POD und Tubeman im Vergleich		127

Track	*Beschreibung*	*Anmerkung*	*Seite*
14	Abnahme eines Gitarrenverstärkers mit einem Mikrofon		129
15	Abnahme eines Gitarrenverstärkers mit zwei Mikrofonen		129
16	Abnahme einer Akustikgitarre mit einem Mikrofon: Typen und Positionen		131
17	Abnahme einer Akustikgitarre mit zwei Mikrofonen	Hören Sie diesen Track auch mit Kopfhörer!	131
18	Gesangsaufnahme: Kondensator- und dynamisches Mikrofon im Vergleich	Gesang: Iris Melody Jecong	135
19	Gesangsaufnahme: Abstand zum Mikrofon	Gesang: Iris Melody Jecong	135
20	Gesangsaufnahmen: Popp-Schutz	Gesang: Iris Melody Jecong	135
21	Antares Autotune	Demo erstellt von Johannes Waehneldt	154
22	Schneiden von Drumloops	Ausgeschnitten aus VST Drum Sessions	158
23	Einstellung des parametrischen Equalizers		175
24	Klangverbiegungen beim Schlagzeug	Drum-Sounds von WIZOO Platinum24	179
25	Stereo- und Monospuren im Stereobild	Hören Sie diesen Track auch mit Kopfhörer!	182
26	Anordnung der Instrumente im Stereobild	Hören Sie diesen Track auch mit Kopfhörer!	184
27	Phasenauslöschung am Beispiel eines Flächensounds		187
28	Zeitlicher Verlauf von Hall		195

Track	*Beschreibung*	*Anmerkung*	*Seite*
29	Sidestick-Schlag mit verschiedenen Hall-Plug-Ins		200
30	Einsatz von Echo für rhythmische und melodische Effekte		200
31	Doubling einer Gitarrenspur	Hören Sie diesen Track auch mit Kopfhörer!	202
32	Slap-Back-Echo		203
33	Delay und Hall in Kombination		204
34	Kompressoreinsatz bei Slap-Bass	Bass: Danny Colomby	208
35	Limitereinsatz bei Slap-Bass	Bass: Danny Colomby	209
36	De-Esser zur Unterdrückung von S-Lauten beim Gesang	Gesang: Iris Melody Jecong	209
37	Gate zur Säuberung von Schlagzeugspuren		211
38	Modulationseffekte: Chorus, Flanger, Phaser, Tremolo, Vibrato		212
39	Exciter zur Aufhellung zu dumpfer Instrumente		215
40	Equalizereinsatz beim Mastering: unbearbeitetes Original		221
41	Equalizereinsatz beim Mastering: Bass- und Höhenabsenkung		221
42	Dynamikbearbeitung beim Mastering: unbearbeitetes Original		235
43	Dynamikbearbeitung beim Mastering: verschiedene Kompressoren/Limiter 6 dB		235
44	Dynamikbearbeitung beim Mastering: Kompressoren/Limiter 12 dB		235

Track	Beschreibung	Anmerkung	Seite
45	Dynamikbearbeitung beim Mastering: Vergleich von Klang und Dynamik verschiedener Kompressionstiefen bei gleicher Lautstärke		235
46	Dynamikbearbeitung beim Mastering: Multibandkompressor		235
47	Einbeziehung von Geräuschaufnahmen		278

Bis auf die Tracks 2, 3 und 22 wurden alle Hörbeispiele unter realen Homerecording-Bedingungen speziell für dieses Buch produziert. Eine kommerzielle Duplizierung oder Verwertung dieser Musikstücke oder von Auszügen daraus ist untersagt.

Internet-Links

Hersteller

Aardvark	http://www.aardvark-pro.com/news.html
Akai EMI	http://www.akai.com/
AKG	http://www.akg.com/
Alesis	http://www.alesis.com/
Allen & Heath	http://www.allen-heath.com/
Algorithmix	http://www.algorithmix.com/
Antares	http://www.antarestech.com/
Aphex	http://www.aphexsys.com/
Apogee	http://www.apogeedigital.com/
Apple Computer	http://www.apple.de/
Arboretum	http://www.arboretum.com/
Art	http://www.artroch.com/

Audio Technica	http://www.audio-technica.com/
Behringer	http://www.behringer.de/
Beyer	http://www.beyerdynamic.com/
Bias	http://www.bias-inc.com/
Boss	http://www.rolandmusic.de
BPM	http://www.bpm-studiotechnik.com/
Cakewalk	http://www.cakewalk.com/
Creamware	http://www.Creamware.de/
Creative	http://us.creative.com/ http://www.soundblaster.com/
dbx	http://www.dbxpro.com/
Digidesign	http://www.digidesign.com/
Digitech	http://www.digitech.com/
Drawmer	http://www.proaudio.co.uk/drawmer.htm
Echo Corporation	http://www.echoaudio.com/
Edirol	http://www.edirol.com/
Electro Voice	http://www.electrovoice.com/
Emagic	http://www.emagic.de/
Emes	http://www.emes.de/
E-mu	http://www.emu.com/
Event	http://www.event1.com/
Eventide	http://www.eventide.com
Focusrite	http://www.focusrite.com/
Fostex	http://www.fostex.com/
Friend-Chip	http://www.friend-chip.de/
Genelec	http://www.genelec.com/
Gigastudio	http://tascamgiga.com
Guillemot	http://www.guillemot.com/
Hoontech	http://www.hoontech.com
JBL	http://www.jblpro.com/
Joemeek	http://www.joemeek.com/

Klark Teknik	http://www.klarkteknik.com/
Klotz	http://www.klotz-ais.de/
Korg	http://www.korg.com/
Lexicon	http://www.lexicon.com/
Mackie	http://www.mackie.com/
Microtech Gefell	http://www.microtechgefell.com/
Mindprint	http://www.mindprint.com/
Motu	http://www.motu.com/
Midiman	http://www.midiman.de/
Native Instruments	http://www.nativeinstruments.de
Neumann	http://www.neumann.com/
Nemesys	http://www.nemesysmusic.com/
Neutrik	http://www.neutrik.de/
Opcode	http://www.opcode.com/
Otari	http://www.otari.com/
Panasonic	http://www.panasonic.com/
Peavey	http://www.peavey.com/
Power Technology (DSP-FX)	http://www.dspfx.com/
Propellerheads	http://www.propellerheads.se/
Prosoniq	http://www.prosoniq.com/
Rane	http://www.rane.com/
RME	http://www.rme-audio.com/
Rode	http://www.rode.com.au/
Roland	http://www.rolandmusik.de/
Sadie	http://www.sadieus.com/
SEK'D	http://www.sekd.com/
Samson Audio	http://www.samsontech.com/audio/
Sennheiser	http://www.sennheiser.de/
Shure	http://www.shure.com/
Sonic Foundry	http://www.sfoundry.com/
Sonic Solutions	http://www.sonic.com/

Sonic Timeworks	http://www.sonictimeworks.com/
Sonorus	http://www.sonorus.com/
Sony	http://www.sony.de/
Soundcraft	http://www.soundcraft.com/
Soundtracs	http://www.soundtracs.co.uk/
Spectral	http://www.spectralinc.com/
Steinberg	http://www.steinberg.de/
Synoptic	http://www.synoptic.net/
Syntrillium Software	http://www.adobe.com/special/products/audition/ syntrillium.html/
TC Electronics	http://www.tcelectronic.com/
TC Works	http://www.tcworks.de/
Tannoy	http://www.tannoy.com
TASCAM	http://www.tascam.com/
Terratec	http://www.terratec.de/
T-Racks	http://www.t-racks.com/
Turtle Beach	http://www.tbeach.com/
Waves	http://www.waves.com/
Yamaha	http://www.yamaha.com/
Zoom	http://www.samsontech.com

Effekteinsatz

http://recordingeq.com/articles/rtec0499.htm

Kompressor, Reverb, EQ

http://www.digido.com/compression.html

Artikel zum Kompressoreinsatz beim Mastering

Mikrofonabnahme von Instrumenten

http://www.audio-technica.com/using/mphones/worship/miking.html

Gute Tipps für Gitarre und Piano

http://homerecording.about.com/library/weekly/aa060397.htm

Viele Tipps für unterschiedliche Instrumente

http://www.sweetwater.com/techlib/home.html

Tipps für Piano, Akustikgitarre und Gesang

Kostenlose Plug-Ins

http://www.mda-vst.com/ (VST)

http://www.sounduser.com/software/vstplugs/p1.html (VST)

http://www.planetz.com/Pulsar/Devices.html (Creamware SCOPE)

Basisartikel

http://recordingeq.com/glossary/glosae.htm

Audio Recording Terms Glossary

http://www.digido.com/cdmastering.html

Artikel über Mastering

http://www.recordingwebsite.com/articles/htmyhrp.php

Artikel ›How to Make Your Home Recordings Professional‹

http://www.rogernichols.com/Recording.html

Roger Nichols Recording Guide, viele nützliche Hinweise

Websites rund ums Thema

http://www.homerecording.de/

Basisartikel, Testberichte, Forum, Kleinanzeigen

http://www.harmony-central.com/

Anlaufstelle für alles, was mit Musikmachen zu tun hat. Unter Recording finden Sie viele Antworten, Artikel und Links zum Thema.

http://www.homerecording.com/

Jede Menge Artikel und Links, vieles brauchbar

http://www.audioamigo.com/

Diskussionsforum, viele Links

http://recordingwebsite.com/index.html

Viele Artikel und Links zu Home- und Studiorecording, Chat-Room

http://www.sweetwater.com/techlib/home.html

Unterschiedliche Artikel und Links

Newsgroups

news:rec.audio.pro

news:rec.music.makers

news:comp.music

news:alt.music.midi

news:alt.steinberg.cubase

news:cakewalk.audio

news:rec.audio.tech

news:comp.music.midi

news:comp.publish.cdrom.hardware

Diskussionsforen

http://www.keyboards.de/forum/forum.htm (Forum der Zeitschrift Keyboards)
http://www.studiorent.de/forum/index.html
http://www.musiker-board.de
http://www.franken.de/users/quasar/rg/homerecorder.html#top

Glossar

A/D-Wandler (ADC)	Kurz für Analog/Digital – ein Baustein, der via Sampling ein analoges Signal in digitale Daten wandelt.
AES/EBU	Kurz für Audio Engineering Society/European Broadcast Union – Standard-Format für die Übertragung digitaler Stereo-Audio-Daten, bevorzugt für ›Profi-Geräte‹, Format ähnlich ⇨S/P-DIF, aber mit symmetrischen Leitungen und höheren Spannungen. Dennoch können AES/EBU- und S/P-DIF-Coax-Schnittstellen oft direkt miteinander kommunizieren (geräteabhängig).
Aux	Kurz für Auxiliary – in Mischpulten meist gleichbedeutend mit Effekt-Send-Wegen.
Boost	Engl. für erhöhen – allgemein für die Verstärkung von Signalen.
CD-Audio	Kurz für Compact Disc Audio – noch Standard für Musik-CDs, basiert auf 44,1-kHz-⇨Sampling-Rate und 16-Bit-Auflösung.
CD-R	Kurz für Compact Disc Recordable – bezeichnet den CD-Rohling oder allgemein das Medium, das in einem CD-Recorder einmalig beschreibbar ist.
CD-RW	Kurz für Compact Disc ReWritable (vgl. CDE – Compact Disc Eraseable) – ähnlich ⇨CD-R, allerdings ist das Medium hier wiederbeschreibbar.
Chorus	Schwebungseffekt, der durch ein Delay mit ständig variierender Verzögerungszeit erzeugt wird und den Klang lebendiger macht.
Clipping	Verzerrungen, die durch digitales Übersteuern des Signals entstehen, die lautesten Anteile des Signals werden dabei abgeschnitten oder ›umgeklappt‹.

Cutoff	Grenz- oder Scheitelfrequenz eines Filters, also die Frequenzgrenze, ab der das Filter eingreift.
D/A-Wandler (DAC)	Kurz für Digital/Analog – ein Baustein, der digitale Daten in ein analoges Signal wandelt.
DAO	Kurz für ⇨Disk-At-Once.
DAT	Kurz für Digital Audio Tape – digitale Zweispurkassette, wird üblicherweise mit 16 Bit Auflösung und den Sampling-Raten 32, 44,1 oder 48 kHz betrieben; eine separate Timecode-Spur ist möglich.
DAW	Kurz für Digitale Audio-Workstation – ein Harddisk-Recording-System mit Aufnahme- und Wiedergabefunktionen, Mischpult und Effekten in einem, das nicht auf einem Computer basiert.
dB	Kurz für ›Dezibel‹ – ein numerischer Ausdruck für die relative (logarithmische) Lautstärke. Verschiedene Skalen wie dB u oder dB V werden je nach Anwendung und Nominalwert benutzt.
Digital	Gegensatz zu Analog – ist abgeleitet vom lateinischen Wort ›digitus‹ (Ziffer) und bedeutet sinngemäß: ›durch diskrete Werte darstellbar, nicht stufenlos‹.
Digital-Audio-Sequenzer	Üblicherweise Software, die sowohl Audiodaten wie auch MIDI-Informationen aufzeichnen und gemeinsam verwalten, editieren und abspielen kann.
Disk-At-Once	CD-Recorder-Modus – alle Tracks werden in einem Rutsch auf die ⇨CD-R geschrieben. Diese Fähigkeit ist erforderlich, um ⇨CD-Audio zu schreiben (⇨Track-At-Once).
Dither	Sehr leises, rauschartiges Signal, das digitalen Aufnahmen zugefügt wird, um die wahrnehmbare Auflösung und die Quantisierung sehr leiser Signale zu verbessern.
Dropout	Störimpuls im Audiosignal, hervorgerufen durch eine kurzzeitige Unterbrechung des digitalen Datenflusses (z. B. fehlerhaftes DAT-Band).
DSP	Kurz für Digital Signal Processor – ein Chip, der speziell für das Berechnen von Audiodaten optimiert ist und damit einerseits effektiver als die CPU solche Aufgaben erledigt, andererseits die CPU entlastet.
DVD	Kurz für Digital Versatile Disk – diese Discs können Audio- und Videodaten enthalten.

Enhancer	Gerät oder Algorithmus zur Erzeugung zusätzlicher, ursprünglich nicht im Signal vorhandener Frequenzen (auch ⇨Exciter).
Entzerrer	Deutsche Bezeichnung für ⇨›Equalizer‹.
Equalizer (EQ)	Korrigiert oder verändert die Klangcharakteristik eines Signals. Dazu werden einzelne Frequenzbänder angehoben oder abgesenkt.
Exciter	Gerät (Klassiker: Aphex Exciter) oder Algorithmus zur Erzeugung zusätzlicher Obertöne; zu dumpf klingende Signale lassen sich damit wieder ›auffrischen‹.
Filter	Entzieht dem Signal Frequenzanteile und kann so Klangfarbe und -verlauf steuern.
Flanger	Verzögerungseffekt, ähnlich dem ⇨Chorus. Beim Flanger wird das Effektsignal auf den Eingang zurückgeführt (Feedback) und erzeugt das typische ›Sirren‹.
Flankensteilheit	Gibt an, wie steil die Kurve eines Filters ab seiner Grenzfrequenz abfällt. Im Audiobereich, also auch bei Synthesizern, wird die Flankensteilheit in dB/Oktave angegeben.
Frequenz	Anzahl der Schwingungen pro Zeiteinheit. Die Maßeinheit ist Hertz (Hz); 1 Hz = 1 Schwingung/Sekunde.
Gain	Im Audio-Bereich allgemeiner Begriff für Pegel. Bezeichnet bei Filtern den Grad der Anhebung/Absenkung; Angabe in ⇨dB.
Grabben	Digitales Auslesen von Audio-CDs mit speziellen Programmen.
Güte	Deutsche Bezeichnung für ⇨Q-Faktor.
Hallfahne	Bezeichnet bei einer Raumsimulation den letzten Zeitbereich des Effektsignals, in dem die einzelnen ›Echos‹ zu einer diffusen Einheit verschwimmen; ⇨Erstreflexionen.
Headroom	Engl. Bezeichnung für eine Sicherheitsreserve bei der Audioaufnahme, die Übersteuerungen und Verzerrungen verhindern soll.
Hertz	Maßeinheit für die Frequenz. 1 Hertz = 1 Schwingung/Sekunde.
High Definition Audio	Engl. für Hochauflösendes Audio – damit sind digitale Audio-Aufnahmeformate jenseits des üblichen CD-Standards gemeint, derzeit meist 24-Bit-Auflösung mit 96 kHz Sampling-Rate.
Hochpass-Filter	Filter, das nur Frequenzen oberhalb seiner Grenzfrequenz durchlässt.

Hz	Kurz für Hertz.
I/O	Kurz für ›Input/Output‹ – Ein-/Ausgabe.
Insert	Engl. einfügen, dazwischenfügen – das ›Einschleifen‹ eines Signalprozessors in den Signalweg; hier wird im Gegensatz zur ⇨Send-Ansteuerung kein Signalanteil abgegriffen, sondern das komplette Signal läuft durch die Bearbeitung. In einem VST-Stereo-Kanal muss als Insert-Effekt immer ein Plug-In mit Stereo-Ein- und -Ausgang eingesetzt werden, ansonsten wird nur der linke Kanal bearbeitet.
kHz	Kurz für Kilohertz – 1 kHz = 1000 Hz.
Laufzeitunterschied	Geringer zeitlicher Versatz zwischen Audiosignalen, meist im Millisekunden-Bereich; in der Regel nur problematisch zwischen direkt zueinander gehörigen Signalanteilen (z. B. beiden Kanälen einer Stereo-Aufnahme) – dann entstehen Phasenverschiebungen und Kammfiltereffekte.
Level	Engl. für Pegel.
Low Pass Filter	Engl. für Tiefpass-Filter.
Mastering	Endbearbeitung eines fertigen Stereo-Mixdowns zur Optimierung des Audiomaterials, z. B. vor dem Brennen auf CD (korrekt ›Pre-Mastering‹).
Mid	Engl. für Mitten.
MIDI-Clock	Taktgeber-Event im MIDI-System, pro Takt werden 96 ~-Events gesendet.
MIDI-Sequenzer	Hard- oder Software zur Aufzeichnung und Wiedergabe von MIDI-Informationen.
Modulations-Effekte	Klassische Effektgattung, bei der eine Modulation den Effekt erzeugt. Typische Modulationseffekte sind Chorus, Flanger, Phaser, Auto-Pan, Tremolo.
MPEG	Kurz für Motion Picture Engineering Group – die ein gleichnamiges Verfahren zur Datenkompression von Audio- und Videodaten entwickelt hat, das es in mehreren Versionen gibt.
Nativ (engl: native)	Bezeichnung für das Verarbeiten von Audiodaten nur mittels der Rechner-CPU, ohne den zusätzlichen Einsatz spezieller DSP-Chips oder Hardwarekarten.

Nicht-Destruktiv	›Nicht-Destruktive Audio-Bearbeitung‹ bedeutet immer, dass die Audio-Daten der Audiodatei selbst nicht verändert werden, sondern nur die Zusatz- bzw. Wiedergabe-Parameter von der Operation betroffen sind, also die Regions bzw. Segmente.
Noise-Shaping	Ein spezielles Verfahren beim Dithern, um die wahrnehmbare Lautstärke des Dither-Signales zu reduzieren.
Normalisieren	Bezeichnet die rechnerische Anhebung eines Audiosignales auf den Maximalpegel, ohne das Signal zu komprimieren oder zu verzerren.
Notch-Filter	Sonderform der Bandsperre mit sehr schmalem Sperrbereich und steilen Flanken. Dient zum gezielten Ausfiltern von unerwünschten Frequenzen.
Output	Engl. für Ausgang oder Ausgangspegel.
Overdrive	Engl. für Übersteuerung – bezeichnet auch Effektgeräte, die die Verzerrungen simulieren, die bei einem übersteuerten Röhrenverstärker entstehen können.
Panorama	Position des Audiosignals im Stereobild.
Peak	Die Maximalamplitude innerhalb eines Audioabschnittes, beispielsweise einer markierten Region oder eines ganzen Stückes; inzwischen auch der Name eines Programms auf dem Macintosh zur Audiobearbeitung.
Phase	Auch ›Phasenlage‹ oder ›Phasenwinkel‹ – Angabe als Winkelmaß (0 bis 360 Grad); Eigenschaft einer Schwingung, die besonders bei der Überlagerung von Signalen wichtig ist.
Plug-In	Modulare Zusatz-Software, die in ein Programm eingeklinkt wird und dessen Fähigkeiten erweitert. Die internen Effektauswahl in einem Audio-Sequenzer beispielsweise kann durch Plug-Ins erweitert werden.
Post-Fader	Signalabgriff nach dem Kanal-Volumenfader; der Send-Effektanteil ist hier also abhängig vom Kanalfader.
Pre-Fader	Signalabgriff vor dem Kanal-Volumenfader; der Send-Effect-Anteil ist hier unabhängig vom Kanalfader. Standardfall ist das komplette Zuziehen des Kanalfaders, um das Direktsignal komplett auszublenden und das Effektsignal allein stehen zu lassen.

Q-Faktor	Bestimmt bei einem Filter, wie eng (hoher Q-Faktor) bzw. weit (niedriger Q-Faktor) der beeinflusste Frequenzbereich ist. Verwandte Begriffe sind ›Bandbreite‹ oder ›Flankensteilheit‹.
Red Book	Bezeichnung für die Definition des CD-Audio-Standards.
Resonanz	Parameter zur Anhebung des Frequenzbereichs um die Grenzfrequenz des Filters herum.
Reverb	Engl. für Nachhall.
Rohling	Eine noch nicht verwendete CD-R-Disk, die noch mit Daten beschrieben werden kann.
Routing	Zuordnung von Signalen zu Ein- oder Ausgängen.
S/P-DIF	Kurz für Sony/Philips Digital Interface – Standard-Format für die Übertragung digitaler Stereo-Audio-Daten. Je nach Gerät als optische oder coaxiale Schnittstelle ausgeführt. Format ähnlich ⇨AES/EBU, aber mit unsymmetrischen Leitungen und niedrigeren Spannungen. Dennoch können AES/EBU-und S/P-DIF-Coax-Schnittstellen oft direkt miteinander kommunizieren (geräteabhängig).
Sampling	Allg. Bezeichnung für die Umwandlung analoger in digitale Audio-Daten. Der analogen Wellenform werden in den zeitlichen Abständen der Samplerate Proben (Engl.: ›Samples‹) entnommen, wobei jedes Sample einen genauen Zahlenwert ergibt. Diese Zahlenwerte bilden dann den digitalen Audio-Datenstrom.
SCSI	Kurz für Small Computer Systems Interface – Schnittstelle für die Datenübertragung zwischen Computer und Peripheriegeräten wie Festplatten, CD-ROM-Laufwerken oder Scannern.
Send	Hier wird im Gegensatz zum ›Einschleifen‹ (⇨Insert) ein Signalanteil abgegriffen, der den Effekt ansteuert. Das VST-Send-Effects-Rack arbeitet mit Mono-Eingang und Stereo-Ausgang (auch ⇨Pre-Fader und ⇨Post-Fader).
Sidechain	Separater, vom Effekteingang unabhängiger Signalweg zur Steuerung eines Effektes (z.B. bei De-Esser).
SMPTE	Kurz für Society of Motion-Picture and Television Engineers, die den gleichnamigen Timecode entwickelt hat, der sich an der US-amerikanischen Schwarz/Weiß- (30 Bilder/sec) bzw. Farbfernsehnorm (29,97 Bilder/sec) orientiert. In Europa hat die EBU, die European Broadcasting Union, diesen Timecode entsprechend adaptiert (25 Bilder/sec).

TAO	Kurz für ⇨Track-At-Once.
Tap	Englische Bezeichnung für ein einzelnes Echo oder eine einzelne Reflexion; bezeichnet z.B. bei einem Delay-Effekt die Zahl der gleichzeitig möglichen Echos (›Multi-Tap‹).
Tiefpassfilter	Filter, das nur Frequenzen unterhalb seiner Grenzfrequenz ungehindert durchlässt und die darüber liegenden mit einer durch die Flankensteilheit (in db/Oktave) definierten Stärke abschwächt.
Time Compression	›Zeitstauchung‹, also schnellere Audio-Wiedergabe ohne Beeinflussung der Tonhöhe (auch ⇨Time Compression/Expansion).
Time Expansion	›Zeitdehnung‹, also langsamere Audio-Wiedergabe ohne Beeinflussung der Tonhöhe (auch ⇨Time Compression/Expansion).
Timecode	Zu deutsch ›Zeitkodierung‹ – Überbegriff für ein von der Videotechnik abgeleitetes Synchronisationssignal auf Basis von Stunden, Minuten, Sekunden und Frames, das auch im Audiobereich verwendet wird.
Track Bouncing	Allg. Geräte- oder Programm-internes Überspielen vom Audio-Aus- auf den Audio-Eingang zum Zusammenfassen von Spuren oder Einrechnen von Effekten.
Track-At-Once	Modus von CD-R-Recordern: Dabei wird jeder Track einzeln auf die ⇨CD-R geschrieben. Der Schreiblaser wird also nach jedem Track aus- und am Anfang des nächsten Tracks wieder eingeschaltet (auch ⇨Disk-At-Once).
USB	Kurz für Universal Serial Bus – ein universelles, leistungsfähiges Verbindungssystem für Computer und Peripherie-Hardware (MIDI-Interfaces, Drucker, Kameras).
VST	Unter anderem ein kostenloses Treiber-Entwicklungspaket und Plug-In-Format, ursprünglich für Cubase VST entwickelt, aber auch von anderen Programmen verwendet.
WAV-Format	Audio-Dateiformat, das in erster Linie in Windows-Rechnern Verwendung findet, aber auch von einigen Macintosh-Programmen gelesen und geschrieben werden kann.
WIZOO	⇨ http://www.wizoo.com/

Index

D

E

F

G

H

I

K

L

M